삶의 현장에서 깨달음을 실현해 가는
단계적 불교수행교본·성인-중급과정(하)

무소의뿔처럼·하

김재영 지음

불광출판부

무소의 뿔처럼 · 하

김재영 지음

불교 수행교본은

① 가정, 직장 등 삶의 현장에서 홀로 공부하는 청년·대학생 ·직장인·주부 등의 불자들, 법회에서 함께 정진하는 대중들을 위한 실천적이며 단계적인 수행 교본입니다.

② 성인 과정은 다음 3단계로 구분됩니다.
  · 1단계 : 성인－수계과정 4개월～'수계불자'가 됨
  · 2단계 1년차 : 성인－기초과정 상·하(1년)
        2년차 : 성인－중급과정 상·하(1년)
        3년차 : 성인－고급과정 상·하(1년)
              ～'선우(善友)'가 됨

③ 성인－중급과정(하)「무소의 뿔처럼」은 보살의 일상적인 수행을 규명하고 실천의 구체적 방안을 모색하는 보살수행의 행로입니다. 우리는 이 과정을 이수하고 '선우(善友)불자'의 단계로 한 발 가까이 다가서게 됩니다.

④「무소의 뿔처럼」(하)는 대중불교신론 3부「무소의 뿔처럼」을 상·하로 나누고 많이 고치고 새로 써서 수행교본으로 개편한 것입니다.

공부하는 법은

① 이「수행교본」은 자학자습하거나, 법회에서 법사님의 지도를 받으며 함께 공부할 것입니다.

② 먼저 본문을 공부하고, 각 장 말미에 있는 '내용익힘'을 풀면서 요점을 정리할 것입니다. 한 달에 한 번씩 법사님이나 선배 불자님에게 보이고 조언을 받으면 더욱 좋을 것입니다.

③ 깨달음을 실현하는 불교수행은 단순한 교리·이론 공부가 아닙니다. 각 장마다 한 가지씩 제시되어 있는 '실천수행'을 힘껏 실행하고 각 장의 '창작', '법담의 시간'을 대중들이 함께 열심히 시도할 것입니다.

④ 이 교본은 6개월 과정입니다. 매월 1장씩, 매주 1과씩 차례따라 공부할 것입니다.

차례

부록

참고문헌

계율공부는 어떻게 할 것인가?

●

"모든 생명은 채찍을 두려워한다.
모든 생명은 죽음을 무서워한다.
제 생명에 이 일을 견주어
남을 때리거나 죽이지 말라."

－법구경－

드러내라 덮고 감추지 말라

❶ 나는 깨끗한가? 남을 탓하고 비난할 만큼 나는
진정 깨끗이 살기 위하여 애쓰고 있는가?
내게는 감춘 허물이 없는가? 용기가 없어서
드러내지 못하고, 덮고 감추면서 자신을 속이고
세상을 속이고 있는 것은 아닌가?

❷ 7장은 '오계(五戒)의 장'입니다. 오계수행의
바른 길을 공부할 것입니다. 여기서 우리는 오늘
하루의 일상적인 세속살이가 곧 청정한 보살의
수행현장임을 깨닫고, 오계를 받아지녀,
끊임없이 드러내고 참회하는 삶이 지혜를
드러내는 최선의 길임을 보게 될 것입니다.

❸ 벗이여, 오계를 받아 지녀요. 가족과 친구들과
함께 오계를 받아 지녀요. 초하루·보름, 부처님
앞에 나아가 참회하여요. 덮고 감추지 아니하고
모두 드러내고 참회하여요.

머리 이야기

병숙이 어머니

병숙이 어머니는 우리 마을의 터줏대감, 십수 년 반장직을 홀로 맡아 와도 시비하는 사람이 없다. 병숙이 어머니는 집에 딸린 조그마한 가게에 식료품상을 차렸고, 병숙이 아버지는 목수로서 공사판에 나가 노동하고 있다. 50전후의 이 부부는 딸만 셋을 키우는데, 큰 딸 병숙이는 여상을 나와 회사에 다니고, 작은 애들은 학교에 다닌다.

병숙이 어머니 하루살이는 새벽 청소로 시작된다. 5시만 되면, 그는 머리 수건을 동여매고 세 딸과 함께 청소를 시작한다. 방을 치우고, 마루를 닦고, 마당을 쓸고, 골목으로 진출한다. 서민 마을의 골목은 항상 지저분하다. 이들 모녀는 큰 거리가 나오는 50여m의 골목길을 깨끗이 쓸고 물을 뿌린다. 이 시간에 병숙이 아버지는 마을 뒷산 약수터에 올라가서 약수를 받아 놓고, 약수터 주변을 쓸고 정리한다.

병숙이 어머니 가게는 단골이 많다. 수십년 터줏대감이라서가 아니라, 이 가게의 식료품은 정결하고, 가격도 제 값을 받아서, 마을 사람들은 큰 길 가의 수퍼마켓을 두고도 굳이 이 집 가게를 찾는다. 그렇다고 병숙이 어머니가 상술이 좋은 것도 아니다. 우스갯 소리도 잘하지 못하고, 그렇다고 친절한 것도 아니다. 병숙이 어머니는 그저 속이지 않을 뿐이다. 팔던 생선이 날짜를 넘기면 국을 끓여 먹거나 차라리 쓰레기통에 버리지, 다시 가게에 내놓지 않았다.

지난 봄의 일. 우유 공급하는 상인이 우유를 싣고 왔는데, 판매 시한(時限)이 잘못 찍혀 있었다. 열흘이나 넘게 날짜가 되어 있었다.

"왜 시한이 열흘이나 넘게 찍혔습니까? 다시 고쳐서 가져오세요."

상인은 대수롭지 않게 대답했다.

"그런 정도 갖고 뭘 그러세요. 한 달 넘겨도 아무 상관 없습니다."

"나는 그런 장사 못합니다."

병숙이 어머니는 끝내 우유를 거절했고, 거래선도 바꿔 버렸다.

이 집 가족들은 이렇게 깔끔하고, 또 화목하였다. 이들은 몇 년째 절약해서 은행에 목돈 적금을 붓고 있다. 목돈을 타서 지금 비좁은 가게를 헐고, 새 점포를 하나 마련하는 게 꿈이다. 병숙이 아버지도 막걸리 마시는 횟수를 줄이면서 가계에 보태고 있다.

이들 부부가 처음부터 금슬이 좋았던 게 아니다. 명문 여고를 나온 병숙이 어머니가 속아서 무식하고 가난한 남편에게 시집을 왔기 때문에, 병숙이 어머니는 창피하다고 수십 년 친정 출입을 안 했다. 병숙이 아버지는 또 아들이 없다고 자주 술을 마시고 투정을 부렸었다.

그러다가 병숙이 어머니가 세든 방의 새댁을 따라 우연히 절에 나가고, 얼마 뒤 오계(五戒)를 받으면서부터, 스스로 마음을 돌이키고, 생활 방식을 바꾸고, 성격을 바꾸어 간 것이다. 병숙이 어머니는 마다하는 남편까지 억지로 끌고 법회에 나갔다. 병숙이 아버지도 성품이 순박해서 아내따라 꾸벅꾸벅 백팔 배도 잘 하고, 차츰 설법의 뜻도 이해하게 되었다.

몇 갈 뒤 오계를 받자고 하니까, 술 끊을 자신이 없다면서, 부처님께 어찌 거짓말을 하겠느냐고 막 버티다가, "술은 조금씩 마셔도 된다."라는 스님의 설명을 듣고 계를 받았다.

이들 부부는 새 가게를 마련하면, 보육원의 사내 아이를 아들로 들여서 친자식 삼아 키우겠다고 서로 약속하고, 한 달에 한 번씩은 간소한 생활용품을 마련해서 보육원에 다녀오곤 한다.

1과·이 작은 하루의 삶을 위하여

"중생의 모습이 곧 부처의 모습이고, 중생의 말이 곧 부처의 말이고, 중생의 마음이 곧 부처의 마음이고, 나아가 생활하고 산업하며, 공작하고 기술 익히며 예술하는 이 모든 것이 부처의 넓은 광명의 지혜를 활용하는 모습일 뿐, 그 밖의 아무것도 아니다."

-보조국사, 진심직설-

탐구과제
- 불교의 진리와 이 세상살이가 어떤 관계인지를 깨닫습니다.
- 마음 찾는 수행이 실제로 무엇을 통하여 실현되는가를 관찰합니다.
- 누가 참된 불자인가를 깨닫고 내 일상의 삶을 불자의 삶으로 바꿔 가도록 힘껏 노력합니다.

이 세상살이가 곧 진리의 현장

1 부처님께서 기원정사에 계시던 어느 날, 코살라[國]의 파세나디 왕[王]은 많은 대신들을 거느리고 찾아왔다. 부처님 발 앞에 예배드리고 왕은 옆 자리로 물러나 앉았다. 이때 왕은 매우 가쁜 숨을 내쉬고 있었다. 부처님께서 그 사유를 물으신즉, 왕은 평소에 대식가여서, 오늘도 맛있는 음식을 많이 먹고 왔기 때문이라고 했다.

세존께서 곧 파세나디 왕에게 말씀하셨다.

"사람은 스스로 헤아리어서

양을 알아 음식을 들어야 하리.
그러면 괴로움도 크게 줄고
늙기도 더디어서 수명을 보존하리.”

왕은 크게 느끼고 식사 때마다 시중드는 소년으로 하여금 이 게송을 외우게 하였다. 오래지 않아 왕은 적게 먹는 사람이 되었고, 비만한 체구도 날씬해져, 용모도 단정해졌다.
어느 날 파세나디 왕은 스스로 말했다.

“참으로 세존께서는 두 가지 이익을 나에게 주셨다. 진실로 나는 세존으로 말미암아, 현세의 이익과 미래의 이익을 얻을 수 있었다.”
-잡아함경 46 천식-

2 이 경전을 읽으면서 나는 좀 의아했습니다. ‘거룩하신 세존께서 그런 사소한 문제까지 말씀하시는가? 그것도 일국의 왕과 대신들 앞에서.’
그러나 세월이 흐르면서 나는 자꾸만 이 이야기를 생각하게 됩니다. ‘과식하지 말라. 나는 적게 먹는다.’ 이런 말씀이 경전에 자주 나옵니다. 심지어 구시나가라 최후 유교에서도 이렇게 간곡히 가르치고 계십니다.

“음식을 받았을 때는 마치 약을 먹듯하고, 좋고 나쁜 것을 가려 생각을 팔지 말며, 건강을 유지하여 주려고 목마름을 달래는 데에 알맞도록 하여라.”
-유교경-

3 왜 이러실까?
법왕(法王)이신 부처님께서 보다 큰 영원과 해탈의 법에 관해서 더 많이 말씀하시지 않고, 자상한 어버이처럼, 장성한 제자들에게 식사법에 관하여 임종의 순간에서까지 이토록 간곡히 훈계

하심은 더체 무슨 까닭인가? 단지 팔순 어머니가 예순 아들을 매양 어린아이처럼 염려하시는 그런 어버이 사랑 때문일까?

어느 때 사밧티〔城〕 기원정사에서 있었던 세존과 담미카라는 재가 신자(在家信者) 사이의 문답을 경청합니다.

"스승이시여, 출가 수행자들과 재가 신도들은 눈뜬 분의 말씀을 들으려고 여기에 모였습니다. 티없이 눈뜬 분께서 깨닫고 가르치시는 법을 듣기 위해서, 마치 신(神)들이 인드라 신(Indra神, 제석천신)의 말을 듣는 것처럼."

스승께서 말씀하셨다.

"수행자는 제때가 아닌 때에는 돌아다니지 말아라. 정해진 시각에 탁발하러 마을에 가라. 때가 아닌때에 다니는 것은 집착에 얽매인 것이다. 그러므로 눈뜬 사람들은 제때가 아닌 때에는 나다니지 않는다. ……그리고 수행자는 정해진 때에 밥을 가지고 홀로 그늘에 앉아라. ……지혜가 뛰어난 제자는 행복한 분〔부처님〕의 법을 듣고, 음식과 거처와 침구와 가사(袈裟, 스님들의 법복)의 대〔垢〕를 세탁할 물을 조심해서 사용하라.……"

-숫타니파아타 소품/담미카-

4 "함브로 돌아다니지 말아라. 제때에 식사하라. 세탁할 물을 조심해서 사용하라."

부처님은 교법을 청하는 출가 재가 대중들에게 이렇게 설하고 계십니다.

우리는 이제사 부처님의 속뜻을 겨우 알아차릴 것 같습니다.

부처님의 속뜻이 무엇인가?

보리자는 이렇게 말합니다.

"정법은 사소한 것

작은 생활 속에 있는 것,
진리는 우리들의 일상(日常)
이 하루의 삶과
생활 습관과
성격 속에 있는 것.

오늘 하루 열심히 살고,
좋은 습관 길들이고
함부로 돌아다니지 말고
제 때에 식사하고
세탁할 물 아끼고
이렇게 조그맣게 애쓰는 것이
곧 지혜의 길, 깨침의 길,
이 삶을 버리고
어디서 Dharma를 찾으랴."

—정법이 여기에 있네—

하루의 삶이 곧 마음이라

5 불교를 흔히 '유심(唯心) 유식(唯識) 사상'이라고 일컫습니다.
"오직 내 마음만이 참된 진리이고, 내 마음 속에 지혜가 있고, 모든 환경과 세계와 운명은 우리 생각이 빚어낸 것이다. 마음을 깨끗이 닦으면 지혜가 밝아지고, 지혜의 눈으로 참된 성품을 보면 성불한다. 불자의 수행은 오로지 마음을 찾고, 마음을 닦는 데 있다." [1]

---

1) 김동화, 『大乘佛敎思想』, pp.21, 86, 163, 201, 252.

대개 이것이 유심(唯心) 사상의 줄거리입니다. 실로 이 유심 사상은 우신(唯神), 유물(唯物)의 두 극단주의의 분열과 투쟁을 함께 치유하고, 나와 당신을 자기 운명의 주인으로 일어서게 한 크나큰 해탈과 자유와 공존의 진리입니다.

고요히 생각해 보면, 내 마음, 내 정신 바르게 갖지 못하고서는, 아무것도 되는 일이 없습니다. 내 마음을 찾고, 내 정신을 깨끗이 하지 못하고서는, 물질(物質)의 번영도, 신(神)의 축복도 누릴 수 없는 일이지요. 그래서 우리는, "마음을 청정히 하는 것이 지혜를 빛내는 보살의 행로이다."[2] 이렇게 주장하는 것입니다.

6 나는 이제 당신에게 말합니다.

"벗이여, 마음이 어디 있습니까? 진리가 어디 있습니까?

벗이여, 행여 눈을 감지 마십시오. 눈을 감고 앉아서, '마음, 마음이 어디 있을까? 마음의 본체가 무엇일까? 마음의 색깔이 어떤 것일까?' 이렇게 생각하지 마십시오. 그것은 암귀(暗鬼)에게 끌려가는 짓입니다.[3]

벗이여, 제발 눈 감지 마세요. 귀 막지 마세요. 크게 뜨고 활짝 여세요. 바로 그곳에 마음이 있고, 진리가 출렁이고, 지혜가 빛나고 있습니다.

벗이여, 어서 눈을 크게 뜨세요. 부처님은 본래로 '눈 뜨신 분' 아니십니까."

이제 세존께서 말씀하십니다.

---

2) "다만 자기의 마음을 알기만 하면 항하〔갠지스강〕의 모래 같은 법문과 한량 없는 묘한 이치를 구하지 않아도 얻게 되리라." (보조국사, 『수심결』)

3) "어떤 사람은, '앉아서 고요히 마음을 살펴 움직이지 않고 일어나지 않게 하면, 이것이 공(功)이 된다'고 가르친다. 이것은 어리석은 사람이 알지 못하고 집착해 뒤바뀐 말이다." (혜능대사, 『육조단경(六祖壇經)』)

"부처님 법〔佛法〕이 세간법(世間法)과 다르지 않고, 세간법이 부처님 법과 다르지 않느니라. 부처님 법과 세간법 사이에 어떤 혼란도 없고, 또한 차별도 없나니, 진리 세계의 근본 성품이 평등하여 삼세(三世)에 두루 통하느니라." －화엄경－

7 세간법(世間法)이 무엇인가?

곧 우리들의 일상 생활, 하루 살이입니다.

생활(生活)이 대체 무엇인가?

곧 생명〔生〕이 살아 움직이는〔活〕 것입니다. 생명은 진리이고, 법이고 마음입니다. 그런 까닭에 생활이란 진리가 살아움직이는 것이며, 마음이 살아 움직이는 것입니다. 내 하루 살이는 곧 거룩한 진리가 출렁이는 진리의 현장입니다. 마음의 빛, 불성 광명이 생동하는 마음의 현실입니다. 나와 당신의 지혜 광명이 반짝반짝 빛나는 지혜의 현장입니다. 그래서, "세상의 법이 부처님의 법과 다르지 않다. 세상의 삶이 부처의 삶과 다르지 않다."고 하신 것입니다.

8 이제 우리의 하루살이는 곧 거룩한 부처님의 삶입니다. 우리가 하는 말이 곧 부처님의 말씀이고, 우리가 종사하는 직업이 곧 부처님의 사업이고, 우리 생각 하나하나가 곧 부처님의 생각입니다. 이것이 우리 삶의 본질이고, 그러길래 우리는 마땅히 하루하루를 이렇게 살 것입니다.

선사께서 이렇게 깨우쳐 보이십니다.

"중생의 모습이 곧 부처〔如來〕의 모습이고, 중생의 말이 곧 부처의 말이고, 중생의 마음이 곧 부처의 마음이고, 나아가 생활하고 산업하며, 공작하고 기술 익히며 예술하는 이 모든 것이 부처의 넓은 광명의 지혜를 활용하는 모습일 뿐, 그밖의 아무것도 아니다.”

-보조(普照)국사, 진심직설-

9 “생활하고 산업하며 공작하고 기술 익히며 예술하는……”

이 눈에 보이는 삶의 현장을 외면하고, 눈 감고 앉아서 ‘모든 것은 마음이다. 마음이 무엇인가?’하고 있다면, 이것은 빛을 버리고 어둠으로 향하는 것입니다.

내 일상의 하루 살이를 떠나고, 우리의 세상 사업을 멀리 하고, 떠나는 것이 수행이라고 주장한다면, 이것은 부처님을 여의는 삿된 수행에 매달리는 것입니다.

이렇게 해서는 지혜를 얻지 못하고, 법을 보지 못할 뿐만 아니라, 도리어 관념병·마음병에 걸리게 됩니다. 관념병·마음병, 이것이 훌륭한 유심(唯心)·유식(唯識) 사상을 좀먹는 병균이고, 우리 불자들이 크게 경계해야 할 병통입니다.

10 “눈 크게 뜨고 이 현장으로 뛰어들어서 부딪혀라. 피땀 흘리면서 일하고, 생활하라. 바로 그 곳에 법이 있고, 마음이 있고, 지혜가 있다.”

이제 우리는 이것이 바로 유심사상(唯心思想)의 참 뜻이라고 깨닫습니다. 이것이 하늘 나라에 태어나고〔生天〕, 마침내 성불하는 길이라고 우리는 깨닫습니다.

세존께서 우리를 향하여 권면하십니다.

“법답게 얻은 재물을 가지고 부모를 섬기라. 떳떳한 장사를 하라. 이와 같이 열심히 살고 있는 재가자는 후에 ‘저절로 빛나는’ 신들 곁에 태어나리라.”

-숫타니파아타 소품/담미카-

11 “법답게 얻은 재물을 가지고 부모를 섬기라. 떳떳한 장사를 하라.”

24

참 놀라운 말씀입니다. 아니, 지극히 당연한 말씀입니다. 부모 자식을 떠나고 재물을 버리고 경제 활동을 외면해야 수행이고 깨침이 된다면, 누가 이런 수행을 하고, 또 이렇게 깨쳐서 뭣하겠습니까?

땀흘려 일해서 재산을 모으고, 땅을 파고, 물건을 생산하고, 장사하고…… 이러한 노동과 생산 활동이야말로 가장 훌륭한 지혜의 길이고, 성불의 길, 정토행입니다.

12 백용성(白龍城) 스님은[4] 불교 혁신운동으로서 대각교(大覺敎) 운동을 주창하시면서, 가장 먼저 선농일치(禪農一致)와 사원 경제의 자립에 착수하셨습니다. 그는 실제로 북청에서 3년간 광산을 경영하셨고, 1927년에는 간도에서 농장을 일으켜 독립군 자금을 지원하시고, 또 함양 백운산에 30여 정보의 화과원(華果院)이라는 과수원을 개설하여 감나무 밤나무 1만여 주를 재배하시면서 신도들의 경제 자립을 도모하셨습니다.[5]

용성 스님은 이렇게 외치고 계십니다.

"하루 빨리 깨달아 일치 단결하여 기관(機關)을 완전히 세우며, 현 교육제도를 폐지하고, 각 도시에서 실업 공장(實業工場)을 건설하고, 불자들의 생활을 구제하여 주며, 포교사를 두어 저들에게 포교하고, 각 농촌을 건설하고, 각 지방기관을 설립하여 생산 소비 조합 등을 실시하며, 농촌 교당을 건설하고 농촌 순화 포교사를 두어 소작인의 전 가족이 신앙하게 하며, 각 사원 산림 제도에는 밤나무·감나무 등을 종식(種植)하여 식량품 생산을 넉

---

4) 백용성 스님(1864~1940)은 전북 남원 출신으로, 16세 때 해인사에서 득도. 대각사를 세우고 포교 운동 전개하다가, 3·1만세 때 민족 대표로 참가, 3년간 옥고. 1921년 대각교를 창립하고, 역경 저술과 선농(禪農) 일치 운동 전개. (한보광, 『龍城禪師硏究』, 甘露堂, 1981, pp. 185~195. 年譜)
5) 한보광, 앞의 책, pp. 98~101.

넉하게 해야 할 것이다.”[6]

누가 불자인가?

13 누가 불자인가?

　열심히 노동하는 사람입니다.

　누가 지혜를 닦는 사람인가?

　농사짓고, 장사하고, 공장에서 일하는 사람들입니다.

　오늘날 승단(僧團)에 왜 말이 많은가?

　한가한 마음 공부, 관념 공부에 빠져서 땀흘리며 일하는 이가 적기 때문입니다.

　오늘날 왜 깨치는 사람이 적은가?

　불자들이 이론 공부, 마른 수행, 고요한 수도 좋아하고, 근로 공부, 노동 수행하지 않기 때문입니다.

　수행은 곧 노동입니다. 정신노동인 동시에, 보다 더 육체노동입니다. 육체노동과 함께 하지 아니하는 정신노동은 관념의 유희로 떨어지기 쉽습니다. 그래서 우리 불자 집안에서는 운력(運力, 육체노동)을 수행의 근본으로 삼고, 출가 행자에게는 심한 노동으로 고된 시집살이를 시킵니다. 이것은 절대로 버릴 수 없는 훌륭한 가풍(家風)입니다.

　용성 스님께서 다시 경책하십니다.

　“또 하나는 우리들 자신이 일하고 농사짓지 않으면 안 될 것이다. 지난날에도 황벽(黃檗)·임제(臨濟)와 위산(僞山)·앙산(仰

---

6) 백용성, 「中央行政에 對한 希望」(월간 「佛敎」 93호)
　　한종만 편, 『韓國近代民衆佛敎의 理念과 展開』(한길사, 1980), p. 143.

山)이 다 널리 시주를 청하여 몸소 밭을 경작하시었다. 아! 우리들은 하루 바삐 농사 지으며, 약초 심는 밭을 만들고, 과일나무 가꾸는 일에 힘써서 자작 자급하고, 다른 사람의 힘을 빌리지 않아야 할 것이다.”[7]

14 ‘법에 돌아간다’는 것이 무엇인가?

‘지혜의 길로 나아간다’는 것이 무엇인가?

그것은 곧 나와 당신의 하루 살이로 돌아온다는 것입니다. 내 개인 살이, 가정 살이, 마을 살이, 직장 살이, 나라 살이, 세상 살이…… 이 모든 현실의 삶을 훌륭하게 살아간다는 것입니다.

이 하나하나의 삶을 열심히, 훌륭하게 살아가려고 노력할 때, 나와 당신의 마음은 깨끗이 열려가고, 불성 지혜는 찬란한 빛으로 단련되어 갑니다. ‘오늘 하루를 어떻게 살까?’ 이렇게 번민하고 괴로워할 때, 삶의 지혜는 한뼘 한뼘 자라갑니다. 지난 일을 안타까워하지 아니하고, 내일 일을 두려워하지 아니하며, 오로지 오늘 하루의 삶을 위하여 염려하고 수고할 때, 아뇩다라―삼먁삼―보리는 한치 성숙해갑니다.

학생은 열심히 공부할 때, 사업가는 힘껏 활동할 때, 출가 수행자는 경건히 생활하고, 제때에 식사하고, 세탁하면서 물 아껴 쓸 때, 마음은 맑아오고, 진리의 빛은 밝아옵니다. 출가 수행자에게는 출가 수행하는 그곳이 바로 그들의 세속(世俗)입니다.

15 방을 치우고, 마루를 닦고, 마당을 쓸고, 골목길을 청소할 때, 병숙이 어머니의 마음 또한 밝게 열립니다. 정직하게 가게를 경영하고, 한 푼 두 푼 저축할 때, 병숙이 어머니와 그 가족들은 지

---

7) 백용성, 앞의 글
　　한종만 편, 앞의 책, pp. 140~141.

혜의 나무를 키워갑니다. 저 작고 착한 마음들을 버려 두고, 어디서 보살심(菩薩心)을 찾겠습니까? 저 소박한 삶의 지혜를 외면하고, 어디서 무상 보리(無上菩提)를 구하겠습니까? 저 땀흘리는 가정, 깨끗한 마을을 떠나서, 우리는 또 어디에 정토(淨土)를 세우겠습니까?

세존께서 말씀하십니다.

"과거도 따르지 말고 미래도 원하지 말라.
무릇 과거는 이미 갔고 미래는 아직 오지 않았으니
다만 현재의 법을 곳곳에서 잘 관찰하여
흔들리지도 말고 동(動)하지도 말아
잘 알아서 닦아 익혀라.
오직 오늘 할 일에 열심하라."   —남장 11, 증지부 4, 일야현자경—

16 이제 보리자는 노래합니다.

"일하러 가세 일터로 가세
아침이 밝았느니 햇빛도 새롭다.
저 들판 저 논밭이 보리 심는 곳
이 시장 이 공장이 수행하는 곳
밤나무 감나무 다듬어 세우고
정직하게 사고 팔고 힘써 일하니
아 —— 우리는 자랑스런 부처님 농군
아 —— 우리 땀 속에 진리가 영그네.

일하러 가세 일터로 가세
발걸음도 가볍게 신명이 넘친다.
벌어서 섬기고 아껴서 저축하고,
살림도 늘어나고 보리나무 자라니

형제와 이웃들 나눠먹고 남으리
오늘이 충족하니 내일 아니 기쁘랴
아——— 우리는 자랑스런 부처님 농군
아——— 우리 땀 속에 평화가 영그네.

에헤라 좋은 날 힘써힘써 일하세
에헤라 좋은 날 정토가 가까웠네."

—일하러 가세—

회향발원　(오늘 하루의 작은 삶을 위하여)

　자비하신 부처님.

　이제 저희 청보리들, 푸르른 부처의 씨앗들.

　저희 앞에 다가선 오늘 하루의 삶을 위하여 정성을 다하옵니다. 가정과 학교와 직장과 마을과 거리에서 살아가는 저희들의 일상적인 삶 하나하나가 곧 진리의 나타남〔活現〕이며, 이 삶의 현장을 버리고 찾아야 할 법(法, Dharma)도 없고 마음의 도리도 없다는 진실을 분명히 깨달아, 지금 내가 경영하는 이 작은 일을 불사(佛事)로 알고 정성을 다하옵니다. 애매모호한 영원을 몽상하지 않고 이 현실 속에서 해탈열반을 찾겠습니다.　　　　　　　　　　　　　－나무석가모니불－

찬불가　부처님 자비 손길

내용익힘

1. 다음 문장을 완성해 봅니다.
   ① (   )의 모습이 곧 부처의 모습이고, (   )의 말이 곧 부처의 말이고, (   )의 마음이 곧 부처의 마음이고, 나아가 생활하고 (   )하며, 공작하고 (   )익히며 예술하는 이 모든 것이 (   )의 넓은 광명의 지혜를 활용하는 모습일 뿐, 그 밖의 아무것도 아니다.
   ② (   )의 법이 (   )법과 다르지 않고, (   )법이 (   )법과 다르지 않느니라. (   )법과 (   )법 사이에 어떤 혼란도 없고, 또한 차별도 없나니, 진리세계의 근본성품이 (   )하여 삼세에 두루 통하느니라.
   ③ 수행은 곧 (   )입니다. 정신노동인 동시에, 보다 더 (   )입니다. (   )과 함께 하지 아니하는 (   )은 관념의 유희로 떨어지기 쉽습니다.

2. 다음 물음에 간결하게 답합니다.
   ④ 불교와 이 세상살이는 어떤 관계인가?
   ⑤ 마음 닦는 수행은 실제로 무엇을 통하여 실현되는가?
   ⑥ 누가 진정한 불자인가?

교리탐구　불가(佛家)에서는 노동을 어떻게 중시하는가?
   1. 노동관
   2. 백장 청규(百丈淸規)
   3. 사찰의 운력생활

실천수행 가정과 직장에서 내가 할 수 있는 운력을 선택하여 꾸준히 실천해 갑니다.

1. 가정에서 할 수 있는 운력 한 가지
2. 직장에서 할 수 있는 운력 한 가지

2과 · 계율, 성공과 행복의 등불

"수행자들아, 내가 입멸한 뒤에는 계율 존중하기를 어둠 속에서 빛을 만난 듯이, 가난한 사람이 보물 얻은 듯이 해야 하느니라. 계율은 너희들의 큰 스승이니, 내가 세상에 머문다 하여도, 이것과 다름이 없느니라."

―유교경―

탐구과제
· 계(戒)가 우리의 실제적인 삶과 어떤 관련이 있는가를 관찰합니다.
· 계를 지키는 향기가 얼마나 고상한 것인가를 깨닫습니다.
· 시급히 바꾸어야 할 나 자신의 나쁜 버릇이 무엇인가를 깨닫고 한 순간에 결단을 내립니다.

내가 세상에 머문다 하여도

17 방 치우고, 마루 닦고, 마당 쓸고, 골목길 청소하고…….
'그게 뭐 대단한가. 나도 얼마든지 할 수 있다.'
벗이여, 행여 이렇게 자만하지 마세요.
돌아다니지 않고, 제때 식사하고, 세탁할 때 물 아껴쓰고…….
'그게 뭐 그리 중요한가. 누구든지 다 할 수 있는 일이지.'
벗이여, 행여 이렇게 소홀히 생각하지 마세요.
이 조그마한 버릇, 습관, 태도, 행위 바로 이것이 법이고, 지혜의 길입니다. 실로 이 조그마한 버릇 때문에, 우리의 생활, 나와 당신의 하루 살이는 성공하기도 하고 파멸하기도 합니다.
파멸(破滅)에 관한 세존의 말씀을 경청합니다.

"잠 많이 자는 버릇이 있고, 함부로 교제하는 버릇이 있고, 분발해서 정진하지 않고 게으르며, 걸핏하면 화를 잘 내는 사람이 있다. 이것이 파멸의 문이다."　　　　　　　－숫타니파아타 사품/파멸－

18 '잠 많이 자는 버릇, 함부로 교제하는 버릇'

바로 이 버릇이 문제입니다.

왜?

이 버릇(습관)이 행위를 결정하고, 이 행위가 궁극적으로 우리들의 인간 가치를 결정하기 때문입니다. 이 행위가 우리를 고귀한 사람으로도 되게 하고 천한 사람으로도 되게 하기 때문입니다.

이 행위, 강한 힘을 지닌 이 행위를, '업(業), karma', 이렇게 부르거니와, 이 업, 업의 힘〔業力〕이 실로 생사 윤회(生死輪廻)의 근본 동력(動力)입니다.[1]

어느 때 세존께서 불을 섬기는 바라문 바아라드바아자의 집에 가셔서 말씀하십니다.

"화를 잘 내고 원한을 품으며, 간사하고 악독해서 남의 미덕(美德)을 덮어버리고, 그릇된 소견으로 음모하는 사람, 그를 천(賤)한 사람으로 아시오.……

날 때부터 천한 사람이 되는 것은 아니오. 태어나면서 바라문이 되는 것도 아니오. 오로지 그 행위에 의해서 천한 사람도 되고 바라문도 되는 것이오.……"　　　　　　－숫타니파아타 사품/천한 사람－

19 '이제 우리는 어떻게 행동할 것인가? 어떻게 행동하는 것이 오늘 하루 살이를 빛내고, 지혜를 밝히고, 고귀한 사람이 되는 길

---

1) 이것을 '업감연기설(業感緣起說)'이라고 한다. (김동화, 『佛教學槪論』, pp. 145~167, 김동화, 『原始佛教思想』, p. 238~250)

인가?’

우리는 이렇게 고민하고 있습니다. 시시각각 부닥쳐 오는 선택의 기로에 서서, 나를 살리고, 가정을 번영시키고, 우리 마을을 평화롭게 할 행위의 법을 열심히 찾고 있습니다.

이때 부처님께서 다가오셔서, 우리 이마를 만지시고, 고요히 설하십니다.

“수행자들아, 내가 입멸한 뒤에는 계율 존중하기를 어둠 속에서 빛을 만난 듯이, 가난한 사람이 보물 얻은 듯이 해야 하느니라. 계율은 너희들의 큰 스승이니, 내가 세상에 더 머문다 하여도, 이것과 다름이 없느니라.”

-유교경-

20 “계율은 너희들의 큰 스승이니”

이것이 부처님의 간곡하신 유교(遺敎)이고 분부이십니다. 계율은 캄캄한 이 어둠 속에 밝혀 두신 행위의 등불입니다. 계(戒)는 경(經)과 더불어 부처님 교법의 핵심으로서, 지금 여기에서 우리를 인도해 가는 살아계시는 스승이십니다. 그래서 우리는 지혜의 행로에서 경전공부와 더불어 계율공부를 다짐한 것입니다.

계율공부, 곧 계학(戒學)은 ‘진리에 이르는 세 가지 공부, 삼학(三學)’의 첫 머리로서, 부처님 이래 확립되어 온 수행의 근본입니다. 대승 불교에 들어와서는 ‘보살의 여섯 가지 수행법, 6바라밀(六婆羅蜜)’의 하나로서 그 빛을 더하고 있습니다.

세존께서 말씀하십니다.

“그러므로, 수행자들은 반드시 청정한 계를 지켜 어긋나지 않게 하라. 만일 너희가 청정한 계를 지니면, 좋은 법을 얻을 수 있지만, 청정한 계가 없다면, 온갖 좋은 공덕이 생길 수 없느니라. 계는 제일의 안온한 공덕이 머무는 곳임을 알아라.”

-유교경-

먼저 버릇을 바꾸라

21 계(戒)가 무엇인가?[2]

첫째, 계는 우리들의 버릇을 훌륭하게 바꾸어 가는 행위의 규범입니다.[3]

어떻게 버릇을 바꿀 것인가?

먼저 하나하나의 행위로부터, 작은 행위로부터 바꿀 것입니다. 행위를 바꾸면 태도가 바뀌고, 태도가 바뀌면 버릇이 바뀌고, 버릇이 바뀌면 성품이 바뀌고, 성품이 바뀌면 마음이 바뀝니다.

무슨 까닭인가?

성품이 곧 마음이기 때문입니다.[4]

이 가운데 가장 어려운 것이 버릇입니다. 버릇은 소위 습기(習氣)라는 것인데, 강한 업력(業力)의 덩어리라고 할 수 있습니다. 이 버릇이 잠재의식이 되어서 밖으로 하나하나의 행위를 암시(暗示)하고, 안으로 성품을 물들여 갑니다.[5] 비록 한때 마음에 깨닫는 바가 있어도, 나쁜 버릇의 뿌리를 뽑아버리지 못한다면, 그 깨달음도 허사가 되고 맙니다.

22 계율은 이 버릇을 바꾸는 가장 확실한 처방입니다. 계율을 받

---

2) 계를 흔히 계율이라고 하는데, 본래 계와 율은 뜻이 다르다. 계(戒, sīla)는 좋은 성품을 길러가는 도덕적 규범으로서 자발적인 것이고, 율(律, vinaya)은 악을 방지하고 길들이는 사회적 규율로서 강제성을 띠고 있다. 그러나 후대에 와서는 '계율'로 통용되면서 도덕적 규범으로 해석되고 있다. (심재열, 『元曉思想』 II 倫理觀 弘法院, 1983, p.53)

3) 계는 본래 '습관·성품·행위'의 뜻으로 해석된다. (심재열, 앞의 책, p.53)

4) 『불교성전』, 동국역경원 p.665.

5) 버릇이 잠재의식(아뢰야식) 속에 씨앗처럼 박혀서 영향을 끼친다고 해서 '씨앗의 끼침(種子熏習―종자훈습)'이라고 부른다. 훈습은 영향을 끼친다는 용어. (김동화, 『佛敎學槪論』, pp.183~189, 이기영, 『元曉思想』 I pp.239~276)

아서, 지니고, 배우고, 생각하고, 실행하고, 참회하고, 전파함으로써, 우리는 우리의 낡고 추한 버릇을 바꿉니다. 잠재의식을 바꾸고, 마음을 바꿉니다.

왜?

계율은 그 자체가 강력한 행위의 변화, 행위의 정화이기 때문입니다. 계율은 나쁜 행위, 악한 행위로부터 우리를 지켜주는 엄격한 윤리 규범이기 때문입니다.

계율에는 본래 세 가지 뜻이 있습니다. 첫째, 악을 막는 율법으로서, '지악계(止惡戒), 악을 막는 계율', '섭율의계(攝律儀戒), saṁvara-sīla), 율법으로서의 계율'이라고 일컫습니다. 둘째, 선을 행하는 권선(勸善)으로서, '작선계(作善戒), 선을 짓는 계율', '섭선법계(攝善法戒, kuśala-dharma-saṁgrāhaka-sīla), 선을 행하는 계율'이라고 일컫습니다. 셋째, 중생을 제도하는 이타행(利他行)으로서, '섭중생계(攝衆生戒, sattvārthakriyā-sīla), 중생을 제도하는 계율'이라고 일컫습니다.[6]

이 세 가지를 '삼취정계(三聚淨戒), 세 가지 깨끗한 계'라고 일컫거니와, 어떤 의미의 것이든 계율은 행위의 변화를 요구하고 있습니다. 계율을 받아 지닌다는 것은 끊임없는 행위의 변화를 의미합니다. 버릇의 씨앗, 업력(業力), 습기(習氣)의 뿌리가 아무리 강할지라도, 행위 하나하나를 끊임없이 바꿔가면, 언젠가는 그 씨앗, 그 뿌리가 또한 바뀌지 않을 수 없습니다.

아침마다 청소하는 작은 행위들이 병숙이 어머니의 버릇을 바꾸고, 이 버릇이 그의 성격을 바꾸고, 마음을 바꾸고, 운명을 바꾼 것입니다. 아침마다 청소하는 저 작은 행위의 변화가 곧 계율입니다.

---

6) 水野弘元/무진장역, 『佛教概說』, pp. 289~292.

계(戒)는 성공과 평화의 등불

23 계가 무엇인가?

둘째, 계는 세상 살이에서 성공하고 번영하는 가장 고귀한 생활의 보배입니다.

우리는 모두 이 세상에서 성공하고 출세하기를 갈망합니다. 그런데 우리는 그 길을 몰라서 시행착오의 늪에서 허덕이거나, 알아도 의지가 약해서 작심삼일로 끝나기가 십상입니다. 그래서 원망과 불만으로 인생을 낭비하거나, 한때 성공하더라도 모래성처럼 무너지고 맙니다.

부처님께서는 이 세상의 행복을 위하여 오셨습니다. 나와 당신의 행복과 성공과 출세를 위하여 염려하시고, 우리를 도와서, 행복과 성공과 출세의 길로 함께 동반하십니다.

어느 때 기원정사로 찾아와, '위없는 행복'에 관하여 묻는 한 신(神)에게 세존께서 대답하십니다.

"박학과 기술과 훈련을 쌓고, 그 위에 변재(辯才, 말 잘하는 능력)가 뛰어난 것, 이것이 위없는 행복이다.……

존경과 겸손과 만족과 감사, 때때로 가르침을 듣는 것, 이것이 위없는 행복이다."
-숫타니파아타 소품/위없는 행복-

24 우리가 실패와 재난에 빠졌을 때, 부처님께서는 우리에게 거룩한 보배를 한 움큼 쥐어 주십니다. 우리가 성공하기를 열망할 때, 부처님께서는 우리에게 빛나는 보배를 한 움큼 쥐어 주십니다.

이 보배가 무엇인가?

곧 계율입니다. 우리가 행위 하나하나를 바꿈으로써 나쁜 버릇을 좋은 버릇으로 고칠 때, 우리 하루살이는 스스로 빛나고, 이웃들은 우리를 신뢰하고 찬양하게 됩니다. 안색은 밝아지고, 건강은 되살아나고, 재물은 모이고, 명성은 높아지고…… 저 병숙이 일기를 보세요. 어머니는 계를 받아 지님으로써, 의지를 얻고, 신뢰를 얻고, 소중한 재산을 한 푼 두 푼 쌓아가고 있습니다. 병숙이 아버지도 이 계를 받아 지님으로써, 불평 불만의 맹목적인 삶을 청산하고 건강과 화목과 삶의 가치를 찾았습니다.

어느 때 세존께서는 사밧티 동쪽의 유야라는 신도에게 팔관재계(八關齋戒)를 설하시고, 이렇게 말씀하셨습니다.

"이 여덟 가지 계법을 하루 낮 하루 밤 동안만이라도 깨끗하게 받아 지니면, 그 복덕은 열 여섯 나라의 보물을 모두 한 곳에 쌓아두고 혼자서 수용하는 것보다 더 크리라. 모든 하늘의 선신(善神)들이 항상 보호하여, 온갖 재앙은 저절로 없어지고, 지혜의 길을 장엄하여, 한량없는 공덕을 얻게 되리라."

—불설재경—

25 계가 무엇인가?

셋째, 계는 이웃과 함께 평화롭게 살아가는 가장 현명한 공존(共存)의 지혜입니다.

이웃과의 갈등, 친구와의 불화, 친족끼리의 반목. 우리는 이것 때문에 얼마나 많은 밤을 괴로워했고, 손실을 당해 왔습니까. 그러면서도 우리가 하는 짓은 서로 반목하고 싸울 짓만 골라 하고 있는 듯합니다. 내 작은 쾌락을 위해 귀중한 남의 생명을 해치고, 내 이익을 위해 남의 손실도 아랑곳하지 않고, 정직하게 말하면 손해 보는 줄 알고, 나를 돋보이려고 나의 경쟁자를 헐뜯고…….

과거의 부처님인 카샤파께서도 팃사 바라문에게 이렇게 한탄하셨습니다.

"난폭하고, 잔혹하며, 험담을 하고, 친구를 배신하고, 무자비하며, 몹시 오만하고, 인색해서, 아무 것도 남에게 주지 않는 사람들, 이런 것이 비린(비린내 나는) 것이지, 육식(肉食)은 그렇지 않다."

—숫타니파아타 소품/비린 것—

26 계율은 우리가 서로 믿으며 화목하게 살아갈 수 있는 가장 명백한 방법입니다. 단란한 가정, 인정이 넘치는 마을, 안심하고 다닐 수 있는 거리,…… 이 오랜 소망을 우리는 계를 통하여 실현할 수 있습니다. 이것이 '섭중생계, 중생을 사랑하는 계율'입니다.

한 사람의 계 받은 불자〔受戒佛子〕가 그 가정과 거리와 마을을 어떻게 바꿔 놓는가를 우리는 저 병숙이 마을을 통하여 새삼 목격하고 있습니다. 아름다운 향(香) 하나가 타서 누리를 깨끗이 맑히듯, 한 사람의 계 받은 불자는 그 계의 향기로 이 세상을 평화롭게 순화시켜 갑니다.

세존께서 말씀하십니다.

"다갈라(향 이름) 전단(향 이름)의 그 향기도
가히 참되다고 할 수 없는 것,
계(戒)를 지닌 사람의 그 향기는
참으로 훌륭하여 하늘에까지 이르나니."

—법구경 화향품—

27 계는 실로 부처님께서 나와 당신 손바닥에 잡혀주신 지혜의 등불이며 보배입니다. 이 등불을 움켜잡고, 이 등불 따라 나아가면, 우리는 이 세상에서도 성공하고, 저 세상에서도 성공합니다. 이 보배를 써서 살아가면, 우리는 이 세상 살이에서도 번영하고, 정토 살이에서도 번영합니다.

이제 거룩하신 부처님께서 나와 당신에게 계 받기를 권하고 계십니다.

"계는 모든 여래의 근본이고, 보살도를 행하는 근본이며, 모든 불자들의 근본이니라. 그러므로 불자들은 이 계를 받아 지켜야 하고, 외워야 하고, 잘 배워야 한다.

불자들은 잘 들어라. 한 나라의 왕으로부터 짐승에 이르기까지, 법사(法師)의 말을 알아들을 수 있는 이는 신분의 높고 낮음을 막론하고, 모두 이 계를 받을 것이니, 계를 받음으로써 가장 청정한 자가 되리라.”

-불설범망경-

회향발원 (나쁜 버릇 결단코 버리기 원합니다)

자비하신 부처님.

이제 저희 청보리들, 푸르른 부처의 씨앗들.

저희 자신의 삶을 깊이 반성하며, 나쁜 버릇 결단코 버리기 염원합니다. 부처님을 믿는 것은 곧 그 가르침인 계(戒)를 따르는 것임에도 불구하고, 저희들은 옆에 계시는 스승이신 계를 멀리하며 태만히 살아 왔습니다. 게으르고, 남 원망하고, 이웃을 함부로 평하고, 나쁜 음식·나쁜 버릇 헤어나지 못하며 살아온 지난날 참회하옵고, 오늘 한 가지 버릇을 골라 결단코 버리기를 맹세합니다.   −나무석가모니불−

찬불가 참회

내용익힘

1. 다음 문장을 완성해 봅니다.
   ① 수행자들아, 내가 입멸한 뒤에는 (   ) 존중하기를 어둠 속에서 (   )을 만난 듯이, 가난한 사람이 (   ) 얻은 듯이 해야 하느니라. (   )은 너희들의 큰 스승이니, 내가 세상에 머문다 하여도, (   )과 다름이 없느니라.
   ② 계율은 (   )을 바꾸는 가장 확실한 (   )입니다. 계율을 받아서, (   ), 배우고, 생각하고, 실행하고, (   ), 전파함으로써, 우리는 우리의 낡고 추한 (   )을 바꿉니다. (   )을 바꾸고, (   )을 바꿉니다.
   ③ 다갈라, 전단의 그 (   )도 가히 참되다고 할 수 없는 것, (   )를 지닌 사람의 향기는 참으로 훌륭하여 (   )에까지 이르나니.

2. 다음 물음에 간결하게 답합니다.
   ④ 살아계시는 스승이 무엇인가?
   ⑤ 계(戒)의 세 가지 의미는 무엇인가?
   ⑥ 계가 우리의 현실적 삶에서 지니는 세 가지 의미는?

교리탐구   계를 잘 지키면 어떤 공덕이 있는가?
   1. 향(香)과 생선의 비유를 통하여 (『법구경』)
   2. 계를 잘 지키는 공덕
   3. 계를 어기는 결과

실천수행 시급히 끊어버려야 할 나의 나쁜 버릇을 하나하나 가려서 단호히 실천합니다.

1. 나쁜 버릇들을 스스로 적어보고, 부모님, 친구들의 조언을 듣는다.
2. 가장 먼저 버려야 할 버릇을 정한다.
3. 끊어 버리는 구체적인 방법을 결정하여 곧 실천한다.

3과 · 수계(受戒), 진리 생명의 탄생

"불자들은 잘 들어라. 한 나라의 왕으로부터 짐승에 이르기까지, 법사의 말을 알아들을 수 있는 이는 신분의 높고 낮음을 막론하고, 모두 이 계를 받을 것이니, 계를 받음으로써 가장 청정한 자가 되리라."

－불설범망경－

탐구과제
- 왜 오계를 받아야 하는가를 관찰합니다.
- 오계의 수지(받아지님)가 우리 삶을 어떻게 바꿔 놓을 수 있는가를 생각합니다.
- 수계 불자로서 어떻게 살 것인가를 깨닫고 한 가지라도 몸소 실천해 갑니다.

저희에게 오계를 주소서

28 "그러므로, 불자들은 이 계를 받아 지켜야 하고, 외워야 하고, 잘 배워야 하느니라."

'계를 받는 것은 곧 얽매이는 것인데, 나는 얽매이는 게 싫다. 자유롭게 살고 싶다.'

부처님 말씀 듣고, 이렇게 망설이는 친구가 있을 것입니다.

'계를 받았다가, 지키지 못하고 파(破)하면 어찌할까? 파계(破戒)하면 부처님에게서 벌 받을텐데. 나는 아직 자신이 없다.'

이렇게 두려워하는 벗들도 없지 않을 것입니다.

29 다시 한 번 명상해 봅니다.

'과연 계는 우리를 구속하는 것인가?

과연 지키지 못하면 벌 받는 것인가?'

조금만 생각해 보면 이것은 부질없는 걱정이고, 착각임을 금세 깨달을 것입니다.

무슨 까닭인가?

계는 우리를 자유롭게 하는 길이고, 계는 내 양심의 자연스런 발로이기 때문입니다. 이미 관찰한 바와 같이, 계는 우리를 나쁜 행위와 나쁜 버릇과 나쁜 성품으로부터 지켜주고 벗어나게 하는 행위의 등불입니다. 병과 실패와 불화와 전쟁으로부터 나와 가정과 나라와 세계를 지켜주고 성공과 건강과 평화 공존으로 인도하는 자유의 등불, 해탈의 등불입니다.

계를 받아 지니는 것〔수계(受戒), 지계(持戒)〕은 사악(邪惡)과 비진리(非眞理)로부터 벗어나 참된 자유를 실현하는 길입니다. 누가 이것을 마다 하겠습니까?

세존께서 유교하십니다.

"계는 바른 해탈의 근본인 까닭에, '해탈의 근본'이라 이름하느니라. 이 계를 지키면 모든 선정〔마음의 안정〕과 지혜를 얻나니, 그런 까닭에 수행자는 마땅히 청정한 계를 지켜 훼손치 말지니라."

—유교경—

30 계는 누구의 강요도 아닙니다. 대저 부처님 법에는 강제니 징벌이니 하는 주인 도리(主人道理)에 어긋나는 삿된 관념들은 본래 없는 것입니다. 계는 우리 양심(良心)의 본능이고, 불성 생명(佛性生命)의 발로입니다. 그래서 '불성계(佛性戒)'라고도 찬탄합니다.[1]

---

1) 심재열, 앞의 책, p. 126.

벗이여, 당신은 착하게, 깨끗하게, 남과 평화롭게 살고 싶지 않습니까? 행복하게 살고, 성공하고, 출세하고 싶지 않습니까?

계는 곧 이렇게 살 수 있는 생활의 지혜입니다. 우리는 본래 이렇게 살기 원합니다. 극악 무도한 죄인일지라도, 그 맘 깊은 곳에는 정녕 착하게, 깨끗하게, 평화롭게, 성공하면서 살고 싶은 간절한 소구 소망(所求所望)이 있습니다. 우리가 진실로 단 하루라도 이렇게 살 수 있다면 얼마나 행복하겠습니까. 그런 까닭에 계는 곧 우리 마음의 염원이고 우리 양심의 명(命)입니다.

31 계를 받는다는 것은 닫힌 마음의 문을 다시 여는 것입니다. 양심의 등불을 다시 밝히는 것입니다. 매몰된 선의(善意)를 불러 일으키고, 막힌 불성 생명(佛性生命)의 물줄기를 다시 터 놓는 것입니다. 한 번으로 안 되면 두 번 하고, 두 번으로 안 되면 세 번 하고…… 할수록 이익되고 더 좋아지는 법인데, 파계(破戒)의 징벌을 어찌 두려워하겠습니까. "계는 앉아서 받고, 서서 바로 파해도 큰 공덕이 된다." 그래서 선사들은 옛부터 이렇게 권면해 오십니다.

무슨 까닭인가?

계를 앉아서 받고 서서 파해도, 한 번 받은 계는 선(善)의 씨앗이 되어서 우리 마음 밭 깊은 곳에 심어지기 때문입니다. 그러나 파계가 두려워 수계하지 아니 하면, 씨앗조차 심지 못하는 것이니, 언제 수확을 기약할 수 있겠습니까.

세존께서 설하여 깨우치십니다.

"계는 곧 모든 선한 일〔善法〕의 계단이요 뿌리이니, 마치 땅이 모든 수목의 근본이 됨과 같으니라."

－열반경－

32 "불자들은 잘 들어라. 한 나라의 왕으로부터 짐승에 이르기까

지 법사(法師)의 말을 알아들을 수 있는 이는, 신분의 높고 낮음을 막론하고, 모두 이 오계를 받을 것이니, 계를 받음으로써 가장 청정한 자가 되리라.”
−불설범망경−

이제 우리의 망설임은 끝났습니다. 두려움도 사라졌습니다. 제 양심의 명에 따라 결심하였습니다. 우리는 부처님 앞에 나아갑니다. 목욕재계하고, 희망과 기쁨으로 설레이는 마음으로, 부처님 앞에 향을 사르고, 엎드려 경배 드립니다. 계 주시기를 삼가 청합니다.

“세존이시여, 저희가 이미 삼보(三寶)에 귀의하였사오니, 저희에게 불자가 지켜야 할 오계를 베풀어 주소서. 저희가 신명을 다하여 거룩한 오계를 받아 지니겠나이다.”

이것이 오계(五戒)이니라

33 세존께서는 우리들의 권청(勸請)에 감응하시고, 우리 앞에 오셔서 불자 오계(佛子五戒)를 설하십니다.[2]

“첫째, 산 목숨을 죽이지 말라. 〔不殺生−불살생〕

온갖 목숨 있는 것을 제가 죽이거나 남을 시켜 죽이거나, 수단을 써서 죽이거나, 칭찬하여 죽게 하거나, 죽이는 것을 보고 기뻐하거나, 주문을 외어 죽여서는 안 된다. 즉 죽이는 원인〔因〕과 죽이는 조건〔緣〕과 죽이는 방법과 죽이는 업(業)으로 목숨 있는

---

2) 오계에 관한 자세한 해설은 원효 대사의 『범망경보살계본사기(梵網經菩薩戒本私記)』 중에서 읽을 수 있다.
　심재열, 앞의 책, pp. 247∼332.

것을 죽여서는 안 된다. 보살은 항상 자비스런 마음과 공손한 마음으로 모든 중생을 구원해야 할 것인데, 도리어 방자한 생각과 통쾌한 마음으로 산 목숨을 죽인다면, 이것은 큰 죄가 되느니라.

이것이 재가(在家) 보살의 첫번째 계이니, 너희는 신명을 다하여 능히 지키겠느냐, 말겠느냐?"

우리는 정성을 한 곳에 모아, 분명한 목소리로 대답합니다.

"세존이시여, 저희가 신명을 다하여 능히 지키겠나이다."

34 "둘째, 주지 않는 것을 훔치지 말라. 〔不偸盜-불투도〕

주인이 있는 물건이든 도둑들의 훔친 것이든, 바늘 한 개 풀 한 포기라도, 제가 훔치거나, 남을 시켜 훔치거나, 수단을 써서 훔쳐서는 안 된다. 보살은 항상 자비스런 마음과 공손한 마음으로 모든 중생을 도와 복되고 즐겁게 해야 할 것인데, 도리어 남의 물건을 훔친다면, 이것은 큰 죄가 되느니라.

이것이 재가 보살의 두번째 계이니, 너희는 신명을 다하여, 능히 지키겠느냐, 말겠느냐?"

우리는 정성을 한 곳에 모아, 분명한 목소리로 대답합니다.

"세존이시여, 저희가 신명을 다하여 능히 지키겠나이다."

35 "셋째, 삿된 음행을 하지 말라. 〔不邪淫-불사음〕

제가 삿된 음행을 하거나, 남을 시켜 삿된 음행을 하지 말며, 몸의 어느 부분에든지 음란한 짓은 하지 말라. 보살은 항상 공손한 마음으로 모든 중생을 제도하여 청정한 법을 일러 주어야 할 것인데, 도리어 음란한 마음을 내고 삿된 음행을 하여 자비한 마음이 없어진다면, 이것은 큰 죄가 되느니라.

이것이 재가 보살의 세번째 계이니, 너희는 신명을 다하여, 능히 지키겠느냐, 말겠느냐?”

우리는 정성을 한 곳에 모아, 분명한 목소리로 대답합니다.

“세존이시여, 저희가 신명을 다하여 능히 지키겠나이다.”

36 “넷째, 거짓말을 하지 말라. 〔不妄語－불망어〕

제가 거짓말을 하거나, 남을 시켜 거짓말을 하게 하거나, 수단을 써서 거짓말을 해서는 안 된다. 보살은 항상 올바른 말을 하고 올바른 견해를 가져야 하며, 모든 중생에게 올바른 말을 하게 하고 올바른 견해를 갖게 해야 한다. 그런데 도리어 중생에게 옳지 못한 말과 옳지 못한 소견과 옳지 못한 업을 일으킨다면, 이것은 큰 죄가 되느니라.

이것이 재가 보살의 네번째 계이니, 너희는 신명을 다하여, 능히 지키겠느냐, 말겠느냐?”

우리는 정성을 한 곳에 모아, 분명한 목소리로 대답합니다.

“세존이시여, 저희가 신명을 다하여 능히 지키겠나이다.”

37 “다섯째, 술을 마시지 말라. 〔不飮酒－불음주〕

제가 술을 마시거나, 남을 시켜 마시게 해서도 안 된다. 보살은 항상 모든 중생에게 밝고 빛나는 지혜를 내게 해야 할 것인데, 도리어 뒤바뀐 마음을 내게 한다면, 이것은 죄가 되느니라.

이것이 재가 보살의 다섯번째 계이니, 너희는 신명을 다하여, 능히 지키겠느냐, 말겠느냐?”

우리는 정성을 한 곳에 모아, 분명한 목소리로 대답합니다.

“세존이시여, 저희가 신명을 다하여 능히 지키겠나이다.”

－불설범망경－

38 계율에는 본래 출가자와 재가자의 계가 엄연히 구분되어 있지만,[3] 이 오계(五戒, Pañca-Silani)는 석가모니 당시에 확립된 계의 근본으로서, 대승 불교의 십선계(十善戒) 및[4] 십중대계(十重大戒)의[5] 바탕이 되고, 모든 불자들이 함께 받아 지녀야 할 성스러운 '불자오계(佛子五戒)'입니다.

이제 우리가 불자가 된다는 것은, 구체적으로는 삼귀의계(三歸依戒)와 불자 오계를 받아 지니는 것을 뜻합니다.[6] 아무리 절에 오래 다니고, 불교 공부 많이 해도, 교단이 베푸는 계단(戒壇)에 나아가, 인가(認可)받은 계사(戒師)로부터 불자 오계를 받지 아니하면, 진정한 불자가 되지 못합니다.

39 최근 일부에서는 계율 개혁 문제가 심각하게 논의되고 있습니다. 특히 비현실적인 출가자들의 계율은 마땅히 새롭게 정리되어야 한다는 주장이 강력히 제기되고 있습니다. 옳은 주장입니다. 1천년 전 농경 시대의 의상을 그대로 고집하는 것은 어리석은 일이지요. 그래서 부처님께서도 유교(遺敎)에서, "작은 것은 버려라." 하신 것입니다.

그러나 버려서는 안 될 계율이 있습니다. 결코 개혁해서는 안 될 계의 근본이 있습니다.

무엇인가?

곧 불자 오계입니다. 출가와 재가, 소승과 대승, 성문과 보살, 옛과 지금, 동(東)과 서(西)를 불문하고, 이 불자 오계는 불법의

---

3) 심재열, 앞의 책, pp. 53~61, pp. 62~76.
   재가 신자의 계율로는 오계, 팔재계, 십선계 등이 있다.
4) 심재열, 앞의 책, pp. 93~95.
5) 심재열, 앞의 책, pp. 238~246.
6) 초기 교단에서는 삼귀의를 세 번 외움으로써 신자가 되고, 구족계(具足戒, 출가계)가 되었고, 뒷날에 와서는 삼귀의계와 오계를 받는 것이 신자가 되는 기본 요건이 되었다. (增谷文雄, 『阿含經 이야기』, pp. 269~271)

근본입니다. 이것은 신성 불가침입니다. 절대율(絶代律)입니다. 이것을 부정하면, 그것은 이미 불교가 아닙니다.

40 우리는 이 불자 오계를 통하여 오늘의 문제를 해결하고, 미래의 정토를 예비합니다. 미륵 부처님은 바로 이 불자오계를 힘써 지키는 수계 대중(受戒大衆, 계받은 대중) 속으로 오십니다.

　미륵불께서 전생에 견의(堅意)라는 수행승으로 고행하실 때, 스스로 이렇게 발원하셨습니다.

　"그 때 수행승 견의는 모든 촌락·도성·저자·나라·시장을 탁발(걸식)하러 다녔다. 그는 이렇게 생각했다.

　'백 사람에게 오계를 지키겠다는 약속을 받지 못할 때에는, 나는 식사를 하지 않으리라.'

　선남자야, 이리하여 저 수행승 견의는 이런 서원을 세우고, 하나하나의 촌락·도성·저자·나라·시장에 탁발하러 다니며, 하나하나의 장스에서 백 명에게 오계를 지키겠다는 약속을 받지 못할 때는 식사하지 않았다.

　선남자야, 저 수행승 견의가 하루 동안에 백 명에게 오계를 지킬 것을 약속받은 때도 있었고, 2일 걸려서, 3일 걸려서…… 7일 걸려서 백 명에게 오계 지킬 것을 약속받은 때도 있었다. 그 경우 그는 7일 동안 단식을 하여서라도, 중생에 대한 자비심 때문에, 중생을 탓하지 않고, 8일째가 되어서 식사하였다.……"

－성미륵발취경－

수계로 새 생명 되다

41 '산 목숨 죽이지 말라〔不殺生－불살생〕
주지 않는 것을 훔치지 말라〔不偸盜－불투도〕
삿된 음행을 하지 말라〔不邪淫－불사음〕
거짓말 하지 말라〔不妄語－불망어〕
술 마시지 말라〔不飮酒－불음주〕,

이것을 줄여서, '살(殺)·도(盜)·음(淫)·망(妄)·주(酒)를 하지 말라.' 하거니와, 이 오계 가운데 앞의 4가지 곧 살·도·음·망의 계를 '근본 4계(根本四戒)'라고 합니다. 이 근본 4계는 모든 계법의 근본으로서, 이 4계를 파(破)하면, '4바라이(pārājika, 波羅夷)'라고 해서, 교단으로부터 추방당하게 됩니다. 바라이란, '극히 심하다〔極重〕, 함께 살 수 없다(不共住)', 이런 뜻입니다.[7]

제 5 계의 불음주(不飮酒)의 경우에 대해서는 상당한 융통성을 부여하고 있습니다.[8] 술을 많이 마시면 지혜의 종자를 끊어버리기 때문에, 곧 머리가 나빠지기 때문에, 가능하면 삼가하고, 사교상 불가피한 때라도 술에 먹히는 일이 없도록 할 것입니다. 여기에는 아편 등 나쁜 약(藥)도 포함됩니다.

세존께서는 기원정사로 찾아온 한 신(神)에게 이렇게 말씀하고 계십니다.

"악을 싫어해 멀리하고, 술을 절제하고, 덕행을 소홀히 하지 않는 것, 이것이 위없는 행복이니라."

－숫타니파아타 소품/위없는 행복－

---

7) 『수능엄경』6, 사분승계본. 심재열, 앞의 책, p. 64.
8) 술마시는 행위 자체가 죄악이 되는 것은 아니고, 그 결과로서의 행위가 문제가 되기 때문에, '삼가하라'는 경계로 들을 것이다. (심재열, 앞의 책, pp. 339~341)

42 제3계의 불사음(不邪淫)에 있어서, 부부 사이의 관계는 물론 삿된 음행에 해당되지 않습니다. 부처님께서는 오히려 남녀간의 사랑과 혼인을 축복하고 계십니다.

세존께서는 또 이렇게 말씀하십니다.

"부모를 섬기는 것, 처자를 사랑하고 보호하는 것, 이것이 위없는 행복이니라."
　　　　　　　　　　　　　　　　　　　　　　－숫타니파아타 소품/위없는 행복－

43 우리 청보리 법회에서는 엄격한 과정을 거쳐서 오계를 받습니다. 먼저 법회에 처음 나오면, 8주간의 예비 과정을 공부합니다. 이 과정을 훌륭히 공부하면, 입문식을 열고, 삼귀의계를 받음으로써 정식 회원이 됩니다. 정회원이 되면, 다시 6개월 간의 오계 과정을 공부합니다. 이 과정을 훌륭히 공부하면, 시험과 심사를 거쳐서 수계 자격을 확정하고, 계사(戒師)를 청하여 계단을 설하고, 엄숙한 수계식을 엽니다.

이렇게 해서 한 사람의 거룩한 불자가 이 세상에 탄생합니다.

44 '세존이시여,
이제 저희가 신명을 바쳐, 불자 오계를 능히 지키겠나이다.'

이제 나와 당신은 수계 불자가 되었습니다. 계사로부터 새 이름, 법명(法名)도 받았습니다.

수계일은 곧 법생일(法生日)입니다. 나와 당신이 진리 생명으로 새로 탄생하는 날입니다. 부처님의 외딸·외아들로서 새로 태어나는 기쁜 날입니다.

벗이여, 이 사바 세상에 나서, 이제 수계 불자가 되고, 법명을 받고, 진리 생명으로 새로 탄생하니 이보다 더 큰 기쁨과 영광이 어디 있습니까.

45 우리는 마땅히 법생일을 서로 축복하고, 해마다 조촐하게 기념하고, 부처님과 대중에게 공양할 것입니다. 우리는 마땅히 서로 법명으로 부르고, 법명을 쓸 것입니다. '길상 불자님, 청련화 법우님, 묘음 선배님, 선묘행 아우님', 이렇게 서로 불러주고, '불자 김법성, 불자 성청정화 올림', 이렇게 쓸 것입니다. 속명이 필요할 때에는 '불자 김법성(철수), 박대덕행(순녀)', 이렇게 쓰는 것이 좋겠습니다.

46 또한 우리는 교단과 법회의 모든 공적 행사에서 수계한 법나이〔法臘－법랍〕로써 선후의 기준을 삼을 것입니다. 우리 성중(聖衆) 사회에서는 일체의 차별이 소멸되고, 다만 하나, 이 법나이만 유일한 기준이 될 뿐입니다. 수계 아니한 법우는 수계 불자에게 마땅히 먼저 경배하고, 윗 자리를 양보할 것이고, 수계 불자 상호간에는 먼저 수계한 법나이를 따져 후배가 선배에게 마땅히 먼저 경배하고 윗 자리를 양보할 것입니다.

회향발원 (오계로써 등불 삼습니다)

자비하신 부처님.

이제 저희 청보리들, 푸르른 부처의 씨앗들.

다시 한 번 떨치고 일어나 오계로써 등불 삼습니다. 이미 수지한 오계의 등불을 다시 밝혀 들고, 어둠 속에서 질주하는 이 살벌한 삶을 가다듬습니다. '살·도·음·망·주' '살·도·음·망·주' 이렇게 맘속으로 외우면서, 외치면서, 결단코 행하지 않기를 맹세합니다. 십자로에서 방황할 대, 양심의 소리가 뒤범벅될 때, 문득 멈추어 서서 오계의 엄연한 등불 바라봅니다.

－나무석가모니불－

찬불가 홀로 피는 연꽃

내용익힘

1. 다음 문장을 완성해 봅니다.
   ① 불자들은 잘 들어라. 한 나라의 (　　)으로부터 (　　)에 이르기까지, 법사의 말을 알아들을 수 있는 이는, (　　)의 높고 낮음을 막론하고, 모두 이 (　　)를 받을 것이니, (　　)를 받음으로써 가장 청정한 자가 되리라.
   ② 계를 (　　)받고 (　　) 파해도, 한 번 받는 계는 선(善)의 (　　)이 되어서 우리 (　　) 깊은 곳에 심어지기 때문입니다. 그러나 (　　)가 두려워 수계하지 아니 하면, (　　)조차 심지 못하는 것이니, 언제 (　　)을 기약할 수 있겠습니까.
   ③ 수계일은 곧 (　　)입니다. 나와 당신이 (　　)으로 새로 탄생하는 날입니다. 부처님의 (　　) (　　)로서 새로 태어나는 기쁜 날입니다.

2. 다음 물음에 간결하게 답합니다.
   ④ 오계는 받아서 비록 못 지키는 경우가 있더라도 왜 받아야 하는가?
   ⑤ 오계의 내용이 무엇인가?
   ⑥ 법회생활에서는 무엇이 선후의 기준이 되는가?

교리탐구　재가 대중의 계(戒)에는 대개 어떤 종류가 있는가?
   1. (대중)오계
   2. 팔관재계
   3. 십선계

실천수형　수계제자로서 다음 사항을 명심 실천해 갑니다.

1. 계를 주신 계사님께 대때로 문안 올리기.
2. 계받은 날을 '법생일'로 기억하고 기념하기.
3. 나 이름 앞에 법명을 먼저 쓰고, 법회에서 법명으로 서로 부르기.

4과 · 성스러운 대중포살회

"이와 같은 모든 죄를 부처님께서는 진실한 지혜, 진실한 눈으로 다 아시고 보시겠지요. 저는 이제 돌아가 의지하며, 부처님 앞에 모든 것을 드러내어, 덮고 감추지 않고, 지은 죄를 다 참회합니다. 원컨대, 저희들의 이 생의 모든 업장을 다 소멸하고, 또한 과거의 모든 보살이 보리행을 닦아 모든 업장을 다 참회하듯, 저희도 이제 업장을 모두 참회하여, 그것을 드러내어, 덮고 감추지 않으며, 이미 지은 죄는 없애기를 원하고, 미래의 악은 다시 짓지 않겠습니다."　－금광명최승왕경－

탐구과제

- 반드시 지켜야 할 '제1의 계율'이 무엇인가를 관찰합니다.
- '지난 허물을 왜 참회하지 않으면 안 되는가?' 하는 이치를 깨닫습니다.
- 어떻게 대중포살을 행하는가를 배우고 몸소 실천해 갑니다.

그대 생명에 이 일을 견주어

47 "산 목숨을 죽이지 말라."

이것이 제1계(第一戒)입니다. 옛부터 제1계를 '아힝사(Ahiṃsa)'라고 불러 왔는데, 아힝사는 곧, '불살생(不殺生)·불해(不害), 죽이지 말라, 해치지 말라.' 이런 뜻입니다.[1]

불살생은 모든 계법(戒法)의 눈이고, 부처님께서 하늘과 땅 위

---

1) 增谷文雄/이원섭, 『阿含經 이야기』 pp. 287~300.

에 확립하신 최고 최선의 도덕률(道德律)입니다. 힘이 부족해 다른 계는 다 파할지라도, 이 불살생계(不殺生戒)는 파하지 말 것입니다. 이것은 부처님의 절대 명령입니다.

인간을 해치지 말아야 하는 것은 너무도 당연한 도리이거니와, 말 못하는 미물(微物), 심지어 풀 한 포기도 함부로 뽑지 말아야 하는 것이 부처님의 뜻입니다.

세존께서 말씀하십니다.

"산 목숨을 죽이지 말라. 부처님과 성인과 스님을 비롯하여, 날아다니고, 기어다니는 보잘 것 없는 곤충에 이르기까지, 목숨이 있는 것은 무엇이건 내 손으로 죽이거나, 남을 시켜 죽이거나, 죽이는 것을 보고 좋아하지 말라."   —사미십계법—

48 "산 목숨을 죽이지 말라."

이렇게 권하면, 사람들은 흔히 두 가지 걱정부터 먼저 합니다.

'사람을 괴롭히는 모기, 파리, 쥐…… 이런 해충도 잡지 말아야 하는가?'

'고기도 먹지 말아야 하는가?'

첫째, 해충 문제.

그 대답은 이러합니다.

"벗이여, 죽이지 않고 견딜 수 있거든, 죽이지 말고 견딥시다. 꼭 잡지 않고서는 나와 가족의 생명이 위험하고 큰 일 나겠거든, 잡지 않고 어찌하겠습니까. 비록 어쩔 수 없이 죽일 때라도, 그 죽음의 아픔을 한 번쯤은 생각해 봅시다."

49 해(害)로운 것이니 당연히 죽여야 한다는 태도와, 끝까지 망설이고 안타까워하는 태도의 차이는 실로 하늘과 땅입니다. 해충이라고 해서 당연히 죽이는 태도는 마침내 자기 이익에 해로우면

아버지도 죽이고 아내도 죽입니다. 이것이 오늘 이 세상의 풍속도 아닙니까?

그러나 망설이고 안타까워하는 태도는 마침내 풀 한 포기도 뽑지 않으려는 고귀한 범행(梵行, 깨끗한 행위)으로 승화되어 갑니다. 우리 선인들은 뜨거운 물도 풀밭에 버리지 않았고, 겨울 내의에 이가 끌어도 툭툭 털어 버리거나, 양지 바른 곳에 내 놔, 이가 기어 나가도록 했습니다. 그래서 '평화를 사랑하는 백성'이라고 불리었지요.

50 저 선인들을 보고, 어리석고 비위생적이라고 우리가 흉볼 수 있겠습니까? '그것은 나약하고 무력하다.' 이렇게 우리가 외면할 수 있습니까?

벗이여, 지금 우리는 대체 어찌하고 있습니까?

작은 해충을 죽이려고 독한 농약을 뿌리고도 또 뿌려서 생태계(生態系)는 파손되고, 흙은 산성(酸性)으로 죽어가고, 사람들은 수은 독에 중독되어 온갖 병에 걸리고…….

강한 힘이 최고라고, 매양 하는 짓이 죽이고 쳐부수는 훈련 또 훈련, 그래서 아이들도 병아리 사지를 재미삼아 갈기갈기 찢고, 청소년들은 장난삼아 칼로 사람을 찌르고…….

부처님은 우리들의 승리를 위해서 이 세상에 오신 것이 아닙니다. 불교는 강한 힘을 위해서 봉사하는 종교가 아닙니다. 부처님은 가장 약한 자로 이 세상에 오십니다. 불교는 가장 무력한 종교로서 이 세상에 봉사합니다.

부처님의 간곡하신 말씀이 우리들의 발길을 멈추게 합니다.

"모든 생명은 채찍을 두려워한다.
모든 생명은 죽음을 무서워한다.
제 생명에 이 일을 견주어

남을 때리거나 죽이지 말라."

-법구경 도장품-

51 조금만 더 생각하고 수고하면 우리는 어쩔 수 없는 살생이라도 조금씩 줄여갈 수 있지 않겠습니까? 모기의 경우, 방충망을 친다든지, 모기향을 쓴다든지, 웅덩이 같은 모기 서식지를 청소한다든지……

이렇게 끊임없이 노력하자는 것이 부처님의 참뜻이고, 이것이 살생유택(殺生有擇)입니다.[2]

저 싯다르타의 고행 고백을 다시 경청합니다.

"나는 한 방울의 물도 땅에 버리지 않았다. 아무리 작은 동물이라도 다칠까 해서다. 아무리 작은 동물이라도 죽이지 않으려 했고 미미한 작은 생물이라도 죽여서는 안 된다고 생각하였다."

-중부경-

52 다음 육식(肉食) 문제.

이 문제에 관해서 부처님께서는 매우 자유로운 입장을 취하고 계십니다. '육식은 절대 금해야 한다. 육식하면 파계(破戒)다.' 이런 데바닷타의 주장에 대하여 세존께서는 이렇게 대답하십니다.

"데바닷타여, 그 법이 좋다고 생각하면, 네 스스로 힘써 행할 것이다. 나는 결코 그것을 금하지 아니 한다. 오히려 나는 그것을

---

2) 원광(圓光) 법사는 세속 오계(世俗五戒)에서 살생유택을 이렇게 권면하였다. "여섯 재일(한 달의 6일, 기도하는 날)과 봄·여름 달에 죽이지 않는 것이니, 이것은 시기를 가리는 것이요, 가축을 죽이지 않는다는 것은 곧 말·소·닭·개를 죽이지 않는 것이며, 가는 것〔細物〕을 죽이지 않는다는 것은 곧 고기가 한 점도 되지 못하는 것을 죽이지 않는다는 말이니, 이것은 생물을 가리는 것이요, 죽이는 것도 또한 그 소용되는 것만 하지, 많이 죽이지는 않을 일이다. 이것이 세속의 좋은 경계이다." (일연, 『삼국유사』-원광서학(圓光西學))

찬양한다. 그러나 누구에게 그것을 강제할 수 있겠느냐?

　나를 위해 잡은 부정한 고기를 여래는 금하였거니와, 병약한 자가 몸을 위해서, 또는 사람들이 깨끗한 고기 먹는 것을 여래는 허락한다."

－증일아함경－

53 육식 아니 하거나 덜 하는 것이 물론 불살생계에 가까운 범행입니다. 육식 많이 하면 우리 몸이 산성화되어서 고혈압 등 나쁜 병에 많이 걸리고, 인간 정신도 짐승을 닮아서 폭력·공격·정복적으로 변질한다는 것은 이미 의학적인 상식 아닙니까.

　그러나 건강상의 필요, 목축이나 어업이 주업인 경우, 육식은 불가피하고, 또 죄가 되지 않습니다.

　출가 수행자들이 육식을 해도 좋은가?

　물론 안 하는 것이 좋습니다. 그러나 육식을 한다고 해서 '파계'라고 지탄하는 것은 어리석은 짓입니다. 육식은 이미 인간의 보통 식품입니다. 우리는 온갖 짓 다 하고, 온갖 것 다 먹으면서, 스님들을 육식 고랑에 묶어두고 비난한다는 것이 얼마나 위선적이고, 또 부끄러운 일입니가? 그것은 전혀 개인의 선택에 맡겨져야 하고, 스님들이 자실 것 자시고, 보다 근원적인 선행을 하실 것을 우리는 기대하고 있습니다. 참으로 추하고 비린내나는 것은 그런 사소한 문제가 아니지 않습니까?

　세존께서 명백히 깨우쳐 보이십니다.

"산 목숨을 죽이는 일, 때리고 자르고 묶는 일, 훔치고 거짓말 하는 일, 사기와 속이는 일, 그릇된 것을 배우는 일, 남의 아내와 가까이 하는 일, 이것이 바로 비린 것이지, 육식은 그렇지 않다."

－숫타니파아타 소품/비린 것－

54 부처님의 모든 법과 계는 결코 희론(戲論)이 아닙니다. 말을

위한 말, 논리를 위한 논리가 아니지요. 지금 여기서 내가 할 수 있는 조그마한 선(善) 하나라도 용기 있게 선택해서, 힘껏 실천해 나가는 것이 법이며 계입니다.

우리가 수행하고 좋은 습관을 길러서, 육식을 점차 줄이고, 마침내 채식(菜食)과 소식(少食)만으로도 만족하게 살 수 있다면, 얼마나 좋겠습니까. 그렇게 살아가는 훌륭한 분들이 우리 주변에 많지 않습니까.

그러나 그렇지 못하다고 해서, 속으로 남의 생명을 경시하고 무시하면서, 이런 마음 반성은 아니하고, 해충을 문제 삼고, 육식을 파계라고 비난한다면, 이것은 참 추한 행동입니다.

초하루, 보름, 함께 모여 참회하라

55 계를 수지(受持)한다는 것, 곧 지계(持戒)는 우리 자신의 행위와 하루 살이를 끊임없이 되돌아 보고, 반성하고, 또 새롭게 시작하는 것입니다. 계율 공부는 곧 참회하는 생활입니다. 참회함으로써 좋은 습관을 익혀가는 것입니다. 참회는 나 스스로 조용히 하는 것도 필요하지만, 법우 형제들이 모여서 함께하는 대중 참회(大衆懺悔)가 더욱 중요합니다.

본래 원시 승단에서는 초하루, 보름, 한 달 두 차례 '포살회(布薩會, poshatha)'라는 참회 의식을 베풀었는데, 이 포살회가 차츰 교단의 법회(法會)로 발전되고, 초하루·보름 참회는 재가 대중(在家大衆)에게도 요구되었습니다.

세존께서 재가 신자 담미카에게 말씀하십니다.

"나는 보름마다 여러 부처님의 계법을 외운다. 너희 보살 대중
도 따라 외우라."[3]
-불설범망경-

"각각 보름 동안, 제8일, 제14일, 제15일에 포살을 행하라.
또 특별한 달에는 팔관재계(八關齋戒, 여덟가지 계율)를 청정한
마음으로 행하라."
-숫타니파아타 소품/담미카-

56 오늘 우리 교단이 이 포살 의식을 잃어버린 것은 참 불행한
일입니다. 그래서 부끄러워하는 사람들이 점차 줄어드는 것일까
요? 이제 우리는 마땅히 이 포살회를 우리 법회의 가장 신성한
의식으로 되살리고 생활화할 것입니다.

청보리 법회에서는 오래 전부터, 초하루·보름, 매월 두 번씩
포살회를 베풀고 있습니다. 오전에는 주부 대중들이, 저녁에는
직장·청년 대중들이 함께 모입니다. 법사의 주도로 '대중 포살회
(大衆布薩會)'를 여는데, 그 의식은 이러합니다.

대중이 무릎 꿇고 합장한 속에 법사가 법단에 나아가 포살회를
선언합니다.

57 "대중이여, 들으시라. 오늘은 포살 날이니, 만약 대중들에게
지장이 없다면, 법회는 포살을 베풀고 계본(戒本)을 외우리라.

무엇을 법회의 제일대사(第一大事)라고 하는가? 여러 대중이
몸의 청정함을 고백함이니, 나는 이제 계본을 외우리라. 대중들
은 여기서 잘 듣고 잘 생각하라.

만약 스스로 허물이 있음을 자각한 사람은 나서서 드러내라.

---

3) 이것은 세존께서 담미카라는 재가 신도의 지도자에게 명하신 것으로, 포살이
재가 신도에게도 요구되었다는 원시경전상의 한 근거이다. 포살에는 '비구
(니) 포살'과 '재가포살'의 2가지가 본래부터 있어 왔다. (이희익, 『佛教의
教團生活』 pp. 32)

또 죄 없는 이는 잠자코 있을지니, 잠잠하면 여러 대중의 청정함을 알리라. 만약 누가 물으면 마땅히 대답해야 하리니, 여러분은 이 대중 속에서 세 번까지 질문 받을 것이며, 세 번 질문 받고도 죄가 있으면서 고백하지 않는다면, 고의적인 망어죄(妄語罪)를 얻으리라. 고의적인 망어죄는 이 길에 장애가 된다고 부처님께서 설하셨으니, 그러므로 죄 있는 것을 기억하는 대중으로서 청정하기를 원하는 이는 그 죄를 드러내라. 드러내면 안락함을 얻으리라.

만약 어떤 불자라도 산 목숨을 죽이거나 해친 일이 있다면, 그는 바라이에 해당하니, 함께 가지 못하리라.

이제 나는 대중들에게 묻노라. 이 계율에 대해서 청정한가? 다시 묻노라. 이 계에 대해서 청정한가? 또 다시 묻노라. 이 계에 대해서 청정한가?

이제 여러 대중은 이 계에 대해서 청정하시오. 그러기에 침묵한다고 나는 그렇게 믿소.

만약 어떤 불자라도 주지 않는 것을 훔친 일이 있다면, 그는 바라이에 해당하니, 함께 가지 못하리라. (같은 방식으로 반복)

만약 어떤 불자라도 삿된 음행을 범한 일이 있다면, 그는 바라이에 해당하니, 함께 가지 못하리라. (같은 방식으로 반복)

만약 어떤 불자라도 진실을 숨기고 거짓말한 일이 있다면, 그는 바라이에 해당하니, 함께 가지 못하리라. (같은 방식으로 반복)

만약 어떤 불자라도 술에 크게 취하여 날뛴 일이 있다면, 그는 불음주계를 파하였으니, 마땅히 참회할 것이라. (같은 방식으로 반복)

이제 여러 대중들은 허물을 씻고 청정히 되었습니다. 그러나 우리가 모르게 지은 허물이 많고 또 이 세상에 아직도 죄 짓는 형제들이 많으니, 이 죄가 또한 우리 불자들의 허물입니다. 이제

우리가 경건하고 지극한 마음으로 부처님께 백팔 예참을 올림으로써 함께 참회코자 합니다." [4]

58 우리 대중들은 놀랍게도 스스로 일어나서 삼배(三拜)를 올림으로써 그 허물을 드러냅니다. 주저할 것 같지만 그렇지 않습니다. 숨김없이 잘 드러냅니다.

"도둑질 하지 말라. 이 계율에 청정한가?

삿된 음행 하지 말라. 이 계율에 청정한가?"

이렇게 묻는데도 많은 불자들이 스스럼없이 일어나, 삼배 올리고 드러냅니다. 누구도 이상하게 생각하지 않습니다.

이렇게 해서 그들은 성화(聖化)되어 가고 마음의 평화를 얻고 있습니다. 그들의 나쁜 버릇은 조금씩 개선되어 가고, 세상 살이의 구체적인 지혜도 한 뼘 두 뼘 자라가고 있습니다.

이제 우리 형제들은 부처님 계율의 참됨과 그 실익(實益)을 피부로써 느끼고 있습니다.

59 "청정하기를 원하는 이는 그 죄를 드러내라. 드러내면 안온함을 얻으리라."

정녕 이러합니다. 나 자신의 허물을 부처님과 대중 앞에 숨김없이 드러내는 정직성(正直性), 이 정직성이야말로, 계율공부의 근본 정신이며 불자들의 최고선(最高善)입니다.

계를 받아서, 외우고, 생각하고, 실행하고, 전파하고, 참회하고 …… 이렇게 끊임없이 공부하는 목적은 바로 정직한 습관을 몸에 익히자는 것입니다. 계율 공부는 곧 정직하게 살아가려는 끊임없

---

4) 율장 대품 2―「포살건도」에 의거해서 다소 고친 것임.

는 수련입니다.[5] 이 소용돌이 치는 현실 속에서, 우리가 정성을 모아 계를 받아 지니고 끊임없이 참회하면서 자신의 허물을 드러낼 때, 나와 당신의 마음은 본래의 정직한 마음[直心]으로 조금씩 조금씩 되돌아 갑니다.

이 정직한 마음과 더불어 지혜의 힘도 생장(生長)하고, 우리는 이 지혜의 능력을 써서 이 세상 살이에서도 번영하고, 저 정토(淨土) 또한 훌륭하게 예비합니다.

경(經)에서 말씀하십니다.

"정직한 마음, 이것이 곧 보살의 정토이니, 보살이 성불(成佛)할 때 아첨하지 아니하는 중생이 그 나라에 가서 태어나리라."

―유마경 불국품―

불자는 정직하게 드러내라

60 불자가 누구인가?

곧 정직하게 살려고 힘쓰는 사람입니다. 정직으로 생명을 삼고, 정직으로 최대의 재산을 삼는 사람입니다. 한때의 손실과 고통이 두려워서 결코 속이지 아니하고, 감추지 아니하고, 아첨하지 아니하는 사람입니다. 물건 값을 속이지 아니하고, 저울을 속이지 아니하고, 포장 속의 내용물을 속이지 아니하고…….

불자가 누구인가?

―――――――――――――

5) 불망어(不妄語)는 자기 스스로 거짓말 아니하고 정직하게 살 뿐 아니라, 남의 거짓과 비정직(非正直)도 용납하지 않는 것이다.
　"집회 장소에 있든 단체에 있든지간에 누구도 남에게 거짓말 해서는 안 된다. 남에게 거짓말 시켜도 안 된다. 또 남이 거짓말 하는 것을 묵인해도 안 된다. 모든 허망한 말을 하지 말라." (숫타니파아타 소품/담미카)

곧 정직하게 약속을 지키려고 애쓰는 사람입니다. 약속으로 생명을 삼고, 약속으로 최고의 재산을 삼는 사람입니다. '예' '아니오'를 신중히 하고, 한 번 '예' '아니오' 하면, 반드시 그 약속을 지키는 사람입니다. 시간 약속을 지키고, 지불 약속을 지키고, 출석 약속을 지키고, 직무 약속을 지키고……

세존께서 구시나가라 사라쌍수 언덕에서 당부 또 당부하십니다.

"수행자들아, 아첨하고 왜곡하는 마음은 도(道)와 맞지 않는다. 그러므로 마땅히 그 마음을 정직하고 소박하게 쓰라. 아첨하고 왜곡하는 마음은 다만 속이는 것임을 마땅히 알라. 이 길에 들어온 자는 그렇게 할 수 없다. 그러므로 그대들은 마땅히 정직하고 소박한 마음을 근본으로 삼아라."

—유교경—

61 이제 우리는 부처님 앞에 나아갑니다. 무릎 꿇고 엎드려 우리의 지난 허물을 낱낱이 고백합니다. 부처님께서는 이미 다 알고 계시는 걸요.

"이와 같은 모든 죄를 부처님께서는 진실한 지혜, 진실한 눈으로 다 아시고 보시겠지요. 저는 이제 돌아가 의지하며 부처님 앞에 모든 것을 드러내어 덮고 감추지 않고 지은 죄를 다 참회합니다. 원컨대, 저희들의 이 생의 모든 업장을 다 소멸하고, 또한 과거의 모든 보살이 보리행을 닦아 모든 업장을 다 참회하듯 저희도 이제 업장을 모두 참회하여 그것을 드러내어, 덮고 감추지 않으며, 이미 지은 죄는 없애기를 원하고, 미래의 악은 다시 짓지 않겠습니다.

—금광명최승왕경—

62 이제 우리 청보리들은 함께 사룁니다.

"청정한 빛

마음의 거울이신 부처님
저희들 지난 허물
님 앞이 다 드러내오니
숨김없이 드러내오니
님의 빛으로 밝혀 주소서.

산 생명을 제 편리대로 해치고
땀 흘리지 않고 훔치려 하고
남의 여인, 남의 남정네를 탐내고
거짓말 하고
약속 지키지 않고
깨끗한 척 가장하고
교만한 고개 숙일 줄 모르고……
님께서 이미 다 아시니
님께서 이미 다 알고 계시니

이제 저희 수계 불자들
자리를 털고 일어나
방을 치우고
마루를 닦고
마당을 쓸고
골목길을 청소하고
침구와 의복을 스스로 세탁하면서
몸의 대, 마음의 때 함께 씻으면서
지혜의 등불 하나
밝히옵니다."

—불자의 참회—

회향발원 (드러내어 덮고 감추지 않습니다)

자비하신 부처님.

이제 저희 청보리들, 푸르른 부처의 씨앗들.

지난 허물과 죄업, 다 드러냅니다. 오계를 어긴 일, 다 드러내어 덮고 감추지 않습니다. 초하루 보름, 한 달에 두 번씩 부처님 앞에 함께 모여, 오계를 조목조목 외우며, 파하고 어긴 허물을 정직하게 고백합니다. 저희들은 불자이기 때문입니다. 정직하게 말하고 정직하게 약속을 지키는 것이 불자의 생명인 까닭에, 이제 저희들은 주저함이 없이 일어나 부처님 앞에 삼배 올리며 허물을 다 사룁니다. ─나무석가모니불─

찬불가 참회의 노래

내용익힘

1. 다음 문장을 완성해 봅니다.
   ① 이와 같은 모든 (   )를 부처님께서는 진실한 (   ), 진실한
      (   )으로 다 아시고 보시겠지요. 저는 이제 돌아가 의지하며,
      (   ) 앞에 모든 것을 드러내어, 덮고 (   ) 않고, (   )를
      다 참회합니다.
   ② 모든 생명은 (   )을 두려워한다. 모든 생명은 (   )을 무서
      워한다. 제 (   )에 이 일을 견주어, (   )을 때리거나 죽이
      지 말라.
   ③ 수행자들아, (   ) 왜곡하는 마음은 (   )에 맞지 않는다.
      그러므로 마땅히 그 마음을 (   ) 소박하게 쓰라. (   ) 왜
      곡하는 마음은 다만 (   ) 것임을 알라. 이 길에 들어온 자는
      그렇게 할 수 없다. 그러므로 그대들은 마땅히 (   ) 소박한
      마음을 근본으로 삼아라.

2. 다음 물음에 간결하게 답합니다.
   ④ ‘제1의 계율’이 무엇인가?
   ⑤ 육식을 하는 것은 죄가 되는가?
   ⑥ 왜 지난 허물은 드러내어 덮고 감추지 말아야 하는가?

교리탐구 초기불교 이래 재가대중의 포살은 어떻게 실천되었는가?
   1. 포살의 의미
   2. 초기불교 시대의 포살법〔팔관재일〕
   3. 현저 남방불교에서 실천되고 있는 재가대중의 포살

실천수행 초하루·보름, 한 달에 두 번, 우리 사찰 법회의 법도에 따라 대중포살에 나아가 참회합니다.

1. 사찰 법회에서 포살법도를 정한다.
2. 포살날에는 금주·금육식으로 청정히 지낸다.
3. 약속된 시간에 함께 모여서 법답게 참회한다.

단원정리

● **합송** '국민 오계 운동'을 전개합니다.

법사 선남 선녀들아, 부처님의 진리가 어디 있습니까?

대중 저희들의 삶 가운데 있습니다. 가정과 학교와 직장과 거리에서, 노동하며 열심히 살아가는 이 일상의 현장 속에서 부처님의 진리가 빛나고, 크나큰 해탈열반의 기쁨이 넘치고 있습니다. 그런 까닭에 저희들은 하루 일하지 않으면 하루 먹지 않습니다.

법사 선남 선녀들아, 우리의 삶 속에서 부처님의 진리를 어떻게 실현해 갑니까?

대중 먼저 계를 지킵니다. 부처님께서 확립하신 대중 오계를 받아지님으로써 뿌리 깊은 저희들의 나쁜 버릇을 청정히 바꿉니다. 오계는 영원한 구원의 등불, 오계를 받아지닐 때 나는 새 생명으로 태어나고, 어둔 삶은 광명으로 빛납니다.

법사 선남 선녀들아, 오계가 무엇입니까?

대중 첫째, 산 목숨을 해치지 않는다. 둘째, 주지 않는 것을 갖지 않는다. 셋째, 삿된 음행을 하지 않는다. 넷째, 거짓말을 하지 않는다. 다섯째, 술을 지나치게 마시거나 나쁜 약 먹지 않는다.

다함께 벗이여, 선남 선녀들이여, 이제 우리 불자들은 결심 협력하여, '국민 오계 운동'의 길로 나아갑니다. "동포여, 모두 오시오. 와서 부처님의 오계를 받아지니시오. 오계를 받아지니는 것이 우리 삶을 혁신하는 길이고, 우리 국민을 정직한 국민으로 만드는 길이며, 이 민족을 하나되게 하는 길이오." 이렇게 외치며 행진해 갑니다.

● **창작** 오계 카드를 깨끗하게 만들어서 친구 친지에게 보냅니다.

● **법담(法談)의 시간**

1. 주제 : '국민 오계 운동'의 실천방안에 관하여

2. 주요내용 : ① 오계운동의 중요성은 무엇인가?
　　　　　　② 가정에서의 실천방안은?
　　　　　　③ 직장·마을에서의 실천방안은?
　　　　　　④ 우리 법회에서의 실천방안은?
　　　　　　⑤ 대중포살의 실제적 방안은?

제 8 장

참선공부는 어떻게 할 것인가?

●

"이 뭣고?"

절구통같이 앉아 보라

❶ 나는 누구인가? 이 천지가 갈라지기 전, 나는
어디 있었던가? 부모님께서 날 낳으시기 전, 내
본래 얼굴〔本來面目〕은 무엇인가? 나는
지금까지 언어와 문자가 생각놀음에 빠져,
얼마나 많은 세월 속에서 살아왔던가?
이 뭣고?
내 본래면목이 정녕 무엇인가?

❷ 8장은 '참선의 장'입니다. 불립문자(不立文字)
직지인심(直指人心)의 경지를 공부할 것입니다.
여기서 우리는 참선수행이 깨침에 이르는
고도(古道)임을 깨닫고, 용맹정진하는 기상을
터득하게 될 것입니다.

❸ 벗이여, 이제 우리도 저 달마 대사같이 면벽하고
앉아 보아요. 절구통같이 요지부동으로 앉아
보아요. 지금까지 공부한 지식의 먼지 다
털어버리고, 절구통같이 우직하게 앉아 보아요.

머리 이야기

박(朴) 선생의 문제

박 선생은 40대 초반의 고등학교 선생님, 평소 철학적 문제에 관해 많이 사색하고, 불교 수행도 열심히 하고 있었다. 특히 박 선생은 참선에 관심이 많았고, 단전 호흡(丹田呼吸)을 생활화해서, 웬만한 신병이라도 단전 호흡을 해서 큰 효험을 보았다.

그런데 박 선생에게 큰 가정 풍파가 닥쳐왔다. 군대에서 제대한 동생이 나타나서 돈을 요구하고, 요구를 들어주지 않으면 행패를 부리고, 학교에까지 찾아와서 야료를 했다. 처음 몇 번은 동생의 사정을 동정해서 사업자금으로 적잖은 자금을 융통해 주었지만, 돈이 떨어지면 동생은 다시 찾아와서 체면 불구하고 막가는 행동을 서슴치 않았다.

박 선생 부인은 이 일로 인해서 심한 공포증에 걸려 친정으로 피신하게 되고 박 선생은 남 부끄러워서 학교도 나갈 수가 없었다. 박 선생은 가정도 직장도 잃어버릴 막다른 고비에 이르렀다.

박 선생은 어느 날 절친한 친구 김 선생을 찾아왔다.

"김 선생, 난 이제 파산이야. 집이고 학교고 이젠 결단났어. 더 이상 참을 수가 없다구. 내일 당장 사표 내고, 집도 정리하고 정처없이 떠나야 겠어."

김 선생은 그를 데리고 동리 근처의 절을 찾아 갔다. 두 사람은 부처님께 예배 드리고 조용히 참선 자세로 앉았다. 이렇게 한 시간 가까이 지난 다음에 두 친구는 대화를 나누었다.

"박 선생, 자네는 불교 사상을 누구보다 깊이 이해한 터인데,

동생 하나를 수용하지 못하는가?"

"나도 무진 노력하였다네. 그러나 이제 더 이상 동생을 상대할 수가 없어. 앞에 앉기만 해도 속이 뒤집히고 주먹이 올라가는 걸 어찌하나. 그 애는 사람이 아냐. 날 망치려는 요물이야."

"박 선생, 내가 보기엔 자네 자신한테 더 문제가 있는 것 같아."

"무슨 문제?"

"자네 일체유심조(一切唯心造)라는 말씀 알지?"

"그래 알지."

"무슨 뜻이더라?"

"모든 것은 내 마음이 만들 탓이란 것 아닌가."

"그래 그래, 옳았어. 그렇다면 그 요물 같은 동생은 누가 만들었는가?"

"그럼 내가 만들었다는 것인가?"

"자네 스스로 조용히 한 번 생각해 보게."

두 사람은 입을 다물고 다시 참선을 했다. 절을 내려올 때쯤 박 선생은 상당히 여유를 찾아가고 있었다.

"김 선생, 사표 내는 일은 좀 더 생각해 보아야겠네."

"물론이지. 한 마음이 고요하면 천지가 고요하다는 선사들의 말씀이 어찌 허망하겠는가. 문제를 너무 가까이서만 생각하지 말고, 한 발자국 물러서게. 그 중생을 생각하지 말고, 자네 마음의 파란부터 먼저 생각해 보게."

그때부터 박 선생은 아침 저녁으로 더욱 참선 공부를 많이 했다. 허리를 곧게 펴고 앉아서 뱃 속 깊이 숨을 마시고 서서히 토해내는 단전 호흡을 반복했다. 마음 속으로는 모든 생각들을 하나하나 치워갔다. 분한 생각, 미운 생각, 두려운 생각, 자기 재산, 아내, 자식, 직장, 체면…… 이 모든 생각들을 그릇에 고인 물을 비우듯, 서서히 비워갔다. 동생이라는 상념(想念, 相, 이미지)도 놓아 버리고, 나(我)라는 상념도 놓아 버리기에 힘썼다.

이렇게 마음이 고요해진 상태에서 박 선생은 동생 문제를 그 근원에서부터 성찰해 보았다. 자신에게도 많은 문제가 있다는 사실을 조금씩 깨닫게 되었다. 동생의 존재를 지나치게 과대한 부담으로 받아들였고, 동생의 주장이나 동기를 전혀 긍정하지 않으려 했던 자신의 생각이 동생의 마음과 태도를 더욱 악화시킨 원인의 하나였음을 깨달을 수 있었다.

다음 날 동생이 찾아 왔을 때, 박 선생은 전혀 다른 자세로 그를 맞을 결심을 했다. 동생의 얘기를 가로막지 않고 진진하게 경청했다. 동생의 언행은 여전히 불쾌했지만, 그는 훨씬 가벼운 마음으로 동생을 대할 수가 있었다. 그리고 자기 사정이나 집안 형편도 조용하게 들려 주었다. 형제의 윤리에 대해서도 타이르듯 얘기했다. 동생의 태도도 많이 누그러지고, 자기 행동의 지나친 점을 사과했다.

박 선생은 힘껏 도와주마고 동생에게 약속했다. 그동안 뼈빠지게 저축한 통장을 열어서 동생 사업비를 조달해 주었다. 이런 일이 몇 차례 되풀이 되었지만, 박 선생은 조용히 체념하고 있었다.

'이것은 모두 내 업보(業報) 탓이지. 전생의 빚을 갚는 거지. 억지로 피할 수 없는 거야.'

이렇게 2, 3년이 흘렀다. 마침내 동생이 자리를 잡았다. 동생은 이제 조그마한 광고 업체를 경영하면서 다소의 여유도 생겼다. 그는 형에게 진 빚을 조금씩 갚아갈 뿐만 아니라, 불우한 사람들을 위해서 불서(佛書)를 보급하는 일까지 전개하고 있다.

형의 불심(佛心)이 동생의 마음으로 흘러간 것일까.

1과 · '이 뭣고?'

> "내게 자식이 있고 재산이 있다고
> 어리석은 자들은 집착하느니
> 제 몸도 오히려 자기 것이 아니거늘
> 어찌 자식과 재산이 자기 것이랴."
>
> −법구경, 게송62−

탐구과제

- 말과 문자와 생각이 얼마나 거짓된 것인가를 깨닫습니다.
- '내가 실로 내가 아니다.'라는 진실을 깊이 명상하고, 참된 나를 어떻게 찾을 것인가를 깊이 생각합니다.
- 어떻게 잡된 생각을 떨쳐 버리고 참된 나를 찾을 것인가를 배우고 몸소 실천해 갑니다.

'이 뭣고?' 이 통렬한 물음 앞에서

1 어느 날 숭산(崇山)에 사는 한 수행자가 육조(六祖) 혜능(慧能)선사를[1] 찾아 왔다. 이 수행자는 자기 공부가 상당한 수준이라고 내심 자부하고 있었다. 그는 선사에게 절하고 섰다.

이때 선사께서 큰 소리로 물었다.

"어디서 왔는고?"

---

[1] 육조 혜능(六祖慧能, 638~713)은 중국 당(唐)나라 때의 선사로서, 오조 홍인(五祖 弘忍)의 법을 이어받아 중국의 선종을 크게 중흥하였다. 저서 −『육조단경(六祖壇經)』 (김동화, 『禪宗思想史』 太極出版社, 1974 pp. 136~150)

82

“네 숭산에서 왔습니다.”
“무엇이 이렇게 왔는고?”
“네?”

이 한 물음 앞에 숭산의 수행자는 꽉 막혀 버리고 말았다. 그
는 한 마디 대답도 하지 못하고, 땀을 뻘뻘 흘리다가 무참하게
무너져 돌아가고 말았다. [2]

2 선사는 이제 우리에게 묻고 계십니다.
“그대는 어디로부터 왔는고?”
“강남으로부터 왔습니다.”
“강남 이전에는 어디 있었는고?”
“강북에 있었습니다.”
“강북 이전에는?”
“고향에서 부모님과 함께 있었습니다.”
“부모님과 함께 있기 이전에는?”
“네? 아직 태어나지도 않았습니다.”
“태어나기 전 그대는 어디 있었는고?”
“네?”
“그대 부모님이 만드시기 전, 그대 얼굴〔面目〕은 어떤 것인
고?”
“네?”
“천지가 열리기 전, 대체 그대는 어디 있었는고?”
“……”
“그대는 신이 창조했다고 말하고 싶은가? 그러하다면, 신이 창
조하기 전 그대는 어디 있었는가? 신 안에 있었는가? 신 밖에 있

2) 권상노 외, 『禪學과 禪理』寶蓮閣, 佛敎思想大典 8, p. 60~61.
　　『傳燈錄』(김동화, 앞의 책, p. 185)

었는가? 대체 그 신은 어디서 왔는가? 신이 본래 있었다면 그대 또한 본래 있었던 것이 아닌가? 그때 그대의 본래 얼굴〔本來面目〕은 무엇인가?”

“……”

3 “무엇이 이렇게 왔는고?

〔什麽物(십마물)이 恁麽來(임마래)오〕”

‘뭐라고 대답할까? 내 이름을 댈까? 족보를 설명할까? 명함을 내 놓을까? 영혼이 왔다고 할까? 육신이 왔다고 할까? 영혼과 육신 합친 것이 왔다고 할까? 불성(佛性)이라고 할까? 그런데 불성이란 것이 무엇인가? 불성을 내가 아는가? ‘불성 불성’ 말은 많이 했지만, 나는 정녕 불성의 실상을 알고 있는가? 보고 있는가? 나는 다만 갈로만 하고 문자로만 쓰고 있을 뿐, 영혼이니, 육신이니, 불성이니…… 그 어떤 것도 모르고 있지 않은가? 모르면서 알고 있는 것으로 착각하고 편한 마음으로 지나오지 않았는가?’

4 “천지가 열리기 전(前), 그대의 본래 면목은 무엇인고?”

‘나는 정말 할 말이 없다. 말이 막힌다. 분주히 생각해 보지만, 혼란만 뒤얽힐 뿐, 뭐라고 말할 수가 없다. 내가 정말 왜 이럴까? 왜 이토록 캄캄할까? 내가 이렇게 허무하게 무너지다니……’

도대체 우리는 지금까지 속아 살아 왔습니다. 언어 문자의 겉모양에 속아서 참뜻을 미처 깨닫지 못했습니다. 겉모양이 진실인 줄 믿고 속아왔습니다. 불경을 읽으면서도 우리는 투철히 읽지 못했습니다. 문자 뒤에 잠재해 있는 부처님의 마음을 읽지 못하고, 단순히 그 문자의 겉모양에만 매달려 왔습니다. 수박 겉 핥기지요. 이런 거짓 지식으로 성(城)을 쌓아 놓고, 그 안에 안주(安住)하면서, '나는 알고 있다. 세상 이치를 다 알고 있다.' 이렇게 자기 자신을 속여 왔습니다.

5 이런 거짓성〔城〕은 어떤 경계(境界, 경우)를 만나면 무참하게 무너지고 맙니다. 저 박(朴) 선생이 '일체유심조(一切唯心造)'의 이치를 모를 리가 없는데, 다만 언어와 지식으로만 알고, 그 진실을 투철히 보지 못했기 때문에, 경계를 만나서는 저렇게 당황하는 것입니다.[3]

어느 때 법달(法達)이라는 『법화경(法華經)』의 대가(大家)가 육조 혜능(六祖慧能) 스님을 찾아와서는 절도 제대로 않고 교만을 부렸다.

스님이 말씀하셨다.

"네 이름이 법달(法達)이라니, 어떻게 그리 일찍이 법을 통달했느냐?

네 이름을 법달이라 하니
그동안 얼마나 힘써 외웠나
허투루 외는 것은 소리만 돌 뿐
마음을 밝혀야 보살이 된다.
네게 이제 인연이 있기에
너를 위해 말해 주겠다.
부처는 말이 없는 것임을 믿으면
저절로 입에서 연꽃이 피리라."

---

3) 이렇게 언어와 지식으로 따져서 아는 것을 '알음알이〔知解〕, 분별심(分別心)'
   이라고 해서, 이것을 '망상(妄想)'이라고 규정하고, '버리라'고 가르친다. "이
   문안에 들어와서는 알음알이를 버려라〔入此門內 莫存知解〕"

법달이 게송을 듣고 뉘우쳐 사과했다.

"앞으로는 반드시 모든 것을 공경하겠습니다. 제가 법화경을 외우긴 했으나 경 뜻을 알지 못해 항상 의심이 있습니다. 스님께서는 크신 지혜로 경 뜻을 말씀해 주십시오."

—혜능 대사, 육조단경 기연품—

거짓 나의 성(城)은 참담하게 무너지고

6 "부처는 말이 없는 것임을 믿으면
　저절로 입에서 연꽃이 피리라."

　이 말씀 들으면서 나는 새삼 두려움을 느낍니다. '부처님은 말이 없으신데, 법은 참되고 영원하여 일체의 말과 문자와 모양을 떠나 있는데, 나는 너무 말만 좇아오지 않았는가? 입만 열면, '영생불멸'을 말하고, '생(生)과 사(死)는 같은 것이다. 본래 생도 없고 사도 없다.'이렇게 외우면서, 정작 죽음을 만나면 나는 어찌 될 것인가? 저 숭산의 수행자처럼 비참하게 무너질 것이 아닌가? 나는 정말 조용히 죽음 앞에 설 수 있을까? 지푸라기 잡는 심정으로 '부처님 부처님'하고 부르짖을 것은 아닌가?

　'정말 그래서는 안 되는데, 그렇다면 부처님 뵈옵기 부끄럽고, 대중들 보기가 민망한 일인데…….'

7 "무엇이 이렇게 왔는고?"

　이 청천벽력 같은 한 물음 앞에, 내 모든 기성 지식은 바위에 부딪치는 계란처럼 산산이 부서지고, 내 모든 언어는 천길 낭떠러지로 굴러 떨어지고, 내 모든 사고는 낡은 아파트처럼 허물어

86

져 버리고 말았습니다.

이제사 우리는 지식과 언어와 이 바탕 위에 선 사고(思考)가 근본 문제를 추구하는 데 얼마나 무력한 수단인가를 새삼 발견하고 놀라움과 허망함을 사무치게 느끼고 있습니다.

내가 이제 당신에게 묻습니다.

"벗이여, 그대가 먹은 아침 밥맛이 어떻던가요?"

당신은 무엇이라고 대답하겠습니까?

"맛 있더라, 삼삼하더라, 달착지근하더라, 쓰더라, 달더라……"

그 어떤 교묘한 말을 동원할지라도, 과연 그 말이 밥맛의 실제일 수 있습니까?

어린 아이가 도화지에 물감으로 파랗게 하늘을 색칠해 놓았습니다. 그러나 그 아이의 색칠이 정녕 저 푸른 하늘의 참 빛깔일 수 있습니까?

8 언어, 문자, 그리고 언어 문자를 써서 하는 생각이란 필경 하나의 시늉이며 흉내일 뿐입니다. 그것은 한낱 기호이며 상징일 뿐, 결코 진실이 아니고, 실체가 아닙니다. 이런 언어, 문자, 생각으로 쌓아올린 '나[自我]'는 실로 '나[自我]'가 아닙니다. 나의 진면목(眞面目)이 아닙니다. 본래 면목이 아닙니다. 그것은 흉내 시늉의 거짓 집합입니다. 기호와 상징의 일시적 전시입니다.[4] 거짓 나, 가짜 나[假我]일 뿐입니다. 참으로 흙으로 빚어 만든 흙덩이처럼, 그것은 내[眞我]가 아닙니다.

지금 나는 이 '거짓 나'를 '나[眞我]'인 줄 착각하고 있습니다. 당신 머리 속은 이 '거짓 나, 가짜 나'로 가득차서, '나, 나의 것, 나의 재산 나의 사랑……'하면서 허덕이지만, 이 모든 것들이 실

---

4) "모든 현상의 세계는 꿈 같고, 허깨비 같고, 물거품 같고, 그림자 같은 것, 이슬 같고, 또 번개와 같은 것, 마땅히 이와 같이 볼 것이니라."

(『금강경』응화미진분)

로 어디 있습니까? 무상(無常)이 홍수처럼 밀어닥치는 순간, 이 모든 것들은 실로 어디 있습니까? 처참한 거짓 꽃들〔假花〕의 쓰레기 속에 당신은 정녕 어디 있습니까? 당신의 소중한 것들은 정녕 어디 있습니까?

세존께서 경책하십니다.

"내게 자식이 있고 재산이 있다고
어리석은 자들은 집착하느니
제 몸도 오히려 자기 것이 아니거늘
어찌 자식과 재산이 자기 것이랴."

—법구경, 게송62—

9 "무엇이 이렇게 왔는고?"

이 한 물음 앞에 땀을 뻘뻘 흘리며 무참하게 무너져 돌아가는 저 수행자가 바로 나 자신의 모습임을 깨닫고 있습니다.

그러나 이 무참한 붕괴는 또 얼마나 다행한 일인지 모릅니다.

무슨 까닭인가?

이 붕괴를 통하여, 나는 이제 겨우 내 무지(無知)를 깨달을 수 있기 때문입니다. 이 붕괴의 고통 속에서, 내가 지금까지 언어와 문자와 지식으로 쌓아온 나의 자아상(自我像), 나의 세계상(世界像)이 얼마나 거짓된 것인가를 겨우 발견할 수 있기 때문입니다. 지혜는 지식으로 얻어지는 것이 아니라는 진실을 깨닫기 때문입니다.

비참하게 무너져내린 자신을 향하여 나는 조용히 얘기합니다.

"나는 새로 시작해야 돼. 이렇게 무너진 채로 포기할 수는 없어 나는 흙으로 빚어 만든 '거짓 나'의 환상으로 만족할 수 없어. 나는 주인이 되고 싶어. 참 나〔眞我〕, 참된 생명, 영원 생명의 주인이 되고 싶어."

10 부처님께서 45년간 설하신 말씀과 경(經)은 물론 단순한 언어나 문자가 아닙니다. 이것은 마음이고, 진리의 빛이고, 법으로 인도하는 등불이며 길입니다.

그러나 문제는 우리들 자신입니다. 말씀을 듣고 언어의 한계 속에 갇히고, 경을 보고 문자의 한계 속에 갇히고, 법을 듣고 생각의 한계 속에 갇히는 나와 당신의 허약한 지성(知性)이 문제입니다.

그래서 우리는 등불만 바라보고 목적지로 나갈 생각을 못하고, 길을 보고 길 갈 생각을 못합니다. '이리로 가시오.'라는 표지판을 보고, '다 왔구나!' 하고 주저앉는 나그네. '저기 달을 보아라.' 하고 가리키는 어버이의 손가락을 보고, '야 달을 보았다.' 하고 좋아하는 어린이. 바로 우리가 이런 모양이지요.

'그것은 이제 쓸모가 없는 거야. 어서 버리고 떠나거라.'

이제 부처님께서는 말씀과 경 앞에 주저앉아 있는 우리를 보고 이렇게 재촉하십니다.

세존께서 아리타 비구에게 하신 말씀을 새삼 생각하고 있습니다.

"나는 이 뗏목의 비유로써 교법(敎法)을 배워 그 뜻을 안 후에는 버려야 할 것이지, 결코 거기에 집착할 것이 아니라는 것을 말하였다. 너희들은 이 뗏목처럼 내가 말한 교법까지도 버리지 않으면 안 된다. 하물며 법 아닌 것이야 말할 것이 있겠느냐."

—남전 중부 사유경(蛇喩經)—

백척 장대 끝에서 한 발 나서라

11 이제 우리는 등불을 넘어서지 않으면 안 됩니다. 손가락을 떠

나, 달 그 자체를 보지 않으면 안 됩니다. 강을 건넌 여행자들이 뗏목을 버리고 가듯, 이제 우리는 말씀의 뗏목을 버리지 않으면 안 됩니다. 버리고 홀로 스스로 나가지 않으면 안 됩니다.

나는 다시 당신에게 묻습니다.

"벗이여, 밥맛이 어떻던가요?"

아마 이렇게 대답하겠지요.

"벗이여, 당신 스스로 먹어 보십시오."

또 당신에게 묻습니다.

"벗이여, 하늘과 땅이 생기기 전, 당신의 본래 면목이 무엇입니까?"

아마 당신은 또 이렇게 대답할 것입니다.

"벗이여, 당신 스스로 당신의 본래 면목을 찾아 보십시오."

12 참선 공부(參禪工夫)가 무엇인가?

바로 이것입니다. 내 본래 면목을 직접 찾는 공부입니다. 언어·문자·지식·생각, 심지어 부처님의 말씀마저 던져 버리고, 내 스스로 내 마음의 눈을 밝혀 내 참 얼굴을 직관(直觀)하려는 끊임없는 수행입니다. 저 거울에 비친 그림자를 보고, '저 얼굴이 나다'라고 고집했던 낡은 집착에서 뛰쳐 일어나, 부모님께서 만드시기 이전의 내 얼굴, 신이 창조하기 이전의 내 진면목(眞面目), 영원히 죽지 아니하는 참 나〔眞我〕를 직관하려는 주인되는 공부, 바로 이것이 참선입니다.[5]

---

5) 참선을 흔히 이렇게 정의한다.

　"불립문자(不立文字), 문자를 내세우지 않고

　교외별전(敎外別傳), 말씀 밖에, 부처님께서 별도로 전하셨으니,

　직지인심(直指人心), 사람의 마음〔진리〕을 곧바로 가리켜

　견성성불(見性成佛), 마음을 깨달아 성불하는 길이다." (김동화, 앞의 책, p. 20)

그래서 저 숭산의 수행자는 곧바로 제 온 곳으로 돌아가, 모든 것 털어버리고, 8년 동안 오로지 한 생각에 매달렸습니다.

'이 뭣고?
〔是甚麼(시심마)〕'

13 '이 뭣고?'

이것은 정녕 태초 이전의 한 질문입니다. 나의 근본을 꿰뚫고, 우주의 본처를 조명하는 통렬한 자문(自問)입니다. 신(神) 이전의 나, 부모님 나시기 전〔父母未生前〕의 참된 자아를 직관하는 무서운 지성의 점화입니다.

'이 뭣고?'

이 질문을 통하여 나는 참된 자기 존재를 응시해 들어갑니다. 어떤 기성의 수단도 포기한 채, 마음의 등불을 밝혀 무한의 자아를 꿰뚫어 보고 있습니다. 죽음 이후에도 펄펄 살아 있는 나의 진면목(眞面目)을 파헤치고 있습니다.

서양의 정신분석학자 프롬은 이렇게 말합니다.

"이제 참된 자기인 자아는 부모미생전의 본래의 진면목을 뚫어 보고, 그리고 그 본래의 진면목이 된다. 이제 참된 자기인 자아는 무(無)를 보고〔허무의 세계를 보고〕, 손뼉 소리를 듣고, 그리고 그의 몸도, 입도, 마음도 사용하지 않고, 스스로 참된 자기를 제시할 수 있다. 이제 참된 자기인 자아는 그의 타버린(주검의) 재가 흩어진 뒤의 내가 누구이며, 어디에 있는가를 깨닫게 된다." [6]

---

6) E. 프롬/김용정, 『禪과 精神分析』

14 '어찌 그런 경지가 있을까? 신 이전의 내 진면목, 부모미생전의 본래 면목이 어찌 있을 수 있는가? 재가 흩어진 뒤의 나를 어찌 볼 수 있다는 것인가? 이것은 아무래도 불가능한 일이지. 관념의 유희에 불과할 뿐이야.'

세상 사람들은 이렇게 의심하면서, 주춤거리고 있습니다. 감히 용기를 내지 못하고, 편안하게 남에게 기대어 남의 신세나 지려 합니다. 그러나 불자는 바로 여기에서 시작합니다. 세상의 모든 종교와 철학이 포기해 버린 비상식(非常識)과 불가능(不可能)과 체념(諦念)에서부터 불교는 착수합니다.

백척간두 진일보(百尺竿頭進一步), 백척 장대 끝머리에서 감히 한 발자국 나섭니다. 내 두 발이 천길 낭떠러지에 떨어질 때, 바로 그 곳에 참선의 길이 확 트여오고, 나와 당신의 본래 면목은 칠흑 어둠을 뚫고 동해의 일출(日出)처럼 밝아 옵니다.

15 남의 신세만 지고, 언어와 문자에 중독된 세상 사람들이 어찌 이 놀라운 경지를 상상하겠습니까? 말씀의 종들이 어찌 이 경지를 수긍하겠습니까?

선사(先師)께서 이 사람들을 염려하시며, 어서 돌아오기를 기다리고 계십니다.

"슬프다! 우물 안 개구리가 어찌 창해(滄海)의 넓음을 알며, 여우가 어찌 사자의 소리를 내랴. 그러므로 말세에 이 법문(法門)을 듣고 희귀한 생각을 내어, 믿고 받아 가지는 사람은 이미 한량없는 겁(劫)에 모든 성인을 섬기어 갖가지 선근(善根)을 심었고, 길이 지혜의 바른 인연을 맺은 으뜸가는 그릇〔根性〕임을 알아라."

─보조 국사, 수심결─

회향발원 (거짓 나를 허물어 버립니다)

자비하신 부처님.

이제 저희 청보리들, 푸르른 부처의 씨앗들.

'이 뭣고?' 이 한 물음 앞에 입을 다물고 생각을 멈춥니다. 지금까지 남발해 온 그 수많은 말들, 그 수많은 생각들, 이 말과 생각들로 얽어 만든 이 거짓된 나, 나의 성(城)을 허물어 버립니다. 거짓 나를 나로 알고, '내 자식, 내 재산, 내것, 내것' 하며 허둥거리며 속아 살아 온 나의 삶을 허물어 버립니다. 허물어 버리지 않으면, 진정 참된 나를 찾을 수 없기에, 온몸이 부서지는 아픔으로 천길 벼랑에서 몸을 던집니다.

—나무석가모니불—

찬불가 안에서 찾자

내용익힘

1. 다음 문장을 완성해 봅니다.
   ① 내게 (   )이 있고 (   )이 있다고, 어리석은 자들은 집착하느니, 제 몸도 오히려 (   )이 아니거늘, 어찌 (   )과 (   )이 자기 것이랴.
   ② (   )
      이 청천벽력 같은 한 물음 앞에, 내 모든 기성 (   )은 (   )에 부딪치는 계란처럼 산산이 부서지고, 내 모든 (   )는 천길 낭떠러지로 굴러 떨어지고, 내 모든 (   )는 낡은 아파트처럼 허물어져 버리고 말았습니다.
   ③ 언어, 문자, 그리고 언어 문자를 써서 하는 (   )이란 필경 하나의 (   )이며, (   )가 아닙니다. 이런 언어, 문자. (   )으로 쌓아올린 (   )는 실로 (   )가 아닙니다. 나의 (   )이 아닙니다. (   )이 아닙니다. 그것은 (   ) 흉내와 시늉의 (   )입니다. 기호와 상징의 일시적 (   )입니다. (   ), (   )일 뿐입니다.

2. 다음 물음에 간결하게 답합니다.
   ④ '시심마(是甚麼)'가 무슨 뜻인가?
   ⑤ 왜 말이나, 문자, 생각은 거짓인가?
   ⑥ 왜 지금의 나는 거짓 나인가?

교리탐구　화두(話頭)란 무엇인가?
   1. 화두의 의미
   2. 화두의 종류
   3. 화두 드는 법

실천수행 화두를 받아 지닙니다.

   1. 선사(禪師)를 찾아서 가르침을 청한다.

   2. 화두를 받는다.

   3. 서나 앉으나 항상 화두를 명심한다.

2과 · 선정은 깨침에 이르는 고도(古道)

“선정은 죽음을 벗어나는 길
선정을 닦지 않음은 죽음의 길
바르게 선정을 닦는 자는 죽지 않고
선정을 닦지 못한 사람은 죽은 자와 같다.”

―법구경, 게송21―

탐구과제
- 어떤 수행이 깨침을 실현하는 가장 직접적이며 전통적인 길인가를 깨닫습니다.
- 어떻게 닦는 것이 초기 선수행의 실제적인 방법인가를 관찰합니다.
- 비파사나〔止觀―지관〕를 어떻게 하는가를 배우고 몸소 실천해 봅니다.

선정은 죽음을 벗어나는 길

16 선(禪)이 무엇인가?

선정(禪定)·참선(參禪)이 무엇인가?

이것은 ‘이 뭣고?’를 찾는 길입니다. ‘부모님 태어나기 전 내 본래면목’을 발견하는 길입니다. ‘백천간두 진일보(百尺竿頭進一步)’, 천길 낭떠러지에서 한 발짝 나서는 길입니다. 일체의 허망한 언어문자를 끊어버리고〔言語道斷〕, 지식·생각을 털어버리고〔心行處滅〕, 온몸으로 내 존재 자체에 부딪치는 것입니다.

이것은 곧 깨침의 길입니다. 죽음을 벗어나는 길, 해탈열반의 길입니다. 진정한 기쁨과 행복, 평화의 길입니다.

코삼비〔國〕의 사마와띠 왕비가 사악한 자들이 지른 불길 속에서도 고요히 선정에 들어 움직이지 않은 채 최후를 맞이한 사건을 앞에 놓고 붓다 석가모니께서는 이렇게 설하셨습니다.

"선정은 죽음을 벗어나는 길
선정을 닦지 않음은 죽음의 길
바르게 선정을 닦는 사람은 죽지 않고
선정을 닦지 못한 사람은 죽은 자와 같다.

이같은 진실을 완전하게 알아
항상 선정을 닦아가는 현자(賢者)에게
그것은 진리의 기쁨을 주고
그를 언제나 성스러운 길에 머물게 한다.

현자는 끊임없이 선정을 닦아
내적 고요와 평화를 성취하느니
열반은 모든 얽매임으로부터 벗어난 경지
열반은 위없는 참된 기쁨, 행복이니라."　　　－법구경, 게송 21~23－

17 해탈열반, 곧 깨침〔Bodhi, 菩提－보리〕에 이르는 수행법에는 많은 길이 있습니다. 초기불교의 '서른 일곱 가지 깨침의 방법〔三十七菩提方法〕'을 비롯하여, 부파불교의 여러 가지 수행법, 육바라밀을 비롯한 대승불교의 여러 가지 수행법 등－이러한 수행법들은 믿음·지혜·자비의 삼대 행로에 포섭됩니다. 믿으면서, 배우면서, 함께 나누면서－ 이것이 이 땅의 보살들이 삶의 일상 속에서 깨침을 실현하는 보살의 수행법입니다

이 가운데에서 선·선정 수행은 고도(古道)입니다. 부처님을 비롯하여 수많은 선사(先師) 선각자들이 걸어왔던 가장 뚜렷한 옛

길입니다. 석가모니 이전의 일곱 부처님들〔過去七佛—과거 칠불〕도 선정의 정진력에 의하여 어둠을 없애고 바른 깨침〔正覺—정각〕을 성취하셨고,[1] 수행자 고타마 싯다르타는 6년 고행의 마지막 단계에서 금강삼매(金剛三昧)라는 선정에 들어 일체의 번뇌를 남김없이 멸하고 아뇩다라—삼먁—삼보리(Anuttara—Samyak—Sambodhi), 위없는 바른 깨침을 실현하셨습니다.

성도 이후 부처님께서는 자신이 스스로 체험하신 선정을 최고의 수행으로 확립하고 여러 제자들에게 이 선정법을 가르쳐 깨침의 길로 인도하셨습니다.[2] 달마 대사(達磨大師) 이래의 역대 조사(祖師)들 또한 참선으로써 견성 성불(見性成佛)의 근본 수행으로 삼으며 조사선(祖師禪)의[3] 선풍(禪風)을 드높였습니다.

선·선정·참선이야말로 가장 직접적이고 본질적인 방도입니다. 믿음·지혜·자비의 모든 수행법들이 궁극적으로는 선수행(禪修行)으로 돌아갑니다. 돌아가지 않으면 안 됩니다.

지(止)와 관(觀), 마음집중의 두 가지 방법

18 선·선정은 본래 인도에서 발전된 수행법으로써, 인도의 속어 'Jhān'을 중국인들이 '禪'으로 옮겼습니다. 산스크리트어로는 'Dhyāna'라고 하지요. 일본인들이 'Jhān'을 'Zen'으로 옮겨서 세계에 퍼뜨린 결과 국제적으로는 'Zen' 'Zen—Buddhism'으로 널

---

1) 景德傳燈錄 卷1
   吳亨根, 『印度佛敎의 禪思想』, (한성, 1992), p. 216.
2) 吳亨根, 앞의 책, p. 221.
3) 부처님의 선정을 여래선(如來禪)이라고 하고, 조사들의 선풍을 조사선(祖師禪)이라 일컫는다.

리 통용되고 있습니다.

선은 불교 이전에도 이미 발달해 왔었고, 불교와 더불어서, 불교와는 별개의 체계로 오늘날에도 널리 수행되고 있습니다. 요가(Yoga, 瑜加－유가)·명상 등이 대표적인 경우입니다.

그러나 요가·명상 등 외도의 선수행은 그 외형은 유사할지라도 불교의 선수행과는 본질적으로 차이가 있습니다. 이것은 수행자 고타마가 당대의 위대한 선정사상가 박가바(Bhagava)·칼라마(Kālama)·라마푸트라(Rāmaputra) 등 선인(仙人)들을 찾았다가 마침내 그들을 떠나서 새로운 선수행의 길을 개척해 갔다는 역사적 사실로도 증거되고 있습니다.

19 불교선(佛敎禪)과 외도선(外道禪)의 차이는 전문적으로는 무상정(無想定)과 멸진정(滅盡定)의 차이로 분석됩니다. 외도선은 무상정에 머물지만 불교선은 멸진정의 경지로까지 나아가는 것입니다. 두 선정의 차이는 다음과 같습니다.[4]

• 무상정(無想定)－우리 마음의 얕은 면이라고 할 수 있는 의식(意識)의 세계까지만을 정화할 수 있다. 그들은 비상비비상정(非想非非想定)을 최고의 경지로 삼아서 일체의 생각·의식을 고요히 할 수 있으나, 보다 깊고 미묘한 무의식(無意識)의 뿌리, 자아(自我)의 뿌리는 해결하지 못하므로, 바른 깨침에 이를 수 없다.

• 멸진정(滅盡定)－우리 마음의 바닥, 무의식의 뿌리까지 정화할 수 있는 궁극적인 선수행이다. 이 선정에 의하여 근본 번뇌, 곧 무명(無明)의 뿌리, 자아의 뿌리를 멸진시키고 바른 깨침을 실현하여 해탈열반의 경지를 체험하게 된다. 이것이 곧 금강정(金剛定)이며, 불교 본연의 선수행이다.

---

4) 吳亨根, 앞의 책, p. 221.

20 선을 뜻으로 옮겨서 '사유수(思惟修)' '정려(靜慮)'라고 합니다. '마음을 집중해서 고요히 생각한다.' 이런 뜻입니다.[5] 따라서 마음집중·정신집중이 선수행의 본질적 과정입니다. 마음집중에는 두 단계의 과정이 있습니다. 두 가지 정신 작용이라고 해도 좋을 것입니다. 초기 경전에서는 두 가지 작용을 지(止, Samatha)·관(觀, Vipaśyana)으로 일컫고 있습니다. 『잡아함경』에서 이렇게 설해지고 있습니다.

"존자 아난다가 지·관의 두 가지 법〔止觀二法〕을 수행하고, 다른 성제자(聖弟子)들도 지(止)와 관(觀)을 함께 수행하여 모든 해탈을 증득하였다."

–잡아함경 11–

지(止)·관(觀)은 실제로 어떻게 하는 수행법인가?[6]

• 지(止) — 산스크리트어 Samatha〔奢摩他 — 사마타〕를 옮긴 것인데, 모든 잡념을 그치고〔止〕 마음을 한 곳에 집중하여 고요히 안정시키는 수행이다. 그래서 정(定)이라고도 한다. 이렇게 고요히 집중되고 안정된 상태를 samādhi, 곧 삼매(三昧)라고 일컫는다. 입정(入定)이란 이러한 삼매의 경지로 들어간다는 뜻이다.

• 관(觀) — 산스크리트어 Vipaśyana〔毘鉢舍那 — 비발사나〕를 옮긴 것인데, 마음을 고요히 집중시킨 지(止)의 상태에서 사물의 본질을 바르게, 있는 그대로, 여실(如實)히 관찰하는 수행이다. 이와 같이 수행하면 번뇌가 소멸되고, 번뇌가 소멸되면, 청정한 마음의 벗, 곧 지혜(智慧)가 드러난다. 그래서 혜(慧)라고도 한다. 이 지혜의 눈으로 자아(自我)의 본질 실상(實相)을 여실히 깨침으로써 생사 해탈·열반의 경지를 실현하게 된다.

---

5) 金東華, 『禪宗思想史』, 太極출판사, 1974, pp. 15~17.
6) 吳亨根, 앞의 책, p. 26.
　金東華, 앞의 책, p. 17.

21 이미 관찰한 바와 같이, 지(止)·관(觀)은 정(定)·혜(慧)와 같은 말이고, 이 지관(止觀)·정혜(定慧)가 곧 선·선정의 본질입니다. 그래서 삼학(三學)의 정·혜를 묶어서 선학(禪學), 참선공부라 한 것입니다.

선수행을 지·관의 두 단계로 구분했지만, 실제로 지·관은 함께 수행하는 것이요, 정·혜는 하나의 수행법입니다. 이러한 원리를 이름하여 '정혜쌍수(定慧雙修)', '정과 혜는 함께 닦아가는 것이다.'라고 일컬어서 초기불교 이래 참선수행의 지침이 되어 왔습니다. 보조(普照) 스님의 '정혜쌍수'도 이런 취지를 다시 한 번 드러낸 것이지요.

저는 평안을 얻었습니다.

22 초기불교의 지관(止觀) 수행, 곧 선수행에는 실제로 많은 다양한 방법들이 제시되고 수행되어 왔습니다. 부정관(不淨觀)·백골관(白骨觀)·해탈관(解脫觀)·사선정(四禪定)·사신족(四身足)·사념주(四念住)·사선천(四禪天)·사무색정(四無色定)과 무색계정(無色界定)·사무량정(四無量定)·수식관(數息觀)[7]…….

이 가운데서도 『대념처경(大念處經)』에 근거를 둔 사념주(四念住, 四念處─사념처)의 선정이 가장 뿌리깊은 선수행법으로 장려되어 왔습니다. 사념주〔사념처〕의 선정은 다음과 같이 하는 것입니다.

　• 신념주(身念住)─이 몸을 볼 때, 이것은 실로 온갖 더러운

---

7) 吳亨根, 앞의책, p. 5~7.

배설물을 만들어 내는 부정(不淨)한 것으로 관(觀)하라.

• 수념주(受念住)—재산·이성(異性)·명예 등에서 느끼는 기쁨과 슬픔의 감정들을 볼 때, 이것은 실로 부질없는 것이며 끊임없이 나의 고통을 확대시키는 것으로 관하라.

• 심념주(心念住)—'이것이다' '아니, 저것이다' 이렇게 지금 내 머리속을 지배하는 생각들을 볼 때, 이것은 실로는 한때의 어리석은 고집에 불과한 것이며 끊임없이 변하는 것임을 관하라.

• 법념주(法念住)—이 세상과 이 세상의 모든 사물을 볼 때, 이것은 실로 아무 실체가 없는 허망한 그림자일 뿐, 영원한 것은 아무 것도 없는 것임을 관하라.

23 '이 몸을 볼 때, 부정(不淨)한 것으로 보아라. 〔身不淨—신부정〕

이 느낌(감정)을 볼 때, 괴로운 것으로 보아라. 〔受—苦—수일고〕

이 마음(생각)을 볼 때, 무상(無常)한 것으로 보아라. 〔心—無常—심일무상〕

이 사물들을 볼 때, 아무 실체가 없는 것으로 보아라. 〔法—無我—법일무아〕」

몸·감정·생각·사물의 대상에 마음을 집중하여 이렇게 뚫어지게 끊임없이 관찰하는 것이 사념주의 선수행이고, 이렇게 보는 것이 몸을 몸으로 보는 것이고, 감정을 감정으로, 생각을 생각으로, 사물을 사물로 보는 것입니다. '몸을 몸으로 본다'는 것은 여실(如實)히, 있는 그대로, 실상(實相)대로 보아서 착각하지 않는다는 것입니다.

이렇게 실상대로 관(觀)할 때, 집착하지 않게 되고, 집착으로 인하여 발생하는 번뇌의 뿌리를 뽑아 버리게 되고, 본연의 지혜가 드러나서 깨침을 실현하게 됩니다.

이제 부처님께서 설하십니다.

"네 가지 염처가 있으니, 어떤 것을 넷이라 하는가? 이른바 몸
〔身〕을 몸으로 관하는 염처와, 느낌〔受〕을 느낌으로, 마음〔心〕을
마음으로, 사물〔法〕을 사물로 관하는 염처이니라. 수행자들이여,
이와 같이 이 네 가지 염처를 닦아 익혀 만족하고, 방편으로 꾸
준히 힘써, 바른 생각과 바른 지혜로 공부하여야 하느니라."

−잡아함경 606, 염처경−

24 깨칠 수 있을까?

정녕 이와 같이 사념주의 선정을 수행하면 깨쳐서 생사해탈할
수 있을까?

수행자 캇파 비구는 이와 같이 고백하고 있습니다.

"고인 채 썩고 있는 웅덩이처럼 온갖 더러운 것으로 가득 차
배설물을 만들어내는 커다란 통·커다란 고름주머니·커다란 상처
를 가진 육신은, 피고름이 가득하고 똥오줌에 찌들어 더러운 진
물이 흐르고 늘 냄새나는 액체가 흘러나온다.

이 냄새나는 육신은 예순 개의 힘줄로 얽어맨 위에 살 반죽을
바르고 가죽으로 둘러싼 쓸모없는 물건이다.

육신은 뼛조각으로 골격(骨格)을 세워 이를 힘줄로 엮어 놓은
바, 자질구레한 것들이 모여 이루어진 까닭에 오만 가지 행동을
자아낸다.

늘 탐욕스러운 사람은 죽어 세상을 떠난 뒤, 반드시 죽음의 마
왕(魔王) 곁으로 간다.

육신은 무명(無明)에 휩싸인 채 네 가지에 구속되어 있다. 육
신은 격류 가운데에 갇혀 있으며, 잠재적인 번뇌의 올가미에 붙
잡혀 있다.

또한 다섯 가지 장애물에 휩쓸리어 온갖 생각에 시달리며, 애착의 뿌리에 쫓기다가 미망(迷妄)이라는 장애물을 만난다.

육신은 바로 이런 모습으로 존재하며, 업이 부리는 대로 움직이고 있다. 번영은 멸망으로 막을 내리며, 살아 있는 것은 모두 죽음으로 끝난다.

이러한 육신을 '내 것'이라고 생각하는 어리석은 모든 사람들은 무서운 묘자리만 넓혀 가며 거듭 헛된 삶을 되풀이한다.

이러한 육신을 똥물을 뒤집어쓴 뱀을 피하듯 하는 사람은 윤회의 근원인 망집(妄執)을 떨쳐 버리고 오염을 벗어난 사람으로서, 최고의 평안에 도달하리라."

-장로게경-

25 "이러한 육신을 똥물을 뒤집어쓴 뱀을 피하듯 하는 사람은 윤회의 근원인 망집(妄執)을 떨쳐 버리고 오염을 벗어난 사람으로서, 최고의 평안에 도달하리라."

초기불교에서는 수많은 수행자들이 사념주의 선수행을 통하여, 번뇌와 윤회의 근본인 망집, 곧 허망한 집착의 뿌리를 뽑아 버리고 깨침의 경지, 최고의 평안(평화), 해탈열반의 경지를 실현하였습니다. 『법구경』『장로(니)게경』등 초기경전에는 이러한 수행—깨침의 기록들이 가득차 있습니다.

『장로니게경(長老尼偈經, Therīgāthā)』에서 한 비구니는 이렇게 고백하고 있습니다.

"저는 행동과 말씨, 그리고 마음가짐을 잘 단속하였습니다.
일체의 헛된 집착도 그 뿌리까지 뽑아 버리고
이제 저는 개운함과 더불어 평안을 얻었습니다."

-장로니게경 웃타라 비구니-

26 사념주의 선수행은 현재에도 동남아시아 불교계에서 광범하

게 실천되고 있습니다. 최근 우리 나라에도 많이 소개되고 있지요. '위빠싸나'라는 것이 바로 이것인데, 위빠싸나(Vipassana)는 Vipaśyana의 팔리어 표기입니다. 이는 지관(止觀) 수행을 일컫는 것으로, 붓다 석가모니께서 직접 가르쳐 보이신 초기선정법이라는 의미에서 우리들의 낡은 수행 풍토에 신선한 충격을 던져주고 있습니다.

회향발원 (끊임없이 선수행 합니다)

자비하신 부처님.

이제 저희 청보리들, 푸르른 부처의 씨앗들.

이 땅의 젊은 보살들, 초기불교의 옛길을 좇아, 선수행으로 정진합니다. '선정은 죽음을 벗어나는 길'이라는 붓다의 말씀을 명심하며, 고요히 앉아 호흡을 고르게 하며, 정신을 집중하여 관(觀)합니다. 이 몸이 부정(不淨)하며 본래 무상(無常)한 것임을 관합니다. 이 느낌, 이 감정이 괴로운 것이며 본래 무상한 것임을 관합니다. 이 생각, 이 마음이 본래 실체 없이 무상한 것임을 관합니다. 내가 부딪힌 이 사물, 이 사건들이 본래 실체가 없어 공(空)한 것임을 관합니다. 이렇게 하여 나는 고요와 평안을 체험하고 있습니다. －나무석가모니불－

찬불가 청보리의 발원

내용익힘

1. 다음 문장을 완성해 봅니다.
   ① (   )은 죽음을 벗어나는 길, (   )을 닦지 않음을 죽음의
   길, 바르게 (   )을 닦는 자는 죽지 않고, (   )을 닦지 못
   한 사람은 죽은 자와 같다.
   ② 이 몸을 볼 때 (   )한 것으로 보아라. 이 느낌(감정)을 볼 때
   (   ) 것으로 보아라. 이 마음〔생각〕을 볼 때 (   ) 것으로
   보아라. 이 사물들을 볼 때 아무 (   )가 없는 것으로 보아라.
   ③ 초기불교에서는 수많은 수행자들이 (   )의 선수행을 통하여,
   (   )와 윤회의 근본인 (   ), 곧 허망한 집착의 뿌리를 뽑아
   버리고, (   )의 경지, 최고의 (   ), 해탈(   )의 경지를
   실현하였습니다.

2. 다음 물음에 간결하게 답합니다.
   ④ 깨침에 이르는 고도(古道)가 무엇인가?
   ⑤ 불교의 선〔佛敎禪〕이 외도의 선과 다른 점이 무엇인가?
   ⑥ '지(止)·관(觀)을 함께 닦는다.'는 것이 어떻게 하는 것인가?

교리탐구 비파사나의 선수행은 어떻게 하는 것인가?
   1. 비파사나의 의미
   2. 사념주〔사념처〕의 의미
   3. 수식관(數息觀)의 방법

실천수행 비파사나의 방법을 배워서 몸소 수행해 갑니다.
1. 비파사나의 전문가를 초빙하여 그 방법을 배운다.
2. 틈틈이 비파사나를 실제로 수행한다.
3. 일정기간 전문 수행원에 들어가서 비파사나 수행을 집중적으로 수
   행한다.

3과 • 조사께서 서쪽으로부터 오신 뜻은?

"화엄경에 진리를 모두 설명하지 않은 것이 없다. 그러나 다만 학자들이 문자의 뜻과 이치에만 골몰하고 얽매여 참뜻을 잃어 버리고, 마음을 깨닫지 못하고 있다. 그러므로 달마 대사가 서쪽 인도에서 와서 사람의 마음을 바로 가리켜서 성품을 보고 성불케 한 것이다."

－선문염송(禪門拈頌) 설화회본 권 1－

탐구과제

- 달마 대사께서 왜 소림사에서 9년 면벽하셨는가를 깨닫습니다.
- 선사들께서 어떻게 용맹정진하셨는가를 발견합니다.
- 어떻게 화두 들고 참선하는가를 배우고 몸소 실천해 갑니다.

효봉 스님 이야기[1]

27 김찬형(金燦亨)은 평남 양덕군 사람으로 1888년 생이다. 찬형은 평양고보를 졸업하고 일본으로 건너가 와세다 대학에서 법학을 전공하였다. 스물여섯 살에 와세다를 졸업하고 시험에 합격하여 10년간 판사 생활을 하였다. 서울과 함흥의 지방법원을 거쳐 평양 복심법원(고등법원)에서 한국인으로서는 최초로 판사직을 맡았다. 동포들의 독립운동까지를 단죄해야 되는 암울한 식민지적 상황 속에서 찬형은 심각하게 고민하고 괴로워하였다.

　1923년 서른여섯 되던 해, 찬형은 한 죄수에게 사형선고를 내

---

1) 法頂, 「曉峰禪師一代記」, 『曉峰語錄』, 불일출판사, 1984, p. 175~187.

렸다. 이 사건을 계기로 그는 큰 충격을 받고 깊은 회의에 빠져들었다.

'인간이 인간을 벌할 수 있는가? 범부인 내가 어떻게 같은 인간을 벌할 수 있단 말인가? 더구나 무슨 권리로 사람을 죽일 수 있겠는가? 나는 무엇일까? 어떻게 사는 것이 참된 인간의 길일까?'

지난 날 찬란하던 청운의 꿈은 와르르 무너져 내렸다. 꼬박 사흘 동안 이 인간적인 자책 앞에서 식음을 전폐하고 밤을 새워 번민하였다. 문득 이런 생각이 가장 깊은 내심에서 우러나왔다.

'이 세상은 내가 살 곳이 아니다. 내가 갈 길은 따로 있을 것이다.'

더 지체할 수가 없었다. 찬형은 곧 집을 뛰쳐 나왔다. 입은 옷에 맨주먹이었다. 사표를 내던질 여유도 없었고, 아내와 세 자녀에게 작별을 알릴 겨를도 없었다.

찬형은 서울 남대문에서 입고 나선 옷을 팔아 엿판과 한복 두 벌을 샀다. 그는 이제 엿장수가 되었다. 엿판 하나 메고 팔도강산을 방황하였다. 때로는 바보짓도 해보고, 무작정 하루를 걸어 백팔십 리를 가기도 하였다.

장마철에는 서당에 들러 훈장 노릇도 하고, 시집가는 색시의 농짝을 밤새워 져다주고 푸짐한 대접을 받은 적도 있었다. 누더기 엿장수의 뒤를 따르는 시골 아이들에게 엿을 거저 나눠주다가 밑천이 떨어지기가 일쑤였고, 엿판에 콩을 넣고 다니다가 시장하면 솔잎과 물에 불린 콩을 씹으며 허기를 달래곤 하였다. 산길을 잘못 들어 비를 맞으며 밤을 지내기도 하고, 술에 취해 얼음 위에서 하룻밤을 자기도 하였다.

1925년 여름, 엿장수 찬형에게 어떤 계기가 왔다. 정처없이 떠돌던 그가 금강산 유점사에 이르러 모시고 공부할 스승을 찾았다. 신계사 보현암에 '금강산 도인'으로 소문난 석두(石頭) 스님이 계시다는 말을 듣고, 선걸음으로 하룻길이 창창한 신계로 달려갔다. 큰 방에 스님 세 분이 앉아 있는 것을 보고 엎드려 절을 했다.

"석두 스님을 찾아 왔습니다."

"어디서 왔는고?"

"유점사에서 왔습니다."

"몇 걸음에 왔는고?"

찬형은 벌떡 일어나 큰 방을 한 바퀴 빙 돌고 앉았다.

"이렇게 왔습니다."

석두 스님이 말 없이 고개를 끄덕거렸고, 옆에 있던 노스님이 껄껄 웃으며 말했다.

"십 년 공부한 수좌보다 났네그려."

이렇게 만난 것이다. 만날 사람들끼리 만난 것이다. 스승을 찾아 헤매던 나그네와 제자를 기다리던 스승은 이렇게 서로 만나 그 마음이 이미 하나로 맺어진 것이다. 찬형은 이날로 머리 깎고 계를 받아 출가 수행자가 되었다. 법명은 원명(元明), 호는 효봉(曉峰)이다.

서른 여덟에 중이 된 찬형, 아니 효봉은 흔히 말하는 늦깎이다. 남보다 몇 배로 더 노력하지 않으면 안 된다. 그는 남들이 쉴 때도 쉬지 않고 잠 잘 시간에도 자지 않고 분발하여 참선에 정진하였다. 용맹심을 일으켜 화두(話頭)를 타파해야겠다는 일념뿐이었다. 그는 '조주 무자(趙州無字)'로 화두를 삼았다.

1927년 여름, 신계사 미륵암에서 안거에 들어갈 때, 그는 대중에게 알렸다.

"저는 반야(般若)에 인연이 엷은 데다가 늦게 중이 되었으니 한가한 정진은 할 수가 없습니다. 입방선(入放禪)도 하지 않고 경행(經行)도 하지 않고 줄곧 앉아서 배기겠습니다."

이렇게 대중에게 통고하고 나서 그는 꼬박 한 철〔석달〕 동안을 하판〔아랫목〕뜨거운 자리에 앉아 정진했다. 한번은 공양시간이 되어 자리에서 일어나려 하자 엉덩이에 무언가 달라붙는 것이 있었다. 돌아보니 엉덩이 살이 헐어서 그 진물이 흘러 중의와 방석이 달라붙어 있었다. 살이 허무는 줄도 모르고 그는 화두일념(話頭一念)으로 꼼짝도 하지 않았던 것이다. 지금도 목욕할 때 그때의 흉터가 커다랗게 남아 있다. 그는 그 뒤부터 더운 방을 싫어했다.

그는 금강산의 여러 선원(禪院)을 여기 저기 옮겨다니면서 용맹스럽게 정진을 계속하였다. 밤에도 눕지 않고, 오후에는 먹지 않았다. 한번 앉으면 요지부동이어서 '절구통 수좌'라는 별명이 붙었다. 중이 된 지 다섯 해, 그는 아직도 깨달음을 얻지 못하였다. 초조해졌다. 그는 금강산 법기암 뒤에 토굴을 팠다. 구조는 단칸 방, 한 구석에 대소변을 볼 수 있는 구멍을 뚫어 밖으로 내고, 밥이 들어올 수 있는 조그마한 창문 하나만 남겼다.

1930년 늦은 봄, 나이 마흔 세 살, 그는 마침내 그 토굴 속으로 들어갔다. 들어간 다음 밖에서 벽을 발라버리고 말았다. 가지고 들어간 것은 입은 옷에 방석 석 장뿐, 그는 오로지 '무자(無字) 화두' 하나에 매달렸다. 암자와 토굴과의 거래는 하루 한 끼 공양을 안으로 들여 보내고 아침에 와서 그릇을 찾아가는 일뿐이었다.

이렇게 여름이 가고 가을이 지났다. 그리고 새 봄.

하루는 시자가 공양을 가지고 가니 그 전 날 놓아둔 공양 그릇이 그대로 놓여 있었다. 깜짝 놀란 시자가 외쳤다.

"스님, 스님, 왜 공양을 안 드셨습니까?"

이 소리에 그는 비로소 선정삼매에서 깨어났다.

1931년 여름, 비가 개인 어느 날 아침.

드디어 토굴벽이 무너졌다. 1년 6개월 만에 토굴에 들어앉았던 그가 벽을 발로 차 무너뜨리고 나온 것이다. 발을 떼 놓지 못하였다. 어린애처럼 비틀거리며 나왔다. 머리와 수염이 얼굴을 덮었다. 그러나 그의 얼굴은 환하게 빛나고 있었다.

그는 하늘 우러러 한 소리로 읊었다.

바다 밑 제비 집에 사슴이 알을 품고
타는 불 속 거미 집엔 고기가 차(茶) 달이네.
이 집안 소식을 뉘라서 알랴.
흰 구름은 서쪽으로 달은 동쪽으로.
　海底燕巢　鹿抱卵
　火中蛛室　魚煎茶
　此家消息　誰能識
　白雲西飛　月東走

조사께서 서쪽에서 오신 뜻은

28 판사 자리 팽개치고 엿장수로 방랑하는 찬형.
엉덩이가 물러터지도록 용맹정진하는 절구통 수좌.
토굴 속에 들어 앉아 끼니도 잊은 채 무자(無字) 화두에 매달리는 눈 푸른 납자(衲者, 참선 수행자).
마침내 토굴을 박차고 나와 큰 소리로 노래하는 각자(覺者). 수많은 제자들을 바른 길로 인도하며 어둔 세상에 등불을 밝히는 위대한 민족의 지도자 효봉 선사(曉峰禪師).
우리는 선사를 통하여 장쾌한 한국선풍의 진면목을 발견합니다. 경이로운 참선의 세계를 잠시 들여다 봅니다. 직지인심 견성성불(直指人心 見性成佛)의 한 소식을 듣고 있는 것입니다. 이것은 얼마나 신명나는 일입니까. 어깨춤이 절로 나진 않습니까.

29 한국선풍(韓國禪風)이라고 했지만, 물론 참선의 뿌리는 저 높이 붓다 석가모니에게서 비롯되고 초기불교의 지관(止觀)―선정수행의 원천으로부터 흘러온 것입니다. 여기서 참선의 역사를 논할 만큼 지금 우리는 한가하지 못합니다. 참선은 본래 모든 논의를 넘어서는 것이며, 지금 단박 행동할 것을 요구하는 것이기 때문입니다.

　이러한 선풍(禪風)은, 널리 알려진 바와 같이 달마 대사의 중국 전법 이후 크게 떨치게 됩니다. 남인도의 왕자 출신인 달마 대사(達磨大師, 菩提達磨大師, Bodhidharma)가 중국 숭산 소림사(少林寺)에 들어가서〔A.D 525〕9년 면벽(九年面壁)하였습니다. 9년 동안 부동의 자세로 벽만 바라보며 꼿꼿이 앉았습니다. 오직 좌선(坐禪)으로 용맹정진하였습니다. 그래서 세상사람들이 그를 가리켜 '벽관 바라문(壁觀婆羅門)'이라고 불렀습니다. '벽만 보고 앉은 인도의 수행자'라는 말이지요.[2]

30 무엇 때문일까?

　무엇 때문에 서쪽에서 온 조사(祖師)는 아무 말 없이 벽만 보고 앉았을까? 긴긴 9년의 세월을⋯⋯.

　정녕 조사께서 서쪽(인도)에서 온 뜻〔祖師西來意〕이 무엇일까?

　고인(古人)은 그 뜻을 이렇게 짐작하고 있습니다.

　"화엄경에 진리를 모두 설명하지 않은 것이 없다. 그러나 다만 학자(學者)들이 문자의 뜻과 이치에만 골몰하고 얽매여 참뜻을 잃어버리고, 마음을 깨닫지 못하고 있다. 그러므로 달마대사가 서쪽 인도에서 와서 사람의 마음을 바로 가리켜서 성품을 보고

---

2)『景德傳燈錄』券 3, p. 219

성불케 한 것이다. 선(禪)은 모든 일에 걸림이 없이 행동하는 것을 말하고, 교(敎)는 모든 일에 걸림이 없는 이치를 설명하는 것이다. 그러나 교가(敎家)에서는 다만 말뿐이고 실행하지 않으며, 선가(禪家)에서는 한 근기〔一機〕와 한 경계〔一境〕 위에서 무애 자재하게 방편을 쓰며 실천한다.”   −선문염송 설화회본 권 1−

31 “직지인심 견성성불(直指人心 見性成佛)

사람의 마음을 바로 가리켜

저마다 제 본성을 보고 성불케 하기 위하여.”

이것입니다. 이것을 위하여 조사께서 서쪽으로부터 오시고, 이것을 위하여 달마 대사께서 9년 면벽하셨습니다.

달마 대사의 이 9년 면벽사건을 계기로 중국에서 보다 새로운 형태의 선종이 크게 떨치고, 중국 선종은 육조 혜능선사(六祖慧能禪師, 638−713A.D)의 중흥을 거치면서 오가칠종(五家七宗)의 선풍이 왕성하게 전개되었습니다.[3]

중국 선종은 ‘불립문자(不立文字)’와 ‘조사선(祖師禪) 우월주의’를 표방하면서, 스스로 교종(敎宗)을 질책하고 그 위에 군림하였습니다. 중국 선종은 심오하고 신비하기조차 한 선 사상(禪思想), 선 문화(禪文化)를 창출하여 불교 자체를 크게 변화시켰을 뿐만 아니라, 중국 문화, 동양 문화 전반에 막대한 영향을 끼쳐 왔습니다. 선종은 실로 동양 문화의 한 뿌리를 이루기에 충분하였던 것입니다.

32 중국 선종이 우리 나라에 소개되기는 신라 통일 당시로 추정되나 그 본격적인 발전은 9세기 초 도의 선사(道義禪師)가 육조

---

3) 김동화, 앞의 책, pp. 70∼76.

114

계통의 선법(禪法)을 들여온 이후의 일입니다. 도의 선사의 계승자들이 전남 장흥에 가지산(迦智山)을 연 것을 계기로 선종 구산(九山)이 일어나면서 한국 선종은 뿌리를 깊이 내리고, 정치적으로 지방 호족 세력과 연결되어, 낡은 신라를 새 고려로 개혁하는 정신적 바탕이 되었습니다.[4]

고려 전기 천태종(天台宗)의 발전으로 구산 선종이 한때 위축되었으나, 12세기 말 무신란을 계기로 구산이 궐기하여 조계종(曹溪宗)을 창설하면서, 이후 한국 불교는 선종 중심으로 발전해 왔습니다. 조선 왕조의 참담한 탄압 속에서도 선종 중심의 법맥(法脈, 불교의 맥락)은 연면히 계승되어, 서산(西山), 사명(四溟) 등 위대한 선사(禪師)들은 핍박의 원망을 잊고 민족을 구출하였습니다.

근세에 이르러 가혹한 압박으로 선풍(禪風)이 잠시 침체하던 것을 경허(鏡虛) 선사가 이를 중창하고,[5] 혜월(慧月), 한암(漢岩), 만공(滿空), 용운(龍雲), 용성(龍城) 등 일대의 기라성들이 이를 계승함으로써, 선종을 중심으로 한 한국 불교는 불멸의 민족 정신으로서 찬란한 빛을 더욱 강렬히 발산하고 있습니다.

33 조사선은 대개 화두(話頭)를 잡고 참선하는 간화선(看話禪)이 주종을 이루고 있습니다. 화두는 일명 공안(公案)이라고 일컫는데, 참선할 때 마음을 집중시키는 참선의 주제(主題)라고 할 수 있습니다. 흔히 '천칠백 공안'이라고 해서 많은 화두들이 있어 왔지만, 그 중에서, '이 뭣고〔是甚麼―시심마〕' '무〔無, 趙州無字〕' '부모님 태어나기 전 내 본래 얼굴은〔父母未生前 本來面目〕' '삼 세 근〔麻三斤〕' '뜰 앞의 잣나무〔庭前 栢樹子〕' 등이 많이 쓰

---

4) 우정상, 김영태, 『韓國佛敎史』, pp. 72~75, 95~97.
5) 性陀, 「鏡虛의 禪思想」, 『韓國佛敎思想史』, 圓佛敎思想硏究院, pp. 1103~
   1120.

여 왔습니다.

34 화두는 논리적인 문제가 아닙니다. 화두를 잡고(들고) 참선하는 것은 논리적으로 사고해 가는 것이 아닙니다. 명상에 잠기는 것이 아닙니다. 도리어 논리를 부정하는 것이고 사고를 끊어 없애는 것입니다. 아무 생각 없는 무심(無心)한 상태가 되는 것도 아닙니다.

그럼 어찌하는 것인가?

다만 의심하는 것입니다. '이 뭣고―이 뭣고―이 뭣고―', 이렇게 끊임없이, 반복적으로 의심하고 의심하는 것입니다. 그래서 의심을 자꾸 키워가는 것입니다. 큰 의심 덩어리를 키워가는 것입니다. 머리를 써서 의심을 풀려고 하면 틀립니다. 고양이가 쥐를 노려 보듯, 눈을 부릅뜨고(마음을 집중해서) 화두를, 의심 덩어리를 노려 보는 것입니다. 그래서 '화두를 본다〔看話〕'고 하는 것입니다.

박산(博山) 선사께서 우리를 경책하십니다.

"참선할 때 조사의 공안을 생각으로 헤아려 짐작해서는 안 된다. 설사 해석하여 하나하나 알았다 하더라도 본분〔本分, 本性―진리 그 자체〕과는 아무 상관이 없는 것이다. 조사의 말 한 마디, 글 한 구절은 마치 큰 불무더기와 같아, 가까이 갈 수도, 만질 수도 없는 것인데, 어찌 그 가운데 앉고 누울 수 있으랴. 더욱 그 가운데 주저앉아 크고 작은 것을 따지고, 좋고 나쁜 것을 가린다면, 목숨을 잃지 않을 사람이 없을 것이다."   ―선경어(禪警語)―

지금 당장 자리잡고 앉으라

35 벗이여, 이제 우리 자리잡고 앉을 것입니다. 지금 당장 자리 잡고 앉아서 참선할 것입니다. 이것이 제일 긴급한 일입니다.

『좌선의』[6]에 의하여 참선 과정을 정리하면 대개 이러합니다.

먼저 조신(調身), 몸을 고르게 하는 것입니다.

먼저 두 다리를 쭉 뻗었다가 걷어 들이면서 왼쪽 발을 바른 쪽 허벅지 위에 얹고〔半跏趺坐〕, 엉덩이를 들어서 앞으로 좀 기울였 다가 바로 앉으면서 허리를 쭉 폅니다. 허리를 꼿꼿이 편다는 것 이 가장 중요합니다. 방석을 깔고, 방석 뒷부분을 겹쳐서 엉덩이 를 받치는 게 좋습니다.

일단 앉은 다음 몸을 좌우로 몇 번 흔들어서 앉음새를 고르게 편안하게 만듭니다. 다음 바른 손 위에 왼 손을 포개면서 두 엄 지를 가볍게 맞대고 둥근 계란처럼 만들어〔法界定印〕, 배 아랫 부분에 갖다 놓습니다. 머리는 하늘을 치받치듯, 눈은 반쯤 떠서 코 끝을 지나서 앞 바닥을 바라봅니다. 입은 가볍게 다물고, 아랫 니가 웃니 안으로 들어가도록 해서, 혀를 입천정에 붙입니다.

몸 전체, 특히 어깨의 힘을 뽑고, 몸을 부드럽게 하면서, 몸의 중심은 배꼽 아래쪽 손 가락 세 개쯤 닿는 자리, 곧 단전(丹田) 에 둡니다. 허리띠나 바지단추는 풀고 아랫배를 좀 내미는 듯합 니다. 단전에 힘을 모은다는 것이 특히 중요합니다. 동시에 얼굴 을 환히 폅니다.

36 다음 조식(調息). 호흡을 고르게 하는 것입니다.

---

6) 『좌선의(坐禪儀)』는 좌선의 지침서. 우리 나라에서는 자각(慈覺) 선사의 것 을 기본으로 삼는다. 광덕 스님 역, 『禪關策進』, 불광출판부, 1981, p. 101 ~125.

호흡을 조용히 조절해 갑니다. 처음 세 번쯤은 허리를 접었다 폈다 하면서 아랫배가 불룩 나올 정도로 힘차게 들이마시고 내쉬는 예비 호흡을 하는 게 좋습니다. 심호흡이 끝나면, 정상호흡을 하는데, 먼저 호흡을 크게 한 번 깊게 내쉽니다. 다음에 서서히 들이쉽니다. 이때 생각으로 호흡이 코에서 목을 통하여 가슴으로, 배로, 다시 아랫배 배꼽 아래 부분〔단전(丹田)이라고 함〕까지 내려가는 것을 바라봅니다.

호흡이 단전에 이르면 잠시 멈춥니다. 다시 밖으로 내쉬는데, 역시 생각의 눈으로 호흡이 단전에서 배로, 가슴으로, 목으로, 코로 나가는 것을 바라봅니다. 출식이 끝나면, 마음으로 '하나'하고 헤아립니다. 입식(立息)은 비교적 짧게 힘있게 하고, 출식(出息)은 보다 더 길게, 미세하게, 코 안의 털이 흔들리지 않는 기분으로 하는 게 좋습니다. 한 번 출식이 보통 15~30초 정도가 되도록 자꾸 훈련을 쌓습니다.

이렇게 한 번 들이쉬고 내쉬는 것을 '한 숨〔一息〕'이라고 하는데, 한 숨이 끝날 때마다, 마음 속으로, '하나, 둘, 셋……' 하고 헤아려서 열까지 하고, 다시 하나로 돌아가서 아홉까지 헤아리고, 다시 하나에서 여덟까지…… 나중에는 하나 둘, 하나로 끝납니다.

거꾸로 헤아리는 방법도 있습니다. 열·아홉·여덟……하나, 아홉·여덟·일곱……, 일곱·여섯……하나, 둘·하나, 앞의 것을 순관(順觀)이라고 하면, 뒤의 것을 역관(逆觀)이라고 할 수 있습니다. 이렇게 한 번 헤아려 끝내는 것을 한 바퀴〔一巡〕라고 하는데, 공부가 깊어질수록, 한 바퀴 소요 시간이 점점 길어집니다.

37 그 다음 조심(調心). 마음을 고르게 하는 것입니다.

이것이 가장 중요한 단계이지만, 조신(調身)과 조식(調息)이 잘 되면 조심(調心)도 잘 된다는 사실을 명심할 때, 첫 수행자들은 우선 조신, 조식 두 단계 공부를 익히는 데 주력할 것입니다. 호흡을 고르게 하면서, 하나·둘…… 숨을 헤아리고, 이렇게 한 바퀴, 두 바퀴 계속해 가면, 잡념은 점차 가라앉고, 마음은 고요해 집니다.

이때 중요한 것은, 호흡을 헤아리면서, 물통의 헌 물을 쏟아버리듯, 내쉬는 호흡과 함께, 머리 속의 생각들을 다 털어버리는 것입니다. 남과 다투어 불쾌했던 일, 슬픈 일, 기쁜 일, 돈 줄 생각, 받을 생각…… 머리 속 일체의 상념들을 다 쏟아 버립니다. 오로지 한 정신으로 호흡을 헤아리는 데 집중합니다. 또 하나 중요한 것은, 이렇게 수식관을 하면서 안면의 긴장을 풀고, 양미간을 넓게 펴고, 부드럽고 평화로운 기분을 갖는 것입니다.

38 호흡을 헤아리면서 마음이 어느 정도 고요해지면, 우리는 조용히 화두를 듭니다. 숨을 내쉬면서, '이 뭣고?'하고, 또 내쉬면서, '이 뭣고?'합니다. 이때 주의할 것은, '이 뭣고?'이 한 마디만 되풀이 생각하고, 이 일점(一點)만 응시하는 것일 뿐, 그 다음 다른 생각을 하지 않는다는 것입니다.

'이 뭣고? 내가 하늘에서 왔는가? 땅에서 왔는가? 내가 영혼인가? 육신인가?……' 이렇게 생각의 꼬리를 물면, 이것은 번뇌 망상에 떨어지고 말 장난에 떨어질 뿐입니다. 다만 한 마디, '이 뭣고?'에 오로지 매달려야 합니다. 그래서, '화두(話頭), 말 머리'라 한 것입니다. 말 꼬리는 없습니다.

39 반가부좌(혹은 결가부좌)하고 앉아서 몸을 고르게 하고 호흡을 헤아리면서 숨을 고르게 하고 생각들을 비워버리고 마음을 고요히 하고…….

이제 우리는 조용히, '이 뭣고?', 한생각에 전념하고 있습니다. 그러나 생각이 자꾸 헛갈립니다. 온갖 상념의 구름들이 마구 날

아 듭니다. 마음을 한 곳에 모으려고 하면 할수록, 번뇌 망상은 더 극성을 부립니다. '방하착(放下着), 놓아야지 놓아야지'하면 더 달라붙습니다.

'이래서 무슨 참선이 되고, 견성(見性)하겠는가?'

실망한 나머지 그만 집어치우고 싶습니다. 그러나 바로 그때가 참선 잘 되는 시간입니다. 아무 생각도 없다면 그건 죽은 송장이지요. 산 사람이 어찌 번뇌 망상이 없습니까? 잡념이 덤비면 그대로 버려 두세요. 억지로 '놓아야지' 할 것 없습니다. 물처럼 흘러와서 흘러가게 내버려 두세요. 그러면서 순간 순간 정신을 가다듬어, '이 뭣고?' 하고, 잠시 놓쳤다가 또, '이 뭣고?' 할 것입니다. 이러한 과정이 중요합니다. 이렇게 하는 사이에 우리들의 정신력은 한치 한치 자라나고, 직관 능력도 한뼘 한뼘 자라납니다. 티끌 모아 태산이 되는 것입니다. 그래서 '번뇌 곧 보리〔지혜〕'라 하신 것입니다.

40 가장 중요한 것은 힘 닿는 대로, 참선공부를 계속한다는 것입니다. 참선하는 자세 한 번 갖추는 것도 엄청난 공덕이 된다고 하셨습니다. 어떤 원숭이는 수행자가 참선하는 걸 보고 나무 위에서 흉내 한 번 내 본 것이 큰 공덕이 되어서, 다음 생(生)에 성불했다고 하지 않습니까. 조급한 마음을 내고, '언제 깨치나? 언제 견성(見性, 깨달음)하나?', 이렇게 마음 쓰는 것이 참선 공부의 장애입니다.

벗이여, 저 절구통 수좌를 보십시오. 마침내 토굴 벽을 박차고 일어서지 않습니까. 앉고 또 앉으면, 우리도 머지않아 박차고 일어설 날이 올 것입니다.

41 선을 너무 쉽게 생각하는 것도 금물이지만, 선을 너무 지나치게 과장하고 난해하게 생각하는 것은 더 큰 장애가 됩니다.

‘선은 어려운 것이다. 아무나 함부로 하는 것이 아니다. 몇 년 몇십 년을 해도 깨치기 어렵다.’

만일 이런 고정 관념을 갖고 있다면, 선은 처음부터 실패입니다. 선은 일상으로, 밥먹듯이, 닦아가는 하나의 방식이란 진실을 생각할 때, 선을 하면서 깨치기를 애타게 욕심부릴 것도 없는 일이지요.

선사께서 이렇게 경책하십니다.

“참선하는 데 깨치기를 기다려서는 안 된다. 어떤 사람이 집에 간다면서 도중에 앉아 가지는 않고, 집에 닿기만을 기다린다면, 그는 끝내 나그네 신세를 면치 못할 것이다.…… 오로지 화두를 잡아 힘쓸 뿐, 깨치기를 기다려서는 안 된다.”

─박산(博山) 선사, 선경어(禪警語)─

42 ‘이 뭣고?’

이제 우리는 온갖 고정관념들을 놓아 버립니다. ‘나〔自我〕, 세계, 부처님, 불법(佛法)……’ 일체의 낡은 관념들을 펄펄 끓어오르는 ‘이 뭣고?’의 용광로에 던져 버립니다.

‘이 뭣고?’

이것은 실로 나를 새로 낳고 천지를 개벽하는 창조의 용광로입니다. 자유의 주인, 자유의 천지를 드러내는 자유의 원천입니다.

‘이 뭣고?’

몸을 고르게 하고, 호흡을 고르게 하고, 마음을 고요히 하여, 우리는 다만 이 한 물음에 열중하고 있습니다.

‘이 뭣고?’

천만 갈래 번뇌 망상 속에 다시 한 번 이렇게 묻고 있습니다.

회향발원 (저희도 용맹정진합니다)

자비하신 부처님.

이제 저희 청보리들, 푸르른 부처의 씨앗들.

가부좌하고 앉습니다. 호흡을 헤아리며 마음을 고요히 비웁니다. 동시에 '이 뭣고……' 합니다. '내 본래 면목이 무엇인고……' 합니다. 다리가 저려와도, '이 뭣고……' 합니다. 마음이 산란해지고, 온갖 망상이 떠올라도, 바로 그 순간에 '이 뭣고……' 합니다. 저 절구통 수좌를 생각하며, '이 뭣고……' 합니다. '지금 단박 깨쳐야지……' 두 눈 부릅뜨며 '이 뭣고……' 합니다. 푸른 광명이 눈 앞에 박두했습니다.

-나무석가모니불-

찬불가 무소의 뿔처럼

내용익힘

1. 다음 문장을 완성해 봅니다.
   ① (   )에 진리를 모두 설명하지 않은 것이 없다. 그러나 다만
   학자들이 (   )의 뜻과 이치에만 골몰하고 얽매여 (   )을
   잃어 버리고 (   )을 깨닫지 못하고 있다. 그러므로 달마 대사
   께서 서쪽 (   )에서 와서 사람의 (   )을 바로 가리켜서
   (   )을 보고 (   )케 한 것이다.
   ② 다만 (   )하는 것입니다. (   ), 이렇게 끊임없이, 반
   복적으로 (   )하고 (   )하는 것입니다. 그래서 (   )을
   자꾸 키워가는 것입니다. 큰 (   ) 덩어리를 키워가는 것입니
   다. 머리를 써서 (   )을 풀려고 하면 틀립니다. (   )가 쥐
   를 노려 보듯, 눈을 부릅뜨고 (   )을, (   ) 덩어리를 노려
   보는 것입니다. 그래서 (   )고 하는 것입니다.
   ③ 벗이여, 이제 우리 자리잡고 (   )입니다. 지금 당장 자리잡고
   앉아서 (   )할 것입니다. 이것이 제일 (   )한 일입니다.

2. 다음 물음에 간결하게 답합니다.
   ④ 용맹정진(勇猛精進)은 어떻게 하는 것인가?
   ⑤ 조사께서 서쪽에서 오신 뜻은 무엇인가?
   ⑥ 간화선이란 무엇인가?

교리탐구　참선하는 방법은 무엇인가?
   1. 몸 가지는 법
   2. 호흡 헤아리는 법
   3. 마음 다스리는 법
   4. 화두 드는 법

실천수행 참선법을 배워서 몸소 실천해 갑니다.

1. 수행 깊은 스님을 초빙해서 참선법을 배운다.
2. 매일 일정 시간, 단 5분이라도 앉아서 참선한다.
3. 법회에서 주관하는 정기적인 용맹정진에 동참한다.

4과 • 살아 있는 마음공부를 하라

"참선이란 것은 글을 배우면서도 할 수 있는 것이요, 농사를 하면서도 할 수 있는 것이요, 그 밖의 모든 업(業)을 하면서도 할 수 있는 것이다. 할 수 있을 뿐만 아니라, 그러한 때일수록 참선이 필요한 것이다."

ㅡ만해 선사, 禪과 人生ㅡ

탐구과제

- 삶의 현장에서 어떻게 참선해 갈 것인가를 깨닫습니다.
- 삶의 현장에서 어떻게 지혜를 실현해 갈 것인가를 깨닫습니다.
- 일상 생활 속에서 어떻게 마음공부를 해 갈 것인가를 배우고 몸소 실천합니다.

근로자는 일터에서, 농부는 논밭에서

43 참선은 쉬운 것입니다. 쉽게 하는 것입니다. 전문적인 선이론(禪理論)을 알아야 하는 것이 아닙니다. 일체의 기성 관념이나 형식을 타파하는 것이 본래 참선 정신입니다. 지금 이 상태로 좋습니다. 틈만 나면 조용히 앉아서, 허리 쭉 펴고, 호흡을 깊이 쉬고 헤아리면서, '이 뭣고?', 이 한생각에 집중하고, 이러기를 되풀이하면, 이것이 훌륭한 참선입니다. 노는 입에 염불하듯, 쉬는 시간에 참선하는 것입니다.

따라서 참선 공부는 전문가들이나 하는 특별한 것이 아니라, 누구나 다 할 수 있는 보통의 길입니다. 그래서 우리는 우리의 선수행을 '대중선(大衆禪)'이라 일컫습니다.

44 참선을 하기 위해 특별히 고요한 장소나 한가한 시간이 필요하지 않습니다. 나와 당신이 생활하고 있는 그 곳에서, 공부하고 근로하는 틈틈이 우리는 얼마든지 참선을 할 수 있습니다. 아니, 바로 그렇게 하는 것이 참선입니다. 학생은 교실에서 하고, 근로자는 일터에서 하고, 사무원은 사무실에서 하고, 농부는 논밭에서 하고…… 그래서 '상시선(常時禪), 항상 하는 선'이고,[1] '무시선(無時禪) 무처선(無處禪), 어느 때나 하는 선, 어디서나 하는 선'이라고[2] 일컫습니다.

만해 선생께서 경책하십니다.

"참선이라는 것은 글을 배우면서도 할 수 있는 것이요, 농사를 하면서도 할 수 있는 것이요, 그 밖의 모든 업(業)을 하면서도 할 수 있는 것이다. 할 수 있을 뿐만 아니라, 그러한 때일수록 참선이 필요한 것이다."[3]

45 현실적 입장에서 볼 때, 참선 공부가 내면적인 마음의 세계에만 지나치게 집착하여, 밖의 세계, 현실 문제에 너무 무관심하고 또 무력하다는 것을 우리는 염려하지 않을 수 없습니다. 법이 현실 속에 있고, 마음이 하루 살이 속에 있는 이치를 분명히 관찰하였거니와, 그런 까닭에 우리는 마땅히 이 현실 생활 속에서, 하루 살이와의 관계 속에서 참선 공부할 것입니다.

이런 점에서 부처님께서는 아주 철저하십니다. 반드시 우리가 부닥친 현실 문제로부터 출발해서 보다 큰 법으로 인도해 가십니다. 자식 잃은 어머니에게는 죽음의 문제를 제기해서 무상(無常)의 법을 깨닫도록 하고, 불을 숭배하는 무리들에게는, "세상은

---

1) 김등화, 『禪宗思想史』 p. 38~39.
2) 『원불교 교전』
3) 한용운, 「禪과 人生」, 『韓龍雲全集』 2, p. 317.

모두 불타고 있다. 무슨 불로 인하여 타고 있는가?"[4] 이렇게 문제를 던져서 번뇌의 법을 깨닫도록 하십니다.

46 우리 현실과 관계 없을 때, 공부가 제대로 될 리 없습니다. 이것은 공리공담이 되고 희론(戲論)이 될 뿐입니다. 참선 공부도 같은 이치입니다. 화두를 든다는 것도 마찬가지이지요. 참선은 마음 밝히는 것을 근본으로 삼는다고 하지만, 나와 당신이 부닥친 이 현실 생활을 버리고 우리가 어디서 마음을 찾습니까? 본래 면목을 찾는다고 하지만, 저 거울에 비친 세상 살이에 찌들어 주름진 저 몰골을 두고, 어디서 본래 면목을 찾습니까?

그런 까닭에 나와 당신이 일상 생활에서 부딪히는 모든 장애와 문제가 화두 잡는 계기가 되는 것입니다.

47 어느 여름 수련 대회 때 수덕사 조실(祖室) 혜암(慧菴) 노선사(老禪師)를 친견하였습니다. 노선사께서는 아흔 아홉의 고령이 믿기지 않을 정도의 맑은 눈빛으로 질문을 재촉하셨습니다.

나는 스님께 여쭈었습니다.

"스님 무엇으로써 일심을 다스려야 합니까?"

"응, '이 뭣고?' 해라."

옆의 허(許) 선생이 또 여쭈었습니다.

"탐·진·치가 일어나서 마음 다스리기가 어려운데, 어찌하면 됩니까?"

"응, 탐·진·치가 일어나야 참선을 할 수 있어. 탐·진·치가 일어나거든, '탐내고, 성내고, 어리석어하는 이 놈이 무엇인고?', 이

---

4) 성도 직후 가야산에서 카샤파 3형제 등 배화교도들에게 하신 설법.
　(「대품수계품」 1)

렇게 화두를 드는 게야. 탐·진·치가 없으면 참선 못해.”

48 정녕 이러합니다. 바로 이것이 ‘활구 참선(活句參禪), 살아 있는 참선’입니다. 생활의 고통, 세상 살이의 심각한 장애에 부딪힐 때라야, ‘이 뭣고?’가 절실해 집니다. 삶의 고통을 느끼지 못하는 자가 어찌 자기 존재의 근원을 문제삼을 수 있겠습니까? 형제 사이에 원수 같은 진심(瞋心)을 느끼지 못했더라면, 저 박 선생님이 어찌, ‘내가 대체 누구냐? 내가 어쩌다가 이렇게 되었는가?’하고 팔팔 살아 숨쉬는 화두를 들 수 있었겠습니까.

눈 앞에 닥친 현실 문제를 통찰하지 못하면서, 우주의 진리를 직관한다는 것은 한갓 허구에 불과할 뿐입니다. 나와 직접 얽혀 있는 형제 관계를 풀지 못하면서, 일체 중생의 문제를 생각한다는 것은 관념의 유희일 뿐입니다.

이것은 살아 있는 참선 공부가 못 됩니다.

현실 문제에 부딪치라

49 참선 공부는 정(定)과 혜(慧)를 함께 닦는 것임을 이미 보았거니와, 종래 이 혜(慧) 닦는 공부[慧學—혜학]가 소홀했던 느낌이 없지 않습니다. ‘혜(慧) 닦는 공부’란 지혜(智慧)의 힘을 키워 법을 직관하려는 수련입니다.[5] 참선한다고 하면 마음을 고요히 해서 흔들림 없는 경지, 정(定)에 들려고만 힘쓰고, 지혜의 힘을 써서 법을 보려는 노력은 부족했던 듯합니다. 그래서 몸과 마음을 고요히 하려고 하니까, 자연 시끄러운 일, 골치 아픈 일은

---

5) 水野弘元, 『佛敎槪說』, pp. 301~305.

128

피하고, 한적한 곳에서 눈 감고 앉기를 좋아했습니다.

만해 선생은 이렇게 평하고 있습니다.

"요즘의 참선하는 사람들은 참 이상하다. 옛사람들은 그 마음을 고요하게 가졌는데, 요즘 사람들은 그 처소를 고요하게 가지고 있다. 옛사람들은 그 마음을 움직이지 않았는데, 요즘 사람들은 그 몸을 움직이지 않고 있다. 그 처소를 고요하게 가지면 염세(厭世)가 되는 것뿐이며, 그 몸을 움직이지 않으면 독선(獨善)이 안 될 래야 안 될 수 없을 것이다. 불교는 구세(救世)의 가르침이요, 중생 제도의 가르침인 터에, 부처님의 제자된 사람으로서 염세와 독선에 빠져 있을 따름이라면, 잘못된 것이 아니겠는가?" 6)

50 지혜가 무엇인가?

'지혜를 닦는다'는 것이 대체 무엇인가?

지혜란 눈 앞에 부닥친 문제를 하나하나 참답게 판단하고 해결하는 능력입니다. '지혜를 닦는다'는 것은 이 세상을 보고, 세상 사람들을 보고, 사리(事理)를 판단하고, 해결의 길을 하나하나 찾아가는 것입니다.

그런 까닭에 참선 공부하는 불자는 어떤 경계와 문제에 부닥치면, 먼저 그 마음을 고요히 하고, 조용히 한 발짝 뒤로 물러나, 그 문제의 본질(本質)을 객관적으로 관찰하고, 원인과 결과와 해결의 길을 명상합니다. 길을 본 다음에는 신념을 갖고, 무소의 뿔처럼 묵묵히 그 길을 따라 나아갑니다.

지혜는 그냥 앉아서 얻어지는 것이 아닙니다. 한가하게 경 읽고, 계율 따지고, 참선하고…… 이런 마른 수행으로 얻는 지혜는

---

6) 한용운, 「佛教維新論」, 『韓龍雲全集』 2, p. 54

참 지혜가 아닙니다. 죽고 사는 경계를 당하면 이런 마른 지혜는 모래성처럼 무너지고 맙니다. 지혜는 몸을 부딪쳐 체험하는 과정의 산물입니다. 절박한 인생의 현실 문제에 부딪쳐 몸이 깨어지고 피를 흘리면서 지혜는 조금씩 체득되는 것입니다. 내 개인의 문제, 이 세상의 문제와 부딪치면서, 물에 빠진 자가 지푸라기 잡으려는 절박한 열정으로 하지 않는 참선은 실로 무의미한 관념의 장난이고, 그런 깨침, 견성(見性)은 종이 호랑이에 불과한 것입니다.

정(定)과 혜(慧)는 실로 한 마당의 치열한 삶 그 자체입니다.

51 저 박 선생님을 바라보세요.

저렇게 하는 것이 정과 혜를 함께 닦는 것이고, 살아 있는 참선, 활구참선(活句參禪)을 하는 것입니다. 보조 국사(普照國師)께서 주창하신 '정혜쌍수(定慧雙修), 정과 혜를 나란히 닦는다.'는 경지입니다. 그가 불화의 원인을 발견하고 해결의 길을 터득하였을 때, 그는 견성(見性, 깨침)한 것이고, 동생과 다시 화합하였을 때, 그는 해탈(解脫, 해방·자유)한 것입니다. 이렇게 해서 그의 참선 공부는 한 번 성공한 것입니다.

벗이여, 저 조그마한 성공을 버려두고, 우리가 어디서 '견성성불, 생사 해탈'을 다시 찾겠습니까?

52 출가 수행자는 장좌불와(長坐不臥)하고 토굴 속에 앉는 것이 용맹정진입니다. 재가 수행자는 가정과 직장에서 현실 문제와 정면으로 부딪치면서 부처님 법대로 생각하고, 법대로 행동하는 것이 용맹정진입니다. 이 가정과 직장이 우리들의 토굴이고, 잠 못 이루며 번민하고 문제를 해결해 가는 것이 나와 당신의 장좌불와입니다.

53 참선이 훌륭한 수행이긴 하지만, 지나친 참선제일주의, 참선만능주의는 옳지 않습니다. 무엇보다, 참선도 불경 공부, 계율 공부와 더불어 지혜를 개발하는 대중 수행〔대중삼학(大衆三學)〕의 하나라는 진실을 명심할 것입니다. 더 크게는, 믿음·지혜·자비의 보살행 가운데 하나라는 진실을 명심할 것입니다.

먼저 불경 공부, 계율 공부 열심히 할 때, 참선 공부도 열심히 할 수 있습니다. 믿음이 깊고 몸소 자비를 실행할 때, 참선도 성취할 수 있습니다. 오늘날 많은 수행자들이 참선에 매달리면서도 성공하지 못하는 것은 이 진실을 망각한 때문인지도 모를 일입니다. 이 모든 수행이 실로 마음 공부 한 곳으로 돌아가는 것이고, 깨침 한 곳으로 돌아가는 것입니다.

세존의 최후 유교를 경청합니다.

"너희들은 청정한 계율을 지니고 선정을 닦으며 지혜를 구하여라. 청정한 계율을 지니는 사람은 탐욕과 성냄과 어리석음을 따르지 아니하고, 선정을 닦는 사람은 그 마음이 산란하지 않게 되며, 지혜를 구하는 이는 애욕에 매이지 않으므로 하는 일에 걸림이 없다. 계·정·혜가 있으면 덕이 크고 명예가 널리 퍼지리라."

—장아함 반니원경—

끊임없이 마음 공부

54 나는 아침마다 10분 예불을 올립니다. 급할 때는 5분이라도 합니다. 기도를 마치고 잠시, '이 뭣고……' 하면서 마음을 관합니다. 이것이 나의 첫번째 마음 공부입니다.

문을 나서면서부터 나는 끊임없이 '관세음보살'을 염합니다. 차

속에서도 염하고, 길을 걸으면서도 염하고, 일하면서도 염합니다. 그러면서 나는 불보살님의 금빛 찬란한 덕상(德相)을 관합니다. 불보살님의 무한 공덕이 내 생명 뿌리로부터 물결쳐 솟아오르는 모습을 관합니다. 내 생명이 진리광명·불성광명으로 찬란히 빛나는 모습을 관합니다. 이것이 나의 두번째 마음 공부입니다.

직장에 출근하면 가장 먼저 30분 정도 경을 읽습니다. 문자 그대로 경을 봅니다. 간경(看經)합니다. 관(觀)합니다. 문자 속에서 울려나오는 부처님의 사자후를 관합니다. 문자 하나하나가 진리의 섬광이 되어서 내 가슴으로 날아 드는 모습을 관합니다. 머리가, 가슴이, 속 마음이 밝은 빛으로 밝아져가는 모습을 관합니다. 이것이 나의 세번째 마음 공부입니다.

기분 나쁜 일이 생기거나, 일이 잘 안 되거나, 문제가 발생할 때, 나는 잠시 물러섭니다. 단전호흡을 하면서, '이 뭣고……'합니다. 그러면서 나는 사념주의 근본도리를 관합니다.

'이 몸은 무상한 것이다.
이 느낌, 이 감정은 무상한 것이다.
이 마음, 이 생각은 무상하고 실체가 없는 것이다.
이 사물, 이 사건은 실체가 없고 공(空)한 것이다.'

그러면서 나는 평정한 마음으로 문제의 원인을 관하고 또한 그 소멸, 소멸의 길을 관합니다. 이것이 나의 네번째 마음 공부입니다.

55 '이 뭣고……' 하면서
염불하면서
간경하면서
사념주(四念住)를 관하면서……

이렇게 끊임없이 마음 공부로 정진합니다. 이 속에서 나는 나를 떠받치고 있는 부처님의 크나큰 삼매를 느낍니다. 우리들의 모든 선정과 지혜가 실로는 부처님의 이 크나큰 삼매로부터 출렁거리며 흘러오고 있음을 나는 분명히 체감하고 있습니다. 경전을 읽고, 계율을 지키고, 참선을 할 때, 나는 크나큰 부처님과 일체가 되고 있다는 진실을 순간순간 깨닫고 있습니다. 바로 이것이 비로자나 법신불의 큰 삼매, 해인삼매(海印三昧)의 한 파랑일지도 모릅니다.[7]

그런 까닭에 나는 결코 염려하거나 서두르지 않습니다. '언제 깨칠까?' 기다리지도 않습니다. 하늘은 태고(太古)처럼 푸르고 땅은 영겁으로 부동(不動)한 속에, 나는 오늘 하루 열심히 살 생각 하나만으로 조용히 걸어가고 있습니다.

이때 부처님께서 저 보현보살을 칭찬하시듯, 나를 칭찬하고 계십니다.

"이는 얼마나 훌륭한 일인가. 그대는 이 삼매에 들 수 있었구나. 이는 오로지 비로자나 부처님의 본원력(本願力)으로 말미암은 까닭이니라."

—화엄경 노사나품—

56 '때때로 불경 읽고
　　정직하게 행동하고
　　고요히 호흡을 헤아리고'
옳습니다. 바로 이것이 귀의법(歸依法)이고, 보살이 걸어가는 지혜의 길입니다.
이제 보리자는 님 앞에 발원합니다.

---

7) 이것이 곧 비로자나 법신불의 삼매이다. (玉城康四郎/이원섭, 『華嚴經의 世界』, 玄岩社, 1976, pp. 19～34.

“부처님 저는 정녕 무지한 중생
머리로 헤아리고 말하기 바빠서
겉으로 아는 체 교만하여도
경계를 부닥치면 할 바를 몰라
세 살 아이처럼 무너져 내립니다.

부처님 저는 이제 발심한 보살
아침저녁 불경말씀 읽고 외우고
가고오매 오계 약속 굳게 지키며
생각생각 ‘이 뭣고’ 깊이 사무쳐
눈 뜨올 그 날까지 쉬지 않으리이다.”　　　　　－눈 뜨올 그날까지－

회향발원 (집과 직장을 토굴 삼습니다)

자비하신 부처님.

이제 저희 청보리들, 푸르른 부처의 씨앗들.

집과 직장을 토굴 삼습니다. 집과 직장을 토굴 삼아, 끊임없이 용맹정진합니다. 불보살의 명호를 부르며 그 찬란한 덕상(德相)을 관합니다. 아침 저녁으로 불경 읽으며 문자 속에서 우렁차게 터져 나오는 붓다의 사자후를 관합니다. 부딪친 문제와 갈등의 원인을 생각하며 무상(無常)과 무아(無我)의 근본도리를 관합니다. 이렇게 닦아가는 것이 진정 살아 있는 참선이며 살아 있는 반야지혜임을 믿습니다.

-나무석가모니불-

찬불가 둥글고 밝은 빛은

내용익힘

1. 다음 문장을 완성해 봅니다.
   ① 참선이란 것은 (   )을 배우면서도 할 수 있는 것이요, (   )를 하면서도 할 수 있는 것이다. 할 수 있을 뿐만 아니라, 그러한 때일수록 (   )이 필요한 것이다.
   ② 지혜는 (   )을 부딪쳐 체험하는 과정의 산물입니다. 절박한 인생의 (   )에 부딪쳐 (   )이 깨어지고 피를 흘리면서 지혜는 조금씩 체득되는 것입니다. 내 (   )의 문제, 이 (   )의 문제와 부딪치면서, 물 (   )에 빠진 자가 지푸라기 잡으려는 절박한 열정으로 하지 않는 참선은 실로 무의미한 (   )의 장난이고, 그런 깨침, (   )의 종이 호랑이에 불과한 것입니다.
   ③ 출가수행자는 장좌불와하고 (   ) 속에 앉는 것이 용맹정진입니다. 재가수행자는 가정과 (   )에서 (   )와 정면으로 부딪치면서, (   )대로 생각하고, (   ) 판단하고, (   ) 행동하는 것이 용맹정진입니다. 이 가정과 (   )이 우리들의 (   )이고, 잠 못 이루며 번민하고 (   )를 해결해 가는 것이 나와 당신의 (   )입니다.

2. 다음 물음에 간결하게 답합니다.
   ④ 우리는 무엇으로 토굴을 삼을 것인가?
   ⑤ 참된 지혜는 어떤 지혜인가?
   ⑥ 조사들은 왜 '불립문자(不立文字)'를 강조하였는가?

교리탐구 살아 있는 마음공부의 구체적 방법은 무엇인가?
   1. 가정에서.
   2. 직장에서.
   3. 법회에서.

실천수행 나에게 가장 알맞은 참선법을 배워서 끊임없이 실천해 갑니다.

1. 나의 참선법을 결정한다.
2. 일과 수행으로 참선수행한다.
3. 때때로 스승을 찾아 나의 수행을 점검 받는다.

단원정리

● **합송** 저희도 용맹정진합니다.

법사 선남 선녀들아, 이 뭣고?
대중 (잠잠히 침묵한다)
법사 선남 선녀들아, 저 조사께서는 왜 서쪽으로부터 와서 9년 면벽하고 앉았습니까?
대중 불립문자 직지인심(不立文字 直指人心)의 도리를 일깨우기 위하심입니다. 저희들이 어리석고 근기가 열등하여 문자와 말씀에 집착하고, 끊임없이 머리를 굴려 진리를 망상하며, 말만 많이 하고 실천하지 않기 때문에, 조사께서는 저렇게 면벽하여 저희를 경책하고 계십니다.
법사 선남 선녀들아, 저 절구통 수좌를 보고 있습니까?
대중 보고 있습니다. 엉덩이가 허물어 터지도록 뜨거운 방바닥에 주저앉아 화두일념 용맹정진하는 참다운 수행자를 보고 있습니다. 토굴 속에 들어 앉아 발분망식(發憤忘食), 끼니를 잊고 분발정진하는 외로운 구도자를 보고 있습니다.
다함께 벗이여, 선남 선녀들이여, 이제 우리도 떨치고 일어나 앉을 때가 되었소. 알량한 몇푼어치 지식놀음, 감투놀음 문득 집어던져 버리고, 가부좌하고 앉아 은산철벽을 꿰뚫을 때가 되었소. 우리 가정, 우리 직장을 토굴삼아, 사자처럼 갈기를 세우고 용맹정진할 때가 된 것이오.

● **창작** 효봉 스님의 용맹정진기를 판토마임(무언극)으로 엮어서 발표합니다.

● **법담(法談)의 시간**

1. 주제 : 생활 속에서 실천할 수 있는 참선법에 관하여
2. 주요내용 : ① 여러 가지 참선법의 특징은 무엇인가?
　　　　　　 ② 염불선의 실천법은?
　　　　　　 ③ 간경선의 실천법은?
　　　　　　 ④ 화두선의 실천법은?
　　　　　　 ⑤ 비파사나의 실천법은?

왜 우리는 스님 앞에 경배하는가?

●

"바라문이여, 나도 밭을 갈고
씨를 뿌립니다.
갈고 뿌린 다음에 먹습니다."
―숫타니파아타 사품―

이끄는 말

외롭고 가난한 스님들께로

❶ 스님들은 무엇을 위하여 출가하는가? 가정을 버리고 세상을 등지며 출가하는 것은 한 몸의 안락만을 추구하는 이기·독선이 아닌가? 우리 시대에 참된 스님들은 정녕 존재하는가?

❷ 9장은 '스님 공경의 장'입니다. 성스러운 공동체 – 상가〔僧伽〕에 귀의하는 자비의 행로를 공부할 것입니다. 여기서 우리는 출가가 많은 사람들의 이익과 행복을 실현하는 크나큰 사랑임을 깨닫고, 외롭고 가난한 이 땅의 청정한 스님들을 만날 것입니다.

❸ 벗이여, 자리를 털고 일어나, 저 스님들께 삼배 올려요. 저 스님네들은 연면히 살아 있는 이 민족의 정신이며, 맑고 향기로운 등불입니다.

머리 이야기

수연(水然) 스님 이야기

1959년 겨울, 나는 지리산(智異山) 쌍계사(雙溪寺) 탑전(塔殿)에 혼자 안거(安居, 일정 기간 머물면서 수행하는 것)를 준비하고 있었다. 음력 시월 초순 하동(河東) 악양(岳陽)이라는 농가에 가서 탁발(동냥)을 했다. 한 닷새 한 걸로 겨울철 양식이 되기에는 넉넉했었다. 탁발을 하고 돌아오니, 텅 비어 있어야 할 암자에 저녁 연기가 피어오르고 있었다. 걸망을 내려 놓고 부엌으로 가 보았다. 낯선 스님이 불을 지피고 있었다. 나그네 스님은 누덕누덕 기운 옷에 해맑은 얼굴, 조용한 미소를 머금고 합장을 했다. 그때 그(水然 스님)와 나는 결연이 되었던 것이다.

지리산으로 겨울을 나러 왔다는 그의 말을 듣고 나는 반가웠다. 혼자서 안거하기란 자유로울 것 같지만, 정진하는 데에는 장애가 많다. 더구나 출가(出家)가 연천(年淺)한 그때의 나로서는 혼자 지내다가는 자못 게을러질 염려가 있었기 때문이다.

나는 공양주(供養主, 밥짓는 소임)를 하고, 그는 국과 찬을 만드는 채공(菜供)을 보기로 했다. 국을 끓이고 찬을 만드는 그의 솜씨는 보통이 아니었다. 나는 법당과 정랑(淨廊, 변소)의 청소를 하고, 그는 큰 방과 부엌을 맡기로 했다. 그리고 우리는 하루 한 끼만 먹고 참선만을 하기로 했다.

그해 겨울 안거를 우리는 무사히 마칠 수 있었다. 이듬해 정월 보름은 안거가 끝나는 해제일(解制日). 해제가 되면 함께 행각(行脚, 다니면서 하는 수행)을 떠나 여기저기 절구경을 다니자고 우리는 그 해제일을 앞두고 마냥 부풀어 있었다. 그런데 해제 전 날부터 나는 시름시름 앓기 시작했다. 열이 오르고 구미가 뚝 끊어지고, 자꾸만 오한이 드는 것이었다. 해제는 되었어도 길을 떠날 수가 없었다. 약이 있는 것도 아니고, 가까이에 의료기관도 없다. 그저 앓을 만큼 앓다가 낫기를 바랄 뿐이었다. 그때 우리는 철저하게 무소유(無所有)였다. 밤이면 헛소리를 친다는 내 머리맡에서 그는 줄곧 앉아 있었다. 목이 마르다고 하면 물을 끓여 오고, 이마에 찬 물수건을 갈아 주느라고 자지 않았다.

그러던 어느 날 아침, 그는 잠깐 아랫마을에 다녀오겠다고 나가더니 한낮이 되어도 돌아오지 않았다. 해가 기울어도 감감소식이었다. 밤 10시 가까이 되어 부엌에서 인기척이 났다. 그가 방문을 열고 들어올 때, 그의 손에는 약사발이 들려 있었다. 너무 늦었다고 하면서 약을 마시라는 것이다. 이때의 일을 나는 잊을 수가 없다. 그의 헌신적인 정성에 나는 어린애처럼 울어버리고 말았다. 그때 그는 말 없이 내 손을 꼬옥 쥐어 주었다. 그는 구례읍(求禮邑)까지 장장 80리를 걸어서 다녀온 것이다. 그는 구례까지 걸어가 탁발을 하였으리라.

한동안 우리는 만나지 못한 채 운수(雲水, 유랑하는 수행)의 길을 걸었었다. 내가 해인사(海印寺) 퇴설선원(堆雪禪院)에서 안거하던 여름, 그가 나를 찾아왔었다. 그는 예(例)의 조용한 미소를 머금고 내 손을 꼬옥 쥐었다. 함께 있을 때보다 안색이 못했었다. 앓았느냐고 물으니 소화가 잘 안 된다고 하였다.

그가 퇴설당에 온 뒤로 섬돌 위에는 전에 없이 변화가 일기 시작하였다. 여남은 켤레 되는 고무신이 한결같이 하얗게 닦이어 가지런히 놓여 있곤 했었다. 물론 그의 밀행(密行)이었다. 스님들이 빨려고 옷가지를 벗어놓으면 어느새 말끔히 빨아, 풀먹여 다려놓는 것이었다.

그는 공양을 형편없이 적게 하였다. 한날 나는 사무실에 말하고 그를 억지로 데리고 대구(大邱)로 나갔었다. 아무래도 그의 소화기가 심상치 않았다. 진찰을 받고 약을 써야 할 것 같았다. 버스 안에서였다. 그는 호주머니에서 주머니 칼을 꺼내더니 창틀에서 빠지려는 나사못 두 개를 죄어 놓았다. 그는 이렇듯 사소한 일로 나를 흔들어 놓는 것이었다.

그해 겨울 해인사에서 함께 지나게 되었다. 그의 건강을 걱정한 스님들은 그를 자유롭게 지내도록 딴 방을 쓰라고 했다. 그러나 그는 대중과 똑같이 큰 방에서 정진하고 운력(작업)에도 빠지는 일이 없었다. 그러다가 반 살림(안거기간의 절반)이 지날 무렵해서 그는 더 버틸 수가 없도록 약해졌다.

진주(晋州)에 있는 포교당으로 그를 데리고 갔었다. 그의 병세가 많이 회복된 것을 보고, 친분이 있는 포교당 주지스님과 신도한 분에게 간호를 부탁하였다. 그가 하도 나를 걱정하는 바람에 나는 일주일 만에 귀사(歸寺)하고 말았다.

그 겨울 가야산(伽倻山)에는 눈이 많이 내렸었다. 밤이면 이 골짜기 저 골짜기에서 나무 넘어지는 소리가 요란했다. 아름드리 소나무가 눈에 꺾인 것이다. 꺾여진 나무를 져 들이다가 나는 바른 쪽 손목을 삐고 말았다. 한동안 침을 맞는 등 애를 먹었었다. 한날 나는 조그만 소포를 하나 받았었다. 펼쳐보니 파스가 들어 있었다. 어떻게 알았는지 그가 사보낸 것이다.

나는 슬픈 그의 최후를 되새기고 싶지 않다. 그가 떠난 뒤 분명히 그는 나의 한 분신(分身)이었음을 알 것 같았다. 함께 있던 날짜는 일 년도 못되지만, 그는 많은 가르침을 남겨주고 갔다. 그어떤 선사(禪師)보다도 다문(多聞)의 경사(經師)보다도 내게는 진정한 도반(道伴)이요, 밝은 선지식(善知識)이었다.[1]

---

1) 법정 스님, 「잊을 수 없는 사람」의 간추림. 『無所有』, 범우사, 1983, pp.71~80.

1과 · 성중(聖衆), 외롭고 의로운 그들

"어째서 스스로 성중(聖衆)에 귀의하는가? 성중이란 많은 무리, 많은 모임, 유형(有形)의 무리, 중생들 중에서, 부처님의 제자가 가장 높고, 가장 위여서, 능히 미칠 것이 없으니, 이러한 부처님의 대중을 받들어 섬기면 이것이 제일의 덕(德)을 받들어 섬기는 것이므로, 천상이나 인간에서 제일 가는 복을 얻으리라."

-증일아함경 12 삼보품 21-

탐구과제

- 상가(Saṃgha)의 의미가 무엇인가를 고찰합니다.
- 왜 불자공동체, 곧 승가가 가장 높고 거룩한 대중인가를 고찰합니다.
- 성중(聖衆)의 한 증표로서 법명 쓰기를 어떻게 일상화할 것인가를 배우고 실천합니다.

부처님의 제자가 가장 높고 위여서

1 "Saṃgham saraṇaṃ gacchāmi〔歸依僧〕
　　　상감　　　사라남　　　가차미

세존이시여,
이제 저희가 거룩하신 대중들에게 목숨 바쳐 귀의하나이다."

우리는 부처님 앞에 향을 사르고, 무릎 꿇고 엎드려 이렇게 사뢰옵니다. 이것은 우리들의 지극한 공경심(恭敬心)의 고백이고, 깊은 사랑의 발로입니다.

귀의승(歸依僧)은 곧 자비의 행로.

정성껏 이웃과 동참동행하는 삶입니다. 이 지극한 자비의 삶을 통하여, 나는 형제들 앞에 나아갑니다. 우리는 이 형제들과 더불어 다정하게 함께 살고, 이 땅 위에 행복한 평화의 마을, Nirvana를 건설합니다. 마침내 위없는 Bodhi(깨침)를 성취하고, 우리는 함께 성불합니다.

2 "귀의승(歸依僧),
  승(僧)에 귀의합니다."
승이 무엇인가?
우리가 돌아가 의지하려는 승(僧)이란 대체 무엇인가?
'승'은 '승가(僧伽)'에서 온 말이고, '승가'는 인도 원어 'Saṃgha(상가)'를 옮긴 말로서, '대중(大衆)'이라는 뜻입니다. Saṃgha를 음(音)으로 옮기면 승가가 되고, 뜻으로 옮겨서는 대중이 됩니다. 스님의 승(僧)은 승가(僧伽)의 준말이고, 중(衆)은 대중(大衆)의 준 말입니다. 대중이란 공동체를 뜻하는 것으로, Saṃgha는 부처님 제자들의 공동체, 곧 불자 공동체(佛子共同體)를 일컫는 명칭입니다. 따라서, '승(僧), 중(衆)'이란 호칭은 본래 개인에 대한 부름이라기보다는, 대중 전체를 부르는 집단 호칭입니다.[1] 그러나 지금와서는, '스님(僧) 중(衆)'하면 개인을 부르는 것으로 통하고 있지요.

논(論)에서 말씀하십니다.

"무엇을 이름하여 승가라 하는가? 승가는 대중을 일컫는 말이

---

1) 水野弘元/무진장, 『佛敎槪說』, p.174.

요, 여러 비구가 한 곳에 화합해 살고 있는 것을 승가라 이름하
느니라. 비유컨대 큰 나무가 빽빽히 들어선 것을 숲이라 이름함
과 같나니, 낱낱이 섰는 나무를 숲이라 이름하지 않으나, 낱낱 나
무를 제하면 또 숲이 없느니라. 이와 같이 낱낱의 비구를 '승
(僧)'이라 하지 않지마는, 낱낱의 비구를 제하고는 또한 '승'이
없나니, 모든 비구가 화합하므로 '승'의 이름이 생기는 것이니
라."

-대지도론 제3-

3 나와 당신은 무엇 때문에 이 상가에 귀의하고, 상가를 신앙의
대상으로 삼아 '승보(僧寶)'라고 찬탄하는가?
　세존 말씀을 경청합니다.

　"어째서 스스로 성중(聖衆)에 귀의하는가? 성중이란 많은 무
리, 많은 모임, 유형(有形)의 무리, 중생들 중에서, 부처님의 제
자가 가장 높고, 가장 위[上]여서, 능히 미칠 것이 없으니, 이러
한 부처님의 대중을 받들어 섬기면, 이것이 제일의 덕(德)을 받
들어 섬기는 것이므로, 천상이나 인간에서 제일 가는 복을 받으
리라."

-증일아함경 권 12 삼보품 21-

4 "부처님의 제자가 가장 높고 가장 위[上]여서, 능히 미칠 것이
없으니."
　과연 이러합니다. 부처님 제자들, 불자 대중들은 하늘과 땅 위
의 모든 무리, 모든 모임 가운데에서 가장 높고 존귀합니다.[2] 상
가는 진실로 성중(聖衆)입니다. 성스러운 대중입니다. 신(神)들
과 용(龍)들과 사람들과 사슴들과…… 이 수많은 유형(有形)의
무리, 중생들이 이 성중들을 우러러 찬양하고 경배하며 공양합니

---

2) 그래서 대중들을 '중중존(衆中尊), 무리 가운데 가장 존귀하신 이들'이라고
　찬탄한다.

다. 따라서 이제부터 우리는 상가(saṃgha, 僧伽-승가)를 마땅히 '성중(聖衆)' '성스러운 대중'이라 일컬을 것입니다.

이제 우리는 경을 좇아 이렇게 고백합니다.

"이(부처님의) 제자 상가는 세상으로부터 공양 받아야 하고, 공경 받아야 하며, 보시 받아야 하고, 합장 숭배 받아야 할 위없는 복전(福田)이십니다." [3]
　　　　　　　　　　　　　　　　　　　　　　-잡아함경 33-

구도와 전법의 성스러운 대중들

5 어찌하여 상가가 모든 무리 가운데에서 가장 존귀한가? 왜 우리는 저 불자 대중들을 '성중(聖衆)'이라 부르면서 목숨 바쳐 귀의하려 하는가?

첫째, 그들은 열렬한 구도자(求道者)이기 때문입니다. 진리를 찾아 고행하는 의(義)로운 구법중(求法衆)이기 때문입니다. [4]

혜초(慧超) 스님(8세기, 통일신라의 구법승)은 법을 찾아 이역만리 외로운 길로 나섰습니다. 서라벌에서 중국(唐나라)으로 가, 배를 타고 인도 갠지스 강 하구(河口)에 닿았습니다. 남루한 옷을 입고, 걸식하며, 부처님의 발길을 좇아 걷고 또 걸었습니다. 마을을 지나고, 강을 건너고, 섭씨 40도가 넘는 열사(熱沙)의 거리를 걸으며, 모래 바람이 휘몰아치는 무인(無人) 사막을 가로질러, 걷고 또 걸었습니다. 고통도 참고, 배고픔과 목마름도 참

---

3) 대중들을 받들어 섬기면 천상이나 인간세계에서 제일가는 행복을 약속받기 때문에 승가를 '복전(福田), 행복의 밭'이라고 일컫는다.
　　"또 saṃgha를 염(念)하라. 세존의 제자들은 잘 수행하고, 바르게 수행하고, 세상의 복전이라고." (잡아함경 35)
4) 김동화, 『佛敎學槪論』, pp.438~442.

고, 죽음의 공포도 참고, 두고온 산하(山河)로 달리는 사무치는 그
리움도 참으면서, 그는 부처님의 법을 찾아 걷고 또 걸었습니다.

6 혜초 스님은 남천축(南天竺, 남쪽 인도)을 지나며 이렇게 읊고
있습니다.

"달 밝은 고향길 바라보니
뜬구름은 고향으로 돌아가네.
편지를 봉하여 구름 편에 보내려 하나
바람이 빨라 내 말을 들으려 돌아보지도 않네.
내 나라는 하늘 끝 북쪽에 있고
이 나라는 하늘 끝 서쪽에 있네.
남쪽에는 기러기가 없으니
누가 내 고향 계림으로 나의 소식 전할까.
月夜膽鄕路 浮雲颯颯歸
緘署參去使 風急不聽廻
我國天岸北 他國邦地角西
日南無有雁 誰爲何林飛"[5]

7 이 시를 들으면서 우리는 한 줄기 눈물을 금할 수 없습니다.
혜초 스님의 가슴 속에 흐르는 너무도 인간적인 고뇌 속에서, 버
리고 떠나온 고향에의 향수를 문득 발견하기 때문만은 아닙니다.
굶주림과 비틀거림과 사막의 모래 바람을 뚫고 영롱히 빛나는 법
의 등불을 보았기 때문입니다.
　이 세상에는 많은 사람들이 함께 살고 있습니다. 장사하는 이
들, 농사 짓는 이들, 노동하는 이들…… 실로 많은 무리, 많은 집
단이 있습니다. 모두 소중하고 귀한 집단이지요. 그러나 외로운

---

5) 혜초 스님, 『往五天竺國傳』, 을유문화사, 1982 pp.44～45.

150

구법자가 없다면, 이 세상이 어찌 되겠습니까? 저 혜초 스님처럼
한 목숨 던져서 진리를 찾는 의로운 고행자가 없다면 우리가 어
디로 가겠습니까? 빛을 잃어버린 장님처럼, 어둠 속에서 헤매다
수렁에 빠져 멸망하지 않겠습니까?

8 불자는 구도자입니다. Saṃgha는 구도 대중(求道大衆)의 공동
체입니다. 그런 까닭에 Saṃgha는 이 세상의 외롭고 의(義)로운
빛입니다. 작은 양심입니다. 없어도 될 듯하지만, 없으면 안 될
생명의 씨앗입니다. 모든 사람, 모든 집단을 성공으로 인도하는
공덕의 씨앗입니다.

　논(論)에서 말씀하십니다.

　"목숨 들어 돌아가나이다.
　헤아릴 수 없이 많은 공덕의 씨앗이며,
　있는 그대로, 모든 것 속에서 살아가는
　그 숱한 구도자들이여."　　　　－마명(馬鳴), 대승기신론(大乘起信論)－6)

9 어째서 불자 대중이 모든 무리 가운데에서 가장 존귀한가?
　둘째, 그들은 헌신적인 전법자(傳法者)이기 때문입니다. 진리
를 전파하기 위하여 고행하는 은혜로운 전법중(傳法衆)이기 때문
입니다.7)
　강광수 님은 대전의 한 평범한 재가 불자로서 50대의 가장입
니다. 그는 지금 '대전불교합창단'을 만들어 온갖 정성을 기울이
고 있습니다. 불교 불모(不毛)의 대전 지방에 부처님 소식을 전
하기 위하여 한 비구니 스님, 작곡가 최영철 선생님과 뜻을 합쳐
60여 명의 청소년들을 모아 합창단을 조직하였습니다. 그 과정은

---

6) 이기영,『元曉思想』I, 원음각, 1967, p.55.
7) 水野弘元/무진장, 앞의 책, pp.181～183.

고난, 또 고난이었습니다. 지휘자 문제로 고심하고, 장소 문제로 고민하고, 단원 뒷바라지로 고통받고…… 그럼에도 그는 끝내 이 일을 해 냈습니다. '83년 9월 첫 발표회를 열었을 때, 많은 시민들과 불자들은 경탄하였습니다. 환희하며 갈채를 보냈습니다.

그는 합창단을 이끌고 전도 행진에 나섰습니다. 절 법회에도 가고, 발전소에도 가고, 교도소에도 가고, 버스 안에서도 노래하고, 기차 칸에서도 노래했습니다. '83년 10월, 그는 두번째 발표회를 서울 문화체육관에서 열었습니다. 3천 대중들이 부처님 노래 속에 법열(法悅)에 들었습니다.

10 어느 날 나는 그에게 말했습니다.

"강 선생님, 불사도 좋지마는 생업(生業)도 생각하셔야죠."

"나는 걱정하지 않습니다. 굶어 죽겠습니까? 나는 오직 합창단 생각뿐입니다."

"그러다가 가정 파탄이라도 생기면 어찌합니까?"

"나는 걱정하지 않습니다. 내 한 생명 부처님께 다 바치기로 작정했습니다. 부처님 노래 부르다 죽으면 얼마나 기쁜 일입니까? 나는 생(生)과 사(死)가 꼭 같다는 것을 잘 알고 있습니다."

11 이 말씀 들으면서 나는 속으로 흐르는 눈물을 금치 못하였습니다. 이 세상에 빛을 전하기 위하여 촛불처럼 제 몸을 태우는 또 한 사람의 참불자를 보았기 때문만은 아닙니다. 견디기 어려운 이 역경과 도전 속에서도 이 땅의 불교가 새록새록 꽃피어나는 진정한 이유를 깨달았기 때문입니다.

세상 사람들이 원하는 것이 참 많습니다. 돈을 원하고, 집을 원하고, 건강을 원하고, 명예를 원하고…… 이들에게 돈을 주고, 집을 주고, 치료를 베풀고, 영광스런 자리를 주고…… 이런 것들 하나하나가 다 필요하고 귀중한 일입니다. 그러나 헌신적인 전법자가 없다면 이 세상이 어찌 되겠습니까? 강 선생과 그 대중들처럼 한 생명 작정하고 진리를 전해 주는 은혜로운 고행자가 없다면 우리가 어디로 가겠습니까? 집 뜨락에 황금을 묻어 놓고도 걸식하러 다니는 저 어리석은 여인처럼[열반경], 천한 가난뱅이 신세를 어찌 면하겠습니까?

12 불자는 전법자입니다. 상가는 전법 대중(傳法大衆)의 공동체입니다. 그런 까닭에 불자 대중은 이 세상의 밝고 깨끗한 등불입니다. 맑은 눈입니다. 우리는 이 등불을 보고 길을 찾고, 이 눈을 통하여 행복과 성공과 건강의 금광(金鑛)을 발견합니다.

나는 저 강 선생님들을 떠나보내며 가만히 중얼거렸습니다.

"당신네들이야말로 중중존(衆中尊)입니다. 많은 무리 가운데에서 가장 존귀합니다."

서로 사랑하며 함께 가는 동반자들

13 왜 우리는 저 불자 대중들을 '성중(聖衆)'이라 부르고 목숨 바쳐 귀의하려는가?

셋째, 그들은 서로 사랑하며 함께 가는 동반자이기 때문입니다. 자기를 버리고 상대를 공경하며, 이 세상에 평화의 마을을 세우기 위하여 고행하는 겸허한 화합중(和合衆)이기 때문입니다.[8]

지난 여름 학생들과 함께 덕숭산(德崇山) 수덕사(修德寺)로 수련회를 갔습니다. 도량이 정결하고, 절 대중들이 온화하고 친절하였습니다. 주지스님에서부터 부엌 행자에 이르기까지, 명랑

---

8) 김동화, 앞의 책, p.437~438.

하게 대화하고, 탁구도 함께 치며 서로 어울렸습니다. 둘째 날 저녁 큰스님 설법에 동참하게 되었습니다. 저녁 종이 울리자 산중 모든 암자의 스님들이 다 모여 들고, 견성암(見性庵)의 비구니 스님들도 50여 명 모여 들었습니다.

나를 놀라게 한 것은 큰스님의 법문이 아니라, 큰스님을 받드는 대중들의 공경심이었습니다. 주지스님은 맨 앞 자리에 앉아서 자랑스런 어버이의 교훈을 받드는 아들의 흡족한 미소를 빙그레 머금고 큰스님을 우러러 보고 있었습니다. 법상(法床)에 찻잔이 비면 주지스님이 날렵하게 차를 따라 올리곤 했습니다.

나중에 알고 보니, 이 덕숭산 문중(門中)은 충충시하였습니다. 만공(滿空) 큰스님의 계승자인 혜암 노사(惠庵老師)께서 큰 방에 계시고 그 다음 대(代)인 벽초 선사(碧超禪師)께서 윗절 정혜사(定慧寺)에 계시고, 큰절 한쪽에는 설법하신 전(前) 주지스님, 그 옆에 현(現) 주지스님, 그 옆에 다음 대(代)인 교무스님, 행자…… 그러면서도 그들은 한결같이 부드럽고 천진난만하고, 서로 공경하고 있었습니다. 우리가 떠나오던 날, 절에서 큰 잔치를 열었습니다. 그 면(面)의 노인분들을 다 뫼시고 경로 잔치를 마련한 것입니다. 스님들이 길을 쓸고, 견성암 비구니 스님들이 손수 음식을 장만하고…….

14 이 절 문을 나서면서 나는 솟구치는 한 줄기 기쁨을 가누지 못했습니다. 말로만 듣던 문중 전통을 목격했기 때문만은 아닙니다. 이 나라 불교의 오랜 아픔을 근원적으로 치유할 수 있는 확실한 희망의 현장을 바로 여기에서 보았기 때문입니다.

아무리 풍족하고, GNP가 10,000$을 넘고, 선진 국가에 끼여도, 우리 속에 평화가 없고, 화합이 없다면, 무슨 소용이 있겠습니까? 사람끼리 서로 사랑하고 공경하지 아니한다면, 이 세상이 어찌 되겠습니까? 살벌한 경쟁이 되어 숨 거두는 날까지 두려워

떨지 않겠습니까?

15 불자는 동반자입니다. 상가는 화합 대중(和合大衆)의 공동체입니다. 그런 까닭에 상가는 이 세상의 평화로운 마을입니다. 사랑이 넘치는 동산입니다. 우리는 여기에서 함께 갈 친구를 만나고, 사랑할 님을 만납니다.

논(論)에서 말씀하십니다.

"무엇을 이름하여 상가라 하는가? 상가는 대중을 일컫는 말이요, 여러 비구가 한 곳에 화합(和合)해 살고 있는 것을 상가라 이름하느니라."

—대지도론—

16 '상가, 성중(聖衆)
성스러운 대중
성스러운 불자 공동체'

그러나 상가는 단순한 추상적 존재이거나 막연한 이론상의 집단이 아닙니다. 상가는 지금 여기, 우리 곁에, 이 역사 속에 팔팔 살아 숨쉬는 불자 공동체이고, 제 몸을 태우며 구법(求法) 전도(傳道)하고, 서로 사랑하며 함께 가는 화합중의 행진입니다. 이제 우리는 이 성중들을 거룩한 신앙의 대상으로 삼아 경배하고 귀의합니다. 그러나 우리는 '상가'란 이름 때문에 경배하는 것이 아닙니다. 그들의 형색을 보고 공경하는 것도 아닙니다.

'진리를 찾아서 땀 흘리는 그들
진리를 전파하기 위하여 피땀 흘리는 그들
서로 사랑하며 평화롭게 함께 살아가기 위하여 몸 바쳐 수고하는 그들'

우리가 바치는 찬양과 경배는 바로 이 성중(聖衆)의 거룩한 수고와 희생과 모범에 대한 당연한 공경인 것입니다.

회향발원 (거룩한 대중 앞에 귀의합니다)

자비하신 부처님.

이제 저희 청보리들, 푸르른 부처의 씨앗들.

거룩한 대중 앞에 경배하고 귀의합니다. 하늘과 땅, 많은 모임, 많은 무리 가운데에서 부처님을 따르는 불자 대중들이 가장 높고 가장 존귀한 성중(聖衆)이신 까닭에, 저희는 목숨 바쳐 이 성중을 존중하고 섬기며 따르고 수호하기를 맹세합니다. 저희가 이 거룩한 대중의 한 성원으로서, 땀 흘리며 구도하고 전법하며 서로 사랑하며 함께 가기를 맹세합니다.

-나무석가모니불-

찬불가 삼보님께 의지하오니

내용익힘

1. 다음 문장을 완성해 봅니다.
   ① 어째서 스스로 (   )께 귀의하는가? (   )이란 많은 (   ), 많은 모임, 유형의 무리, (   ) 중에서, (   )의 제자가 가장 높고, 가장 (   )여서, 능히 미칠 것이 없으니, 이러한 (   )의 대중을 받들어 섬기면, 이것이 제일의 (   )을 받들어 섬기는 것이므로, (   )이나 인간에서 제일가는 (   )을 얻으리라.
   ② 이 제자 대중들은 세상으로부터 (   ) 받아야 하고, (   ) 받아야 하며, (   ) 받아야 하고, (   ) 받아야 할 위없는 (   )이십니다.
   ③ 불자는 (   )입니다. 상가는 (   )의 공동체입니다. 그런 까닭에 상가는 이 세상의 맑고 깨끗한 (   )입니다. 맑은 (   )입니다. (   )과 건강의 (   )을 발견합니다.

2. 다음 물음에 간결하게 답합니다.
   ④ Saṃgha란 무엇인가?
   ⑤ 불자 대중이 왜 가장 높고 가장 성스러운가?
   ⑥ '화합중(和合衆)'이란 무슨 뜻인가?

교리탐구 재가 불자들이 성중(聖衆)의 일원으로 입문하는 과정은?
   1. 삼귀의계(三歸依戒)
   2. 오계(五戒)
   3. 법명(法名)

실천수행 성중의 일원이라는 증표로서 법명 쓰기를 일상화합니다.

　1. 법명 주신 은사님을 받들어 섬긴다.

　2. 개인적인 서명에는 꼭 법명을 먼저 쓴다.

　3. 법우들끼리 법명으로 서로 불러준다.

2과·거룩하신 스님들께

　"그 태생이 다르고, 성(姓)이 다르고, 가계가 다르더라도, 너희가 출가하여 집을 버린 수행자가 되었을 때, 저 바라문들이, '너희는 무엇이냐?'고 묻거든, '우리는 사캬 족의 후손이다. 사캬무니의 진정한 자식이다. 우리는 그의 입에서 나왔으며, 법에서 났으며, 법의 상속자이다.'라고 대답하여라."

－장아함경, 소연경－

탐구과제
· 출가 사문인 스님들은 어떤 역할을 담당하는가를 고찰합니다.
· 출가 사문인 스님들의 현실적인 과보가 무엇인가를 관찰합니다.
· 스님들에 대한 예의가 어떤 것인가를 배우고 몸소 실천해 갑니다.

우리는 법의 상속자

17 "거룩하신 대중들께 귀의합니다."
　누구신가?
　나와 당신이 함께 귀의하고 공경 찬탄할 성중이 누구신가?
　세존께서 응답하십니다.

　"성(姓)이 다르고 이름이 다른 사람들이 있어 삭발하고, 가사 입고, 지극한 마음으로 집을 떠나, 집 없이, 부처를 따라 길을 공부하는 이들을 이름하여 중(衆)이라 하느니라."

－중아함경 6－

18 우리가 함께 공경하는 바 성중은 곧 출가 스님들이십니다. 출가하여 교단의 법에 따라 수행하고 구족계(具足戒, Upasaṃpanna-우파삼발나)를 받은 비구(比丘, Bhikṣu, 남자스님) 비구니(比丘尼, Bhikṣuṇi, 여자스님)의 이중(二衆)이야[1] 말로 Saṃgha의 정체(正體)이고, 모체(母體)입니다.

그런 까닭에 우리는 거룩하신 스님네들 앞에 꿇어 엎드려 삼배(三拜)를 드리고, 길에서 스님네들을 만나면, 멈추어 서서 합장 경배합니다. 스님들께 가사와 음식과 숙소와 약품을 공양하고, 법을 청하고 가르침을 받습니다.

무슨 까닭인가?

출가 수행하시는 스님들은 바로 가장 진실한 구법중(求法衆)이고, 전법중(傳法衆)이며, 화합중(和合衆)이기 때문입니다. 스님들은 부처님의 성제자(聖弟子)로서, 스스로 법을 찾고 깨침을 구하여 지성을 공부하고, 안으로 서로 사랑하고 동반하는 화합한 공동체를 이루며, 밖으로 이 혼탁한 세상에 등불을 밝혀 정법(正法)으로 인도하기 위하여 온갖 수고를 무릅쓰시기 때문입니다.

19 스님들은 실로 부처님의 계승자로서, 하늘과 땅 위의 많은 무

---

1) 출가 이중(二衆)을 더욱 자세히 구분하면 다음 오중(五衆)이 된다.
   ① 사미(沙彌, Srāmaṇera)~7살에서 20살까지의 남자로 처음 출가하여 사미십계를 받은 수행자. 비구가 될 후보.
   ② 사미니(沙彌尼, Srāmaṇerarikā)~7살에서 20살까지의 여자로 처음 출가하여 사미니 십계를 받은 수행자. 비구니가 될 후보.
   ③ 정학녀(正學女, Siksamāṇa-식차마나)~18세에서 20살까지의 사미니로서, 비구니의 적격 여부를 시험받는 특별한 기간의 수행자. 여기에서 인정받아야 비로소 비구니의 구족계를 받을 수 있다.
   ④ 비구~사미 과정을 거쳐 구족계(스님되는 계율)를 받은 스님.
   ⑤ 비구니~사미니와 정학녀 과정을 거쳐 구족계를 받은 스님.
   (이희익, 『佛敎의 敎團生活』佛光出版部, 1984, pp.13~15.)

리, 많은 모임, 유형(有形)의 무리, 중생들 중에서 가장 높고, 가장 위이시고, 모든 생령들의 으뜸가는 복전(福田), 행복의 밭이십니다.

세존께서 말씀하십니다.

"그 태생이 다르고 성(姓)이 다르고, 가계가 다르더라도, 너희가 출가하여 집을 버린 수행자가 되었을 때, 저 바라문들이, '너희는 무엇이냐?'고 묻거든, '우리는 사캬 족의 자손이다. 사캬무니의 진정한 자식이다. 우리는 그의 입에서 나왔으며, 법에서 났으며, 법의 상속자이다.'라고 대답하여라."　　－장아함경, 소연경－

20 물론 우리는 스님들만이 부처님의 성제자·성중이라고 주장하려는 것은 아닙니다. 상가의 의미와 그 세계는 무한히 깊어지고 넓어져 갑니다. 그럼에도 불구하고, 한 가지 불변의 진실은, 출가 수행하는 스님들, 곧 비구·비구니의 이중(二衆)이야 말로 영원히 이 성스러운 대중, 상가의 중심이며, 부처님 정법의 역사적 계승자란 것입니다.[2]

많은 종파, 많은 학설에서 이의(異議)를 제기하고 있지만, 그럼에도 불구하고 출가 독신(出家獨身)하며, 삭발하고, 가사 입은 스님들이 상가의 정통(正統)이며, 부처님의 역사적 계승자로서, 마땅히 공경 공양되어야 한다는 대진실(大眞實)은 오히려 더욱 엄연한 것입니다.

이 진실을 거부하면, 이미 그것은 불법(佛法)이 아닙니다.

이제 우리는 스님네들 앞에 나아가 예배하고 고백합니다.

"이제 저희가 거룩하신 스님네들에게 귀의하나이다."

---

2) 사미·사미니·정학녀는 각기 비구, 비구니의 Saṃgha에 종속된다. 따라서 이들은 승단 회의에 참석할 자격이 없다. (이희익, 앞의 책, p.14~15)

눈에 보이는 출가 사문의 과보

21 아버지 빔비사라 왕(Bimbisara王)을 죽인 허물로 괴로워하던 아자트사투르 왕(Ajātasatru, 阿闍世-아사세)은 어느 달 밝은 밤, 의사 지바카의 권유에 따라 암라 동산에 계시던 석가모니를 찾아 갔다. 왕은 세존께 인사 드리고 한쪽에 앉아 여쭈었다.

"세존이시여, 이제 사람들은 마차를 타고, 칼과 활과 무기 등 전투법을 익히며, 왕자·무사·사람들은 모두 여러 가지 기술로써 스스로 생활하고, 마음대로 즐기고 있습니다. 부모·처자·노비·사환들은 서로 일하고 즐기지마는, 이들의 생활에는 현재의 보상이 있습니다. 그런데 출가 수행하는 사문에게는 현재 어떤 보상이 있습니까?"

세존께서 말씀하십니다.

"여기 왕을 섬기는 한 사람의 종이 있다고 합시다. 그는 왕을 위해 부지런히 일할 것이오. 아침 일찍 일어나 밤 늦게 자며, 얼굴 빛을 쿠드럽게 하고, 말씨도 공손히 하며, 왕의 비위를 거스르지 않으려고 항상 애쓸 것이오.

그러다가 어느 날 문득 생각을 돌이켜 출가합니다. 머리 깎고, 가사 걸치고, 몸과 말과 생각을 조심하고, 변변치 않은 음식과 의복에 만족하며, 세속을 떠나 고요한 숲 속에 살게 될 것이오.

이때 어떤 신하가 숲 속에서 수행하고 있는 예전의 종을 보고 왕께 전한다면, 왕은 그 사람에게 예전처럼 돌아와 시중 들라고 하겠오."

"아닙니다, 세존이시여. 그렇게 할 수 없습니다. 제가 먼저 그에게 절하고, 그를 맞아 가사와 음식과 숙소를 공양하며, 병이 나면 약과 소용되는 물건을 공급하면서, 그를 보호하겠습니다.”

“그렇다면 바로 이것이 곧 눈 앞에 보이는 사문의 보상이 아니 겠오?”

“그렇습니다, 세존이시여. 그것은 분명히 눈 앞에 보이는 사문 의 과보(果報)입니다.”

22 그때 아자트사투르 왕은 곧 자리에서 일어나 부처님 발치에 예배하고 사뢰었습니다.

“오직 원컨대, 세존이시여, 저의 회개를 받으소서. 제가 무지하 고 어리석어 부왕을 해쳤나이다. 오직 원컨대, 세존께서는 자비 와 애민한 마음으로 저의 회개를 받아 주소서.”

세존께서 말씀하셨다.

“그대 어리석고 어두워 부왕을 해하였으나, 이제 성자의 법 가 운데에서 능히 회개하는 것은 곧 자신을 이익되게 함이라, 내 그 대를 불쌍히 여겨, 그대의 회개를 받노라.”

왕은 눈물을 흘리며 기뻐하면서 맹세하였다.

“저는 이제 부처님과 부처님 법과 부처님 대중들에게 귀의하나 이다. 제가 정법 중에서 우바새〔信男〕됨을 허락하신다면, 지금부 터 몸과 목숨이 다 하도록, 저는 오계를 지키겠나이다. 오직 원컨 대, 세존과 모든 대중들은 저의 청을 받아 주소서.”

—남전 장부 사문과경(沙門果經)—

23 ‘출가하여 스님 된다는 것이 무슨 이익이 있을까? 인생은 어 차피 한 번 살다 가는 것인데, 세상과 집의 즐거움을 버리고 출 가해서, 그렇게 고되고 외롭게 살아야 할 까닭이 무엇인가?’

이렇게 의심하는 것은 비단 저 왕뿐만은 아닐 것입니다. 휘적

휘적 걸어가는 스님의 고독한 행색을 보고, 누구나 한 번쯤은 이렇게 생각해 보았을 것입니다. 더욱 눈 앞에 찬란한 권력과 부귀와 출세의 꿈이 어른거리는 이들에게는 저 출가 스님이 참 처량하고 불쌍하게조차 비칠 것입니다.

그러나 이것은 천만 잘못된 생각입니다. 불타는 집〔火宅〕 속의 작은 장난감에 빠져 있는 어린 아이들처럼, 실로 어리석고 위태로운 생각입니다.

24 출가(出家)는 진실로 큰 이익을 가져옵니다. 지금 여기, 당장 손에 잡히는 현실적 과보를 가져올 뿐만 아니라, 저 세상과 영겁에 걸쳐 헤아릴 수 없는 크나큰 결실(結實)을 가져 옵니다. 출가야 말로 정녕 출세(出世)의 길입니다.

벗이여, 출세가 무엇입니까? 이 세상을 벗어나간다는〔出世間〕 뜻 아닙니까? 저 왕의 종처럼, 비천한 신분과 강요된 봉사와 마음에도 없는 아첨으로부터 벗어나, 만인으로부터 공경받고, 누구의 간섭도 받지 아니하는 대자유(大自由)의 신천지(新天地)로 나가는 것이야말로 진정한 출세간(出世間)이고 출가(出家)가 아닙니까?

25 앙굴리마라는 출가함으로써 살인자의 탈을 벗고, 성중(聖衆)이 되어 왕의 경배를 받았고, 외아들 잃은 어머니는 비구니가 됨으로써 마왕(魔王)도 두려워하는 성자(聖者)의 경지로 들어섰고, 노예 이발사 우팔리는 비구가 됨으로써 온 백성이 경배하는 존자(尊者)가 되고, 바보 판다카는 출가 수행함으로써 법을 깨달아 아라한(阿羅漢, 깨달은 聖者)이 되고…….

그런 까닭에 세존께서 당당하게 반문하고 계십니다.

"그렇다면, 바로 이것이 곧 눈 앞에 보이는 사문의 보상이 아니겠오?"

장하다 이것만이 상쾌한 일이로다

26 출가 사문(出家沙門)[3]의 과보는 이 세상 한때의 이익과 영광으로 끝나지 아니합니다. 불타는 집에서 영영 벗어나, 죽음의 왕을 항복받고, 영생불멸의 주인이 됩니다. 생사 윤회의 사슬을 부수고, 무엇에도 걸림 없는 자유인의 자리로 나섭니다.

'싯다르타가 생사 문제로 괴로워하며 카필라〔城〕의 성문 밖을 유관(遊觀)하다가, 마지막으로 북쪽 문 밖으로 나섰다. 얼마 가다가, 그는 한 사람이 법복(法服) 입고, 발우 들고 고요히 걸어가는 것을 보았다. 그는 시종에게 물었다.

"무엇하는 사람인가?"

"사문이시옵니다."

"어떤 이를 사문이라 하느냐?"

"대개 듣건대, 사문이란 도(道)를 닦나이다. 집과 처자를 버리고, 애욕을 버리며, 육정(六情)을 끊고, 계율을 지켜, 꾸밈이 없으며, 선정(禪定)을 얻으면 곧 만 가지 삿됨〔邪〕이 사라지옵니다. 선정의 도는 아라한이라 하옵고, 아라한이란 진인(眞人, 참 사람)이옵니다. 소리와 빛깔이 더럽힐 수 없고, 영화스런 지위가 굽힐 수 없으며, 움직이기 어려움이 마치 땅과 같고, 이미 근심과 고통을 면하였으며, 살고 죽음이 자재(自在)롭다 하옵니다."

"장하도다, 이것만이 상쾌한 것이로구나."

이렇게 세 번 외치고, 게송을 읊으며, 싯다르타는 수레에서 내려 사문 앞에 경배하였다.
—수행본기경 4 유관품—

---

3) 사문(沙門, Sramaṇa)은 출가 수행자들에 대한 일반적 호칭. 본래 종교의 구분 없이 출가 수행자를 이렇게 불렀으나, 후대에 와서는 주로 비구·비구니를 일컫게 됨.

27 "장하도다, 이것만이 상쾌한 것이로구나."

이것은 저때 싯다르타의 기쁜 외침이 아닙니다. 지금 내 가슴에서 뒹그는 소리고, 인생을 근원적으로 해결하기를 염원하는 수많은 고뇌자들의 밀어(密語)입니다.

출가 사문이 되는 것이 자신을 이익되게 하고, 가족과 친척과 이 세상을 행복하게 하는 자리이타(自利利他)의 길입니다. 현세에서 훌륭한 과보를 받을 뿐만 아니라, 세세생생(世世生生) 영원히 빛나는 승자(勝者)가 되는 길입니다. 사문이 되기란 수백 생(生)의 전생 공덕이 아니면 될 수 없는 복된 경사입니다.

28 머리를 깨끗이 삭발하고 가사를 단정히 걸치고 밝은 미소로 걸어가는 스님을 바라보면서, 보리자는 부처님께 간절히 기도 드립니다.

"부처님
저도 금생 인연으로
내생에는
맹세코
출가 사문 되어지이다.

머리 깎고,
누더기 깨끗이 입고,
밥을 빌며
일곱 집 차례차례
복의 밭을 갈아지이다.

푸르른 눈빛으로
법을 브며

세상 진흙에 뛰어들어
금생에 못다한 일
맹세코
다 하고지이다."

―출가하여지이다―

회향발원 (거룩하신 스님들께 귀의합니다)

자비하신 부처님.

이제 저희 청보리들, 푸르른 부처의 씨앗들.

두손 모아 경배하옵고 거룩하신 스님들께 귀의합니다. 출가사문이신 스님들은 붓다 석가모니의 진정한 계승자이시고, 법의 상속자이십니다. 청정하게 수행하는 스님들은 저희 사부대중의 스승이시고 행복의 원천이며 복전이십니다. 저희들은 마땅히 스님들 앞에 삼배를 드리며 존중합니다. 저희들은 마땅히 스님들을 청하여 법을 듣고 배우며 그 가르침을 받들어 행합니다.

-나무석가모니불-

찬불가 삼귀의

내용익힘

1. 다음 문장을 완성해 봅니다.
   ① 그 태생이 다르고, (   )이 다르고, 가계가 다르더라도, 너희가
      출가하여 (   )을 버린 수행자가 되었을 때, 저 바라문들이,
      '너희는 무엇이냐?'고 묻거든, '우리는 (   )의 후손이다.
      (   )의 진정한 자식이다. 우리는 그의 (   )에서 나왔으며,
      (   )에서 났으며, (   )의 상속자이다'라고 대답하여라.
   ② 아닙니다, 세존이시여. 그렇게 할 수 없습니다. 내가 먼저 그에
      게 (   ), 그를 맞아 (   )와 (   )과 (   )를 공양하며,
      병이 나면 (   )과 소용되는 물건을 공급하면서 그를 보호하
      겠습니다.
   ③ (   )의 과보는 이 세상 한때의 이익과 (   )으로 끝나지 아
      니합니다. (   ) 집에서 영영 벗어나, (   )의 왕을 항복받
      고, (   )의 주인됩니다. (   )의 사슬을 부수고, 무엇에도
      걸림없는 (   )의 자리로 나섭니다.

2. 다음 물음에 간결하게 답합니다.
   ④ 출가 사문은 어떤 역할자인가?
   ⑤ 출가 사문의 과보는 무엇인가?
   ⑥ 출가의 의미는 무엇인가?

교리탐구 스님들에 대한 예의는 어떠한가?
   1. 경배 드리는 법
   2. 대화하는 법
   3. 공양 드리는 법

실천수행 스님들에 대한 예의를 배우고 항상 실천해 갑니다.

  1. 스님들에 대한 예의를 배운다.

  2. 절에서나 거리에서 스님을 만나면 합장 예배 드린다.

  3. 스님들을 흉보거나 험담하지 않는다.

3과 • 많은 사람들의 이익과 행복을 위하여

"이와 같이 여래가 법을 설한 결과, 다른 사람들도 그렇게 수행하여, 해탈을 얻은 자가 수백·수천·수만에 이른다면 바라문이여, 그대는 그것을 어떻다고 하겠는가? 이래도 여전히 출가하는 것은 한 사람을 위한 행복의 길이겠는가? 아니면, 많은 사람들을 위한 행복의 길이겠는가?"

—중아함경 143, 상가라바경—

탐구과제

- 출가의 길이 어떻게 만인의 행복과 이익을 위한 길인가를 깨닫습니다.
- '스님들은 놀고 먹는다'라는 주장을 어떻게 생각할 것인가를 고찰합니다.
- 스님들께 어떻게 공양 올릴 것인가를 배우고 몸소 실천합니다.

이래도 출가는 한 사람을 위한 길인가?

29 '스님들은 대체 하는 일이 무엇인가?

집을 버리고 세상을 등지고 출가하는 것은 제 한 몸만을 편히 하려는 이기주의(利己主義)고, 일종의 현실도피(現實逃避) 아닌가?'

이렇게 의심하고 비난하려는 것은 어제 오늘의 일이 아닙니다. 부처님 당시부터 끈질기게 따라다니던 세속인(世俗人)들의 생각입니다.

30 어느 때 상가라바라는 바라문이 기원정사로 부처님을 찾아와서 문의하였다.

"고타마여, 우리들은 바라문입니다. 우리들은 스스로 신에게 희생을 바치고, 또 다른 사람들도 희생을 바치게 합니다. 고타마여, 이렇게 함으로써 우리들 자신이나 다른 사람들이나 행복할 수 있게 하는 것입니다.

그러나 고타마여, 당신 제자들은 가정을 나와 사문이 됨으로써, 자기의 일신을 편안히 하고, 자기 일신의 괴로움을 없애려 합니다. 그렇다면, 이것은 오직 자기 한 몸의 행복만을 위해 도(道)를 닦는 것이 됩니다.

이것이 출가의 소행이라 생각하는데, 고타마, 당신의 생각은 어떠합니까?"

31 세존께서 응답하셨다.

"바라문이여, 그러면 그것에 대해, 나는 그대에게 물어보고 싶다. 생각대로 대답하라.

바라문이여, 그대는 이것을 어찌 생각하는가? 이 세상에 여래(如來)가 나타나서, 이와 같이 설한다고 하자.

'이것이 도(道)다. 이것이 그 실천이다. 나는 이 길을 가고, 이 실천을 완성함으로써, 번뇌가 소멸되고 해탈을 얻을 수 있었다. 너희들도 이리 와서 함께 이 길을 가고, 이것을 실천함으로써, 번뇌를 없애고 해탈을 얻도록 하라.'

이와 같이 여래가 법을 설한 결과, 다른 사람들도 그렇게 수행하여, 해탈을 얻은 자가 수백·수천·수만에 이르렀다면, 바라문이여, 그대는 이것을 어떻다고 하겠는가? 이래도 여전히 출가하는 것은 한 사람을 위한 행복의 길이겠는가? 아니면, 많은 사람들을 위한 행복의 길이겠는가?"

32 바라문이 대답했다.

"고타마여, 그렇다면 출가의 행위도 많은 사람을 행복하게 하려는 길이라 하지 않을 수 없습니다."

옆에 있던 아난다가 물었다.

"바라문이여, 그러면 이 두 가지 길(바라문과 출가의 길)에서, 당신은 어느 것이 뛰어나다고 생각합니까?

이렇게 해서 상가라바 바라문은 마침내 세존 앞에 예배하고, 그 제자 되기를 발원하였다.

"세존이시여, 저는 이제 거룩하신 부처님과, 부처님 법과, 부처님 대중들에게 귀의하나이다."　　　　－중아함경　143 상가라바경－

33 출가 사문의 본래 목적은 '상구보리 하화중생(上求菩提　下化衆生)'에 있습니다. 곧 '안으로 진리를 찾고, 밖으로 고단한 이웃들을 구제하는 것'이 출가 사문의 깊은 뜻입니다. 아니, 이것은 모두 불자들의 한결같은 속 마음이지요.
'그럼 진정한 불자가 되기 위해서는, 우리는 모두 출가 사문이 되어야 하는가?'
벗이여, 행여 이렇게 조급히 묻지 마십시오. 출가만이 상구보리 하화중생(上求菩提　下化衆生)의 참된 길이라고 말하려는 것이 결코 아닙니다. 학자되는 것이 훌륭한 인생의 길이라고 해서, 모든 사람이 학자가 되어야 한다고 누가 주장하겠습니까? 사람들은 저마다 인연따라 제 갈 길을 가는 것이고, 그 길은 또 그것대로 훌륭한 것이 아닙니까?

34 사슴 동산에서의 초전법륜(初轉法輪) 직후, 출가 사문이　60

여 명이 되었을 때, 부처님께서 이 최초의 대중들을 향해서 행하신 최초의 분부를 다시 경청해 봅니다.

 "비구들아, 자, 전도(傳道)하러 떠나가라. 많은 사람들의 이익과 행복을 위하여, 세상을 불쌍히 여기고, 신들과 사람의 이익과 행복과 안락을 위하여. 두 사람이 한 길을 가지 말라. 비구들아, 처음도 좋고, 중간도 좋고, 끝도 좋으며, 조리와 표현을 잘 갖춘 법(法)을 설하라. 또 원만 무결하고 청정한 범행(梵行)을 설하라. 사람들 중에는 마음에 더러움이 적은 자도 있거니와, 법을 듣지 못한다면, 그들도 악(惡)에 떨어지고 말리나, 들으면 법을 깨달을 것이다.

 비구들아, 나도 또한 법을 설하기 위해 우루벨라의 세나니가마〔村〕로 가리라." [1]

─잡아함경 39─

35 "많은 사람들의 이익과 행복을 위하여."

 정녕 이러합니다. 부처님 이래 3천여 년, 스님들은 이 한 발원(發願)을 위하여, 자신들의 소중한 것을 버리고, 가정의 행복과 안락까지를 버리고 고행의 길을 걸어 온 성중(聖衆)이십니다. 만일 이 스님들이 아니었더라면, 오늘 우리가 어디에서 거룩한 부처님 법〔佛法〕을 만날 수 있겠습니까?

 이 한 가지 은혜만으로도, 우리는 마땅히 거룩하신 스님들 앞에 나아가 무릎 꿇고 경배할 것입니다.

36 '요익중생(饒益衆生)', 많은 중생들에게 이익과 행복과 안락을 베푸는 스님들의 범행(梵行, 청정한 행위)을 이렇게 부르거니와, 스님들의 요익중생(饒益衆生)은 말씀으로 끝나는 말씀으로써

---

1) 이 말씀을 '전도 부촉(傳道付囑), 전도의 분부'라고 불러서, 모든 불자들의 제일의 책구로 삼고 있다. (增谷文雄/이원섭, 『阿含經 이야기』, pp.69~77)

가 아니라, 하나하나 구체적이고 깨끗한 행위를 통해서 실천되고 있음을 우리는 잘 알고 있습니다.

벗이여, 저 수연(水然) 스님을 바라보세요. 한 도반(道伴, 구도의 반려자)을 위하여 80리 산길을 탁발하며 걸어서 다녀 오고, 대중의 고무신을 닦고, 때묻은 옷가지를 세탁하고, 주머니 칼로 시골버스의 창틀 나사못을 조이고, 스스로 죽어가면서도 법우를 위하여 파스를 소포로 부치고……, 그러면서도 스님은 아무 말이 없습니다. 자비니, 봉사니, 사회 참여니, 중생 제도니……, 한 마디 말도 없이 그저 물처럼 묵묵히 흐르고 있을 뿐입니다. 이것이 정녕 원만무결하고 청정한 범행(梵行) 아닙니까? 처음도 좋고, 중간도 좋고, 끝도 좋은 설법 아닙니까?

나도 갈고 뿌린 다음에 먹습니다

37 이와 같이 나는 들었다. 어느 때 거룩하신 스승〔부처님〕께서는 마가다〔國〕 남산에 있는 '한 포기 띠〔茅〕'라는 바라문 촌에 계셨다. 그때 밭을 갈고 있던 바라문 바아라드바아자는 씨를 뿌리는 데에 500자루의 괭이를 소에 메웠다. 스승께서는 오전 중에 속옷을 입고, 발우를 들고, 가사 걸치고, 밭을 갈고 있는 바라문 바아라드바아자에게로 가셨다. 그는 음식을 나눠 주고 있었기에 스승은 한쪽에 가서 계셨다. 바라문 바아라드바아자는 음식을 받기 위해 서 있는 스승을 보고 말했다.

"사문이여, 나는 밭을 갈고 씨를 부립니다. 밭을 갈고 씨를 뿌린 후에 먹습니다. 사문이여, 당신도 밭을 가십시오. 그리고 씨를 뿌리십시오. 갈고 뿌린 다음에 잡수십시오."

스승은 대답하셨다.

"바라문이여, 나도 밭을 갈고 씨를 부립니다. 갈고 뿌린 다음에 먹습니다."

바라문이 말했다.

"그러나 우리는 당신 고타마의 멍에나 호미·호미 날·작대기나 소를 본 일이 없습니다. 그런데 당신 고타마는 어째서 '나도 밭을 갈고 씨를 뿌립니다. 갈고 뿌린 다음에 먹습니다'라고 하십니까?"

스승은 대답하셨다.

"믿음은 종자요, 고행은 비, 지혜는 내 멍에와 호미, 뉘우침은 괭이자루, 의지는 잡아 매는 줄, 생각은 내 호미날과 작대기입니다.

몸을 근신하고 말을 조심하며, 음식을 절제하여 과식하지 않습니다. 나는 진실을 김매는 것으로 삼으며, 유화(柔和)가 내 멍에를 떼어 놓습니다.

노력은 내 황소이어서 나를 안온의 경지로 실어다 줍니다. 물러남이 없이 앞으로 나아가 그 곳에 이르면, 근심 걱정이 사라집니다.

이 밭갈이는 이렇게 해서 이루어지고, 단이슬[甘露, 불사(不死)]의 과보를 가져오는 것입니다. 이런 농사를 지으면 온갖 고뇌에서 풀려 나게 됩니다."

38 이때 밭을 가는 바아라드바아자는 커다란 청동(青銅) 바라에 우유죽을 하나 가득 담아 스승께 올렸다.

"고타마께서는 우유죽을 드십시오. 당신은 진실로 밭 가는 분이십니다. 왜냐하면, 당신 고타마께서는 감로의 과보를 가져다 주는 농사를 지으시기 때문입니다."

"바라문이여, 시를 읊어 얻은 것을 나는 먹을 수 없습니다.[2] 이것은 바르게 보는 이들의 할 짓이 아닙니다. 시를 읊어 생긴 것을 눈뜬 이들은 받지 않습니다. 바라문이여, 법(法)에 따르는 것이 눈뜬 이(如來)의 생활 태도입니다."

―숫타니파아타 사품(蛇品)/밭을 가는 바아라드바아자―

39 '스님들은 놀고 먹는 것이 아닌가? 아무 일도 하지 않고, 신도들의 공양을 무위도식하는 것이 아닌가?'

이런 의문과 비난은 바라문 바아라드바아자 이래 줄곧 계속되어 오고, 불교를 비방하고 스님들을 박해하는 좋은 구실이 되어 왔습니다.

'스님들은 놀고 먹는다.' 바로 이것이 조선(朝鮮) 개국시(開國時) 정도전(鄭道傳) 선생이 내세운 척불론(斥佛論)의 가장 큰 이유 가운데 하나였고,[3] 실학자 이익(李瀷) 선생은 이 이유 때문에 승려를 나라 망치는 '여섯 가지 좀 가운데 하나'라고 몰아 세웠습니다.[4]

---

2) 설법을 물질적 대가와 바꿀 수 없다는 뜻. 따라서 스님과 법사에게 바치는 공양은 우리들의 공경과 찬탄의 발로이지, 설법에 대한 보수가 되어서는 안 된다.

3) 정도전은 「불씨걸식지변(佛氏乞食之辯)」에서 부처님이 걸식하는 그 자체가 생업(生業)과 치민(治民)을 버리는 것이라고 비판하였다. (한종만, 「麗末鮮初의 排佛·護佛思想」, 『韓國佛敎思想史』(圓佛敎思想硏究院), p.733.)

4) 이익은 『곽우록』 등에서 경제 발전이 안 되는 것은 양반과 승려 등 놀고먹는 무리가 많기 때문이라고 비판하였다. (『人物韓國史』Ⅳ (박우사, 1965) p.121~122)

40 만일 이것을 진실이라고 긍정한다면, 이 세상에 놀고 먹지 않는 사람이 정녕 몇 명이나 되겠습니까?

학자가 손수 밭을 갈지 않는다고 해서, 예술가가 손수 씨 뿌리지 않는다고 해서, '당신들은 놀고 먹는 사람이다.' 우리가 이렇게 비난할 수 있겠습니까?

정신 노동도, 육체 노동과 더불어 고귀한 것이고, 훌륭한 결실을 수확하는 농사임을 우리는 잘 알고 있습니다. 출가 사문의 수행이 이 세상 사람들에게 영생 불멸(永生不滅)의 단이슬〔甘露〕을 베푸는 거룩한 농사가 된다는 진실을 깨달았기에, 저 바라문은 부처님께 우유죽을 공양하면서, 이렇게 찬탄하고 있습니다.

"고타마께서는 우유죽을 드십시오. 당신은 진실로 밭가는 분이십니다."

스님들은 진정한 농사꾼

41 스님들은 진정 밭가는 농사꾼이십니다. 깊은 산골에서 한 사람의 수행자가 고독한 수행의 길을 가고 있을 때, 이 수행자는 이 세상의 오염된 정신과 영혼을 정화하는 하나의 거룩한 샘물입니다. 먼 시골에서 김을 매는 한 농부의 고독한 작업이 우리들의 양식을 예비하는 거룩한 농사가 되듯, 토굴 속에 앉아 참선 수행하는 한 스님의 고행은 나와 당신과, 하늘과 땅 위의 모든 생령들을 위하여 마음의 양식을 가꾸는 거룩한 농사가 됩니다.

고타마 싯다르타.

이 한 분의 농사가 시공(時空)을 초월하여, 지금 여기, 나와 당신의 풍성한 양식이 되고 있습니다.

떠돌이 중 원효(元曉).

이 한 분이 뿌린 씨앗이 이 민족을 영생케 하는 한국혼(韓國魂)의 거목이 되어 있습니다.

채머리를 흔들고 다니는 만해 한용운(萬海韓龍雲) 선생.

이 한 분의 서릿발같이 매운 침묵이 일제 36년의 암흑을 뚫고 마침내 이 땅의 광명을 다시 밝혔습니다.

노래하는 비구니 오공(悟空) 스님.

이 한 분의 노래가 금촌 관음정사 외로운 형제들을 지키는 구원의 메아리가 되어 울려 퍼지고 있습니다.

42 뿐만 아니라, 스님들은 실제로 육체 노동하는 농부들입니다. 사찰 생활에서 가장 중요한 덕목이 운력(運力)입니다. 운력은 곧 대중들이 함께하는 육체 노동입니다. 절에 처음 들어가면, 경(經)·참선공부 시키기 전에 노동부터 먼저 배우게 합니다. 대학원을 졸업하고 출가했어도, 절에서 처음 하는 일은 나무하고, 불때고, 밥짓고, 청소하는 일입니다. 그래서 스님 수업 제대로 한 분들은, 저 수연 스님처럼, 음식 잘하고 빨래도 잘합니다.

"일일부작 일일불식(一日不作 一日不食)

하루 일하지 아니 하면, 하루 먹지 아니 한다." [5]

바로 이것이 스님 사회의 엄격한 생활 윤리인 것입니다. 그런 까닭에, 놀고 먹는 사람, 노동하지 아니하는 자는 절대로 출가 사문이 아닙니다. 두 손이 비단결같이 고운 분이 있다면, 그 외양이 어떻든, 그는 결코 출가 수행자가 아닙니다.

43 "스님들은 왜 깊은 산골에만 계실까? 이제 불교도 도회(都會)로 내려와야 한다."

---

5) 당나라 때의 백장 회해(百丈懷海) 선사가 제정한 사찰 생활의 법도〔'백장 청규(百丈淸規)'라 함〕 가운데 하나이다. (김동화, '禪宗思想史', 太極出版社, 1974, p.227.

 이런 걱정들을 많이 듣지만, 진실로 염려스러운 일은, 스님들이 산골에 계시는 것이 아니라, 깊은 산 토굴에서 외롭게 구도(求道)의 길을 걷고 있는 수행자가 오늘 우리 주변에서 줄어가고 있다는 슬픈 현실입니다. 저 수연(水然) 스님처럼, 외롭고 가난하게 병들어 죽어가면서도, 세상의 이익과 행복과 안락을 위하여 흙을 파고 씨를 뿌리는 수행자의 밀어(密語)가 탁한 소음에 가려 잘 들리지 않고 있다는 이 안타까운 현실입니다.

'가난한 수행자
한 사람의 외로운 수행자'
그는 정녕 이 세상을 지키는 마지막 등불입니다.

회향발원 (스님들께 정성껏 공양 올립니다)

자비하신 부처님.

이제 저희 청보리들, 푸르른 부처의 씨앗들.

정성껏 스님들께 공양 올립니다. 음식과 의복과 의약품을 공양 올리고, 수행하고 전법하실 도량을 건설하기 위하여 힘을 기울입니다. 깊은 산골에서 외롭게 수행하시는 것이 스님 한 사람의 이익을 위한 것이 아니라, 이 도시와 거리의 시민들을 위하여 등불을 밝히는 것이며, 이 세상의 혼탁을 정화시키는 맑은 원천이 되는 거룩한 보살행임을 믿기 때문에, 기쁘고 감사한 마음으로 정성껏 공양 올립니다.

―나무석가모니불―

찬불가 거룩하신 삼보

내용익힘

1. 다음 문장을 완성해 봅니다.
   ① 이와 같이 (   )의 법을 설한 결과, 다른 사람들도 그렇게 수
   행하여 (   )을 얻은 자가 수백·수천·(   )에 이른다면 바
   라문이여, 그대는 그것을 어떻다고 하겠는가? 이래도 여전히 출
   가하는 것은 (   )을 위한 행복의 길이 겠는가?
   ② 바라문이여, 나도 (   )을 갈고 (   )를 뿌립니다. 갈고 뿌
   린 다음에 (   ).
   ③ '일일 부작(一日不作) (   ) 하루 일하지 아니 하면 하루
   (   )' 바로 이것이 스님사회의 엄연한 (   ) 윤리인 것입니
   다. 그런 까닭에 놀고 (   ) 사람, (   ) 아니하는 사람은
   (   )이 아닙니다.

2. 다음 물음에 간결하게 답합니다.
   ④ 왜 출가는 만인의 행복을 위한 길이 되는가?
   ⑤ 요익중생(饒益衆生)이 무슨 뜻인가?
   ⑥ '백장의 청규(百丈淸規)'가 무엇인가?

교리탐구 스님들은 어떻게 수행 정진하시는가?
   성철(性徹) 큰 스님의 사례를 중심으로 관찰한다.

실천수행 청정히 수행하시는 스님들에게 정기적으로 수요품을 공양
올립니다.
   1. 우리 절·법회에 불사금을 힘껏 보시한다.
   2. 계절에 한 번씩 수행 도량을 찾아 수요품을 공양 올린다.
   3. 공부하는 스님들을 위한 장학기금에 동참한다.

4과 · 외롭고 가난한 스님들께로

"참으로 집착없이 세상을 걸어가고
아무것도 가진 것 없이, 자기를 다스리는 완전한 사람
그들에게 때때로 공양하라.
복덕을 구하는 바라문은 그들을 공양하라."

—숫타니파아타 대품/마아가—

탐구과제
- 누가 참된 출가 사문인가를 깨닫습니다.
- 누가 마땅히 공양받을 만한 출가 사문인가를 관찰합니다.
- 어떻게 스님들과 법다운 관계를 맺을 것인가를 배우고 몸소 실천해 갑니다.

마땅히 공양받을 스님인가?

44 '스님들
    외롭고 가난한 수행자들'

오늘 이 땅의 스님들은 참 외롭고 가난합니다. 토굴에서 병이라도 나면 제때 좋은 약 한 번 써 보지도 못하고, 그저 앓을 만큼 앓다가 낫기를 바라는 저 수행승(修行僧)의 독백은 이 땅의 많은 스님들의 속앓이를 잠시 내비친 것인지 모릅니다.

그들에게 바치는 공양도 넉넉하지 못합니다. 주체하기 어려울 만큼의 헌금도 없습니다. 수만 명을 모으는 대성전을 감히 꿈도

꾸지 못하고, 화려한 행진이나 국제 무대의 스포트 라이트도 받지 못합니다. 많은 스님들이 영양 실조에 걸려 있고, 연로(年老)해도 편히 쉴 곳이 없으며, 고개 숙이는 권문세가도 드물고, 이따금 이유 없이 동네 북처럼 두들겨 맞기조차 합니다. 수천 년 수행도량을 국립공원 장사 터로 넘겨주고, 수행자들은 갈 곳 몰라 헤매고 있습니다.

거룩한 스님들이 저런 신세가 되어야 하고, 민족혼의 산실이 이렇게 두너져야 하는 것인지, 삼천만 이 나라 불자들이 죄스럽고 부끄롭습니다.

45 외롭고 가난한 스님들.

그러나 그렇기 때문에 나와 당신은 이 스님네들 곁을 떠날 수가 없습니다. 그렇기 때문에 우리는 진심으로 이 외로운 스님네들 앞에 엎드려 삼배(三拜)를 드리기에 주저함이 없습니다.

무슨 까닭인가?

넉넉하고 호사스럽게 사는 이들은 본래 출가 사문이 아니기 때문입니다. 동서고금을 막론하고, 가난하게 살 줄 모르는 이들은 결코 성직자가 될 수 없기 때문입니다. 말씀을 돈과 바꾸는 이들은 영원히 성직자가 될 수 없는 것이 인류 공통의 진실이기 때문입니다.

그래서 세존께서 말씀하십니다.

"바라문이여, 시를 읊어 얻은 것을 나는 먹을 수 없습니다. 이것은 바르게 보는 이들의 할 짓이 아닙니다."

-숫타니파아타 사품/밭을 가는 바아라드바아자-

46 외롭고 가난한 출가 사문(出家沙門)들.

"스님들이라고 꼭 가난하게 살고, 산골에서 수도만 하란 법이 있는가?”

　이렇게 반문할 친구들도 없지 않을 것입니다. 옳습니다. 세상이 변하면 사람도 변하고 종교도 변해가는 것이지요. 컴퓨터가 인간의 역할까지 대행하려 드는 이 첨단 시대에, 우리가 유독 스님들에게만 3천년 전 고대 농경시대의 풍속을 기대한다면, 이것은 순리가 될 수 없고, 한갓 회고적 감상에 빠지는 일이 될 것입니다. 저 때의 사문들처럼, 걸식하지 않는다고 해서, 누더기〔糞掃衣—분소의〕 입지 않는다고 해서, 숲 속에서 거처하지 않는다고 해서, 우리가 스님들 보고 뭐라고 비난할 수 있겠습니까?

47 스님들이 훌륭한 공양을 받는 것도 좋고, 깨끗한 법의(法衣)를 입는 것도 좋고, 큰 집에서 살고, 도회지에서 여러 가지 활동을 전개하는 것도 좋은 일입니다. 오히려 우리는 이러기를 원합니다. 스님들과 불교 교단이 이 세상 속에 당당히 서서, 이 세상을 바꾸는 일에 선도(先導)가 되기를 우리는 염원하고 있습니다. 불교 교단은 마땅히 현대적인 학교도 더 많이 세우고, 큰 병원도 짓고, 방송국도 만들고, 언론 기관, 보육원, 유아원, 양로원 등 사회 시설도 늘릴 것입니다.

　스님들의 다양한 활동과 전문 기능의 선용도 좋은 일입니다. 학문을 깊이 해서 박사도 많이 나오고, 시인도 나오고, 화가도 나오고, 춤추고 노래하는 이도 나오고, 기술자도 나오고……. 우리 승단(僧團, 스님들을 하나의 공동체로 부르는 호칭)은 오랜 동안 이런 전통을 갖고 왔습니다. 신라 때 월명 스님〔月明師〕은 향가(鄕歌)를 지어 서라벌 백성들을 감탄케 했고,[1] 화승(畵僧) 솔거(率居) 스님은 노송도(老松圖)를 그려 새들까지 희롱하였

---

1) 월명사 : 경덕왕 때의 스님으로 향가 ‘도솔가’‘제망매가’를 지음. (일연 『삼국유사』, ‘월명사 도솔가’)

고,[2] 고려 때 스님들은 인쇄술의 전문가로서 팔만대장경(八萬大藏經)을 만들고 금속 활자를 주조하는 데 앞장섰고,[3] 조선 초(初) 신미(信眉) 스님(세조 때 불경언해사업을 주도) 등은 훈민정음(訓民正音)을 연구하고 활용하는 데 큰 몫을 하였고,[4] 19세기의 초의(艸衣) 선사는 한국 다도(茶道)의 중흥조가 되었고,[5] 근래의 김운학(金雲學) 스님은 국문학을 깊이 연구하여 박사 학위를 받았고…… 지금도 많은 스님들이 시와 소설과 미술과 학문 등으로 하늘의 별처럼 빛을 발하고 있습니다.

48 그러나 이러한 일들이 출가 사문의 본업(本業)이 될 수 없고, 이러한 이유 때문에 우리가 스님들을 공경하는 것은 결코 아닙니다. 학문은 학자들이 낫고, 예술은 예술가들이 더 훌륭할지 모릅니다. 전도 전법(傳道傳法)에는 더 열성적인 재가 법사(在家法師)도 있고, 중생 구제(衆生救濟)에는 더 희생적인 사회 사업가도 있습니다.

　그럼에도 불구하고 우리가 저 출가 사문에게 공경 삼배(恭敬三拜) 올리는 것은 무슨 까닭인가? 저 스님들을 '승보(僧寶)'라 부르고, 목숨 들어 귀의하려 함은 대체 무슨 까닭인가?

49 우리는 여기에서 라자그라하〔王舍城〕 독수리봉(峯)에 계시던

---

2) 솔거 : 진흥왕 때의 화승으로 '황룡사 노송도' '분황사 관음보살상' '단군화상' 등을 그림. (김부식,『삼국사기』권 48,「솔거」)
3) 현존 최고의 금속활자 서적은 1377년(고려 우왕) 백운(白雲) 화상이 쓴「직지심경(直指心經)」이다.
4) 신미 : 세조 때의 스님으로, 간경도감에 참여하여 불경 언해사업을 주관하였고, 이때 번역된 불경(법화경·원각경 등)이 지금 훈민정음 연구의 귀중한 자료다. 당시 유학자들은 훈민정음을 언문이라 하여 쓰지 않았다.
5) 초의 : 19세기 초의 스님으로, 추사 김정희 선생과 교유가 깊었고,『동다송(東茶頌)』『다신전(茶神傳)』『다경(茶經)』등을 저술함. (한기두,「白坡와 艸衣時代 禪의 論爭點」,『韓國佛敎思想史』p.1025)

세존께서 젊은 구도자 마아가와 더불어 주고 받는 대화를 경청합
니다.

청년 마아가가 여쭈었습니다.

"시물(施物, 보시하는 물건)을 구하는 데 따르는 재가(在家)의
시주(施主, 보시하는 사람), 복덕을 구하고, 복덕을 위해 공양 바
치는 사람이 이 세상에서 남에게 음식을 베풀 때에, 마땅히 보시
받을 사람을 제게 말씀하여 주십시오. 스승이시여."

"참으로 집착없이 세상을 걸어가고, 아무 것도 가진 것 없이,
자기를 다스리는 완전한 사람, 그들에게 때때로 공양하라. 복덕
을 구하는 바라문은 그들을 공양하라.

모든 결박을 끊고, 자제하고, 해탈하여, 괴로움과 욕심이 없는
사람들, 그들에게 때때로 공양하라. 복덕을 구하는 바라문은 그
들을 공양하라……

자기를 의지처로 하여 세상을 다니고, 아무것도 가진 것 없이,
모든 일로부터 해탈한 사람들, 그들에게 때때로 공양을 바쳐라.
복덕을 구하는 바라문은 그들에게 공양하라……"

"참으로 제 질문은 헛되지 않았습니다. 참으로 보시받을 사람
을 가르쳐 주셨습니다. 스승이시여, 당신께서는 이 모든 일들을
이 세상에서 분명히 알고 계십니다. 당신께서는 이 이치를 잘 알
고 계시기 때문입니다."

―숫타니파아타 대품/마아가―

출가와 재가의 차이는

50 '아무것도 가진 것 없이'

그렇습니다. 바로 이것이 그 까닭이고, 그 대답입니다. 이것이 출가 사문의 생명이고, 우리가 스님들께 공경 공양하는 근본 이유입니다. 스님들이 많은 무리, 많은 모임에서 가장 뛰어난 성중(聖衆)이 되고, 석가모니의 자식, 법의 상속자가 되는 근본 이유입니다. 출가(出家)가 출가가 되는 근본 이유입니다.

세상 사람은 아무리 학문이 깊고 예술이 뛰어나도 이렇게 살지는 못합니다. 재가 신자는 아무리 노력해도 이렇게 살기는 참 어렵습니다. 이 일은 출가 사문만이 능히 할 수 있습니다. 또 이렇게 살기를 결심하고, 이렇게 살기 위하여 무한히 고뇌하는 이들을 우리는 '스님'이라고 부릅니다. '스님'이란 이름으로 스님이 되는 것은 아닙니다. 오로지 이렇게 사는 행위에 의하여 스님이 됩니다.

세존께서 말씀하십니다.

"출가한 이와 집에 있는 이는 거처와 생활 양식이 같지 않다. 집에 있는 이는 처자를 부양하지만, 출가자는 무엇을 보아도, '내 것이라'는 집착이 없다. 집에 있는 자들은 남의 목숨을 해치고 절제하기 어렵지만, 성인(聖人)은 자제하고, 항상 남의 목숨을 보호한다."

—숫타니파아타 사품/성인—

51 우리는 소유(所有), 가진 것 없이 이 세상을 살아갈 수 없습니다. 재산도 가져야 하고, 명예도 가져야 하고, 가정도 가져야 하고…… 누가 이 자연의 이치를 부정하겠습니까? 부처님께서도 이 이치를 긍정하시고, 더 큰 행복과 성공의 길로 인도하시는 수고를 우리는 이미 관찰하였습니다.

그러나 갖고 싶어하는 욕심, 소유욕(所有慾)은 끝이 없고 족(足)함을 모릅니다. 소유욕은 남을 생각하지 않고, 다가올 과보를 내다 보지 못합니다. 거대한 소용돌이처럼, 한 번 휩쓸리면 빠져 나올 수가 없습니다. 자제할 줄 모르는 소유욕은 곧 모든 악

188

업(惡業)의 씨앗이 되고, 생사윤회(生死輪廻)의 근본 동력이 됩니다. 우리는 이 욕심 때문에 한 순간도 고요하지 못하고 허덕이고 있습니다.

세존께서 말씀하십니다.

"무엇인가를 '내 것이라'고 집착해 동요하고 있는 사람들을 보라. 그들의 모습은 메말라 물이 적은 개울에서 허덕이는 물고기와 같구나. 이 꽃을 보고, '내 것'이라는 생각을 말아야 한다."

－숫타니파아타 여덟 편의 시/동굴－

52 "나는 가난한 탁발승(托鉢僧)이오. 가진 거라고는 물레와 교도소에서 쓰던 밥그릇과 염소젖 한 깡통, 허름한 담요 여섯 장, 수건, 그리고 대단치도 않은 평판(評判), 이것뿐이오."[6]

이것은 마하트마·간디(Mahatma Gandhi)가 1931년 9월 런던에서 열린 제2차 원탁회의(圓卓會議)에 참석하기 위해 가던 도중, 마르세이유 세관원에게 소지품을 펼쳐 보이면서 한 말입니다. 이 말씀 들으면서, 깡마른 체구로 수억의 인도 민중을 이끌어 가던 간디의 힘의 원천이 무엇인가를 우리는 깨닫습니다. 가난한 한 탁발승의 힘이 얼마나 위대하고 풍성한 것인가를 새삼 발견하고 있습니다.

53 무소유(無所有).

바로 이것입니다. 출가 사문의 생명, 그 신비한 힘이 이 무소유에서 나옵니다. 이 세상 사람들이 스님들에게 기대하고 염원하는 것이 바로 이 무소유, '아무 것도 가진 게 없는' 가난한 삶입니다.

무슨 까닭인가?

---

6) K. 크리팔라니, 『간디 어록(語錄)』

우리는 소유(所有)의 병으로 멸망해 가고 있기 때문입니다. 이 캄캄한 소유의 과잉 지대에서, 고요히 빛을 발하는 무소유의 등불마저 없다면, 이 세상은 영영 망해 버리고 말 것이기 때문입니다. 이 혼탁한 소유욕(所有慾)의 하수(河水)에서, 한 줌의 청정한 샘물마저 없다면, 인류사는 영원히 회생할 수 없기 때문입니다.

새로 나는 우리 스님들

54 외롭고 가난한 스님들.

그러나 이 나라 사문들이 이 본분을 저버리고 사도(邪道)의 유혹에 빠진 적이 없지 않습니다. 삼국시대·통일신라·고려, 승단(僧團)이 국가 권력의 시녀가 되어 부(富)와 감투에 연연하면서, 고행을 멀리 하고, 민중을 외면한 불행한 역사를 우리는 생생히 기억하고 있습니다.

대궐 같은 절 짓고, 몇 억짜리 불상 만들고, 벼슬아치들 앞에 아첨하고, 대지주(大地主) 노릇하고, 바른 말 못하고, 국왕(國王) 대신(大臣)의 처분이나 기다리고 백성들의 아픔을 같이 아파하지 못하고…… 그러다가 이 나라 불교계(佛敎界), 승단(僧團)은 한 번 망했습니다. 이 땅의 백성들이 스님들을 한 번 버렸습니다.[7]

---

7) "안에서의 허물은 이미 여조(麗朝) 시대로부터 치유하기 어려운 병근(病根)이 유전되어 왔다고 하겠다. 그것은 교단 내에서 교육이 참되지 못하고 이그러져, 이해(理解)와 복전(福田)을 민족 사회에 마련, 발휘하지 못하였고, 단지 겉치레로 궁실을 드나드는 사치와, 집권자들을 만나고, 그 혜택을 입고자 하는 데만 정신을 쏟다보니, 나라는 이미 기울어지고 불교도 따라서 쇠퇴한 것이다." (박한영 스님, 「朝鮮佛敎現代化論」, 『韓國近代民衆佛敎의 理念과 展開』 한길사, 1980, p.145)

55 그러나 스님들은 이제 제 자리로 돌아오고 있습니다. 지난 5백년, 피눈물 나는 자업자득(自業自得)의 고통을 치루고, 본래 자리로 돌아오고 있습니다. 저 수연(水然) 스님들이 이 산 저 계곡에서 푸른 눈빛을 발하며 외롭고 가난한 고행의 길을 열심히 가고 있습니다.

"싸우는 스님들도 많던데. 할 일 없이 방황하는 중들도 많던데."

아마 이렇게 말하고픈 친구들도 없지 않을 것입니다. 그러나 이것은 묵은 찌꺼기일 뿐, 이 묵은 찌꺼기가 도도한 새 흐름을 결코 바꿔 놓을 수 없습니다. 어두운 찌꺼기들이 아무리 발버둥해 봐도, 밝아오는 새 아침을 어찌 방해할 수 있겠습니까? 지난 밤 한바탕의 비바람은 새벽을 재촉하는 희망의 전조(前兆)인 것입니다. 빛이 여기에 가까웠다는 진통의 소음들입니다.

56 얼마 전 수원 용주사(龍珠寺)에 수련갔을 때, 한 행자가 부엌에서 열심히 공양을 준비하고 있었습니다. 불도 지피고, 쌀도 씻고, 물도 길어 오고…… 그러면서 그 행자는 아무 말이 없었습니다. 못난 시골 머슴처럼 일만 하고 있었습니다.

유심히 보고 있는 내게 주지 정무(正無) 스님께서 귀띔해 주셨습니다.

"저 행자가 모습은 저래도 서울 문리대 생물과 출신이라오."

나는 그 자리에서 희망을 하나의 현실(現實)로 목격했습니다. 새 사람, 새 스님의 씨앗을 분명 목격했습니다.

이 스님들은 석가모니의 삶을 결코 잊지 않을 것입니다. 삼의 일발(三衣一鉢), 한 벌 옷과 바릿대 하나로 철저하게 무소유(無所有)를 사셨던 세존의 고행을 저버리지 않을 것입니다. 이 스님들은 다시 지주(地主) 노릇 하지 않을 것이고, 다시 벼슬아치들 앞에 조아리지 않을 것입니다. 가장 가난하고 고독한 이 땅의 백성들 곁을 다시는 떠나지 않을 것입니다.

누가 이 스님들을 비난하겠습니까? 누가 이 스님들을 없이 여기겠습니까? 누가 이 스님들 앞에 경배하지 않겠습니까?

그래서 저 난폭하고 교만한 아자트사투르 왕도 부처님 발 앞에 엎드려 이렇게 맹세하고 있지 않습니까.

"아닙니다, 세존이시여. 그렇게 할 수 없습니다. 제가 먼저 스님께 절하고, 그를 맞아 가사와 음식과 숙소를 공양하며, 병이 나면 약과 소용되는 물건을 공급하면서, 그를 보호하겠습니다."

−남전장부 사문과경−

57 수연(水然) 스님.

물처럼 말없이, 남의 아픔을 제 가슴으로 씻으며 쓸쓸히 흘러 가는 수연 스님들.

이제 보리자는 노래합니다.

"스님, 스님들, 우리 스님들,
님들은 물처럼 그저 그렇게
흐르고 또 흘러 가십니까
우리들 아픔을 씻으면서
소리도 없이 흘러 가십니까.

스님, 스님들, 우리 스님들,
님들은 바람처럼 그저 그렇게
왔다가 또 사라져 가십니까.
우리들 슬픔을 어루만지면서
흔적도 없이 사라져 가십니까.

스님, 스님들, 우리 스님들,
님들은 빛처럼 그저 그렇게

있는 듯 또 없는 듯 지켜 보십니까
우리들 영혼을 비추면서
외롭게 외롭게 지켜 보십니까."

—㉑스님, 스님들—

회향발원 (스님을 스승으로 섬깁니다)

자비하신 부처님.

이제 저희 청보리들, 푸르른 부처의 씨앗들.

청정한 스님들을 저희들의 스승으로 섬깁니다. 아무것도 가진 것 없이, 누더기 한 벌로 수행 정진하시는 스님을 찾아 저희 집안의 은사 스님으로 받들고 평생의 큰 스승으로 섬깁니다. 외롭게 무소유로 살아가시는 스님들의 청정한 법력이 저희 재가의 삶을 무한히 정화시켜 가는 한 줄기 샘물임을 굳게 믿으면서, 인생의 굽이굽이에서 방황할 때, 은사 스님을 찾아가 바른 가르침을 청하여 받들겠습니다. 경배하며 받들어 섬기는 청정한 스님네들이 계시니, 저희들은 참으로 행복합니다.

－나무석가모니불－

찬불가 청법가

내용익힘

1. 다음 문장을 완성해 봅니다.
   ① 참으로 집착없이 (　　)을 걸어가고, 아무것도 (　　) 없이, (　　)를 다스리는 완전한 사람, 그들에게 때때로 (　　)하라, 복덕을 구하는 바라문은 그들을 (　　)하라.
   ② 무엇인가를 '(　　)'고 집착해 동요하고 있는 사람들을 보라. 그들의 모습은 메말라 (　　)이 적은 개울에서 허덕이는 (　　)와 같구나. 이 꽃을 보고 '(　　)'이라는 생각을 말아야 한다.
   ③ (　　), 바로 이것입니다. 출가 사문의 (　　), 그 신비한 힘이 이 (　　)에서 나옵니다. 이 세상 사람들이 (　　)에게 기대하고 염원하는 것이 바로 이 (　　), 아무것도 (　　) 가난한 삶입니다. 무슨 까닭입니까? 우리는 (　　)의 병으로 멸망해 가고 있기 때문입니다.

2. 다음 물음에 간결하게 답합니다.
   ④ 누가 마땅히 공양받을 만한 스님인가?
   ⑤ 출가·재가의 차이점은 무엇인가?
   ⑥ 무소유는 어떻게 사는 것인가?

교리탐구　4의지(四依止)를 통하여 본 출가 사문의 본래적인 삶의 양식은?
   1. 의(衣)생활
   2. 식(食)생활
   3. 주(住)생활
   4. 의약생활

실천수행　청정히 수행하시는 스님을 우리 집안의 은사 스님으로 뫼시고 가정 일을 상의하여 가르침을 받습니다.

1. 인연 깊은 스님을 찾아 은사 스님으로 결연한다.
2. 철마다 문안 드리고 수요품을 공양 올린다.
3. 가정에 곤란 있을 때 은사 스님을 찾아뵙고 가르침을 받는다.

단원정리

● **합송** 외롭고 가난한 스님들께 귀의합니다.

법사 선남 선녀들아, 상가가 누구입니까?

대중 상가는 곧 성중(聖衆)이십니다. 하늘과 땅 위의 많은 무리, 많은 모임 가운데에서 부처님의 제자들이 가장 높고 가장 거룩한 까닭에 성중이라 일컫습니다. 이제 이 성중에 귀의하는 것이 신들과 인간의 제일가는 행복이 됩니다.

법사 선남 선녀들아, 그 성중이 대체 누구십니까?

대중 제일 먼저 스님네들이십니다. 삭발염의, 머리 깎고 먹물 가사 입으시고 독신 수행하시는 스님네들이 성중이십니다. 거룩한 스님네들은 하늘 세계와 인간 세계의 큰 스승이시며, 구원한 등불이십니다.

법사 선남 선녀들아, 출가 독신하는 것은 제 한몸의 편안만을 구하는 것이 아닙니까?

대중 아닙니다. 출가 독신하는 것은 제 한몸의 편안함을 구함이 아닙니다. 그것은 많은 사람들의 이익과 행복을 위하여 그 한몸 오롯이 버리며 헌신하는 것입니다. 험한 벼랑 위에 선 등대처럼, 스님네들은 자신을 버려 이 세상을 밝히는 의로운 등불입니다.

다함께 벗이여, 선남 선녀들이여, 이제 우리 모두 합장하고 저 스님네들에게 귀의하여요. 외롭고 가난한 스님네들, 청정히 살며 고고히 빛을 발하는 저 스님들을 은사로 삼아 공경하고 배우며 공양하여요. 저 청정한 스님네들은 3천년 불교의 빛이며, 이 민족의 마지막 등불이십니다.

● **창작** '우리 스님'이란 제목으로 글짓기를 해서 서로 발표합니다.

● **법담(法談)의 시간**

1. 주제 : 스님들과 재가 신자와의 올바른 관계 설정에 관하여

2. 주요내용 : ① 누가 법다운 스님인가?

② 스님들에 대한 사회일반의 의식은 어떠한가?

③ 스님들에 대한 일부의 부정적 인식은 무엇 때문인가?

④ 신행생활에 있어서 스님과 신도의 법다운 관계는?

⑤ 공동체 생활에 있어서 스님과 신도의 법다운 관계는?

제 10 장

우리가 평화롭게 함께 사는 길은?

●

"세존이시여, 그래서 저는 이렇게 생각하고 있습니다.
'나는 내 마음을 버리고, 이 벗들의 마음과 하나가 되자.'
그래서 저는 제 마음을 버리고
이 벗들의 마음과 하나가 됩니다."

－아함경－

내가 없으면 그대 없고 그대 없으면 나 또한 없어

❶ 출가와 재가, 우리 대중들은 왜 서로 화합하지
못하는가? 왜 대중살림을 함께 살지 못하고,
독점 독단으로 우리 공동체를 훼손시키고
있는가? 모두가 평화와공존을 외치면서,
어찌하여 단 하루도 전쟁 없는 날이 없는
것인가?

❷ 10장은 '사부대중 화합의 장'입니다.
평화공존의 도리를 배울 것입니다. 여기서
우리는 사부대중이 상가의 공동주체임을 깨닫고,
나와 당신이 민족상가의 한 성원으로 서로
만나며, 신과 인간, 사슴과 진달래가 대우주
공동체의 동반자로 서로 만나게 될 것입니다.

❸ 벗이여, 이제 우리 '연기의 법〔緣起法〕'을
관(觀)하며 소리 높이 외쳐요. "내가 없으면
그대 없고 그대 없으면 나 또한 없어."

머리 이야기

저 평화로운 고오싱가 마을 〈아함경〉

부처님은 강가아 강(江) 기슭을 떠나 다시 북쪽으로 올라가, 나티카(村)의 어떤 대장장이 집에 머물러 계셨다.

그때 아니룻다·난디·쿰비이라 등 세 수행자는 고오싱가 숲 속에서 공부하고 있었다. 어느 저녁나절 부처님은 선정(禪定)에서 일어나 숲을 찾아가셨다.

아니룻다는 이 소식을 듣고 난디와 쿰비이라에게 달려가 알렸다.

"벗들이여, 부처님께서 오셨다."

세 사람은 부처님께 나아갔다. 한 사람은 부처님의 옷과 바리때를 받들고, 한 사람은 자리를 준비하고, 또 한 사람은 발 씻을 물을 준비하였다.

부처님께서는 자리에 앉아 아니룻다에게 말씀하셨다.

"아니룻다여, 너희들은 편안하느냐? 수용은 어떠냐? 공양 얻기에 곤란은 없느냐?"

"세존이시여, 저희들은 모두 편안합니다. 수용도 잘 되고, 공양 얻기에도 곤란은 없습니다."

"아니룻다여, 너희들은 서로 화목하여 다툼이 없느냐? 젖과 물처럼 서로 어울리고, 서로 사랑하고, 서로 돌보며 사느냐?"

"세존이시여, 그러하나이다."

"아니룻다여, 너희들은 어떻게 서로 화합해 사는가?"

"세존이시여, 저는 이렇게 생각하고 있습니다. 곧, '이러한 동행자(同行者)들과 함께 살 수 있는 나는 행복하다'고. 저는 겉과 속이 다름이 없이, 자비스런 행동과 말과 뜻으로써 이 벗들을 섬기고 있습니다.

세존이시여, 그래서 저는 이렇게 생각합니다. '나는 내 마음을 버리고, 이 벗들의 마음과 하나가 되자'고. 그래서 저는 제 마음을 버리고 이 벗들의 마음과 하나가 됩니다.

세존이시여, 몸은 따로따로이지만, 저희들의 마음은 하나입니다."

난디와 쿰비이라도 여쭈었다.

"세존이시여, 저희들은 이렇게 생각하나이다. '이러한 동행자들과 함께 살 수 있는 우리는 행복하다'고. 저희들은 이 벗들에게, 겉고 속이 다름없이, 자비스런 행동과 말과 뜻으로써 섬기고 있습니다. 그래서 모두 자기 마음을 버리고, 이 벗들의 마음과 하나가 됩니다."

"착하다, 수행자들이여. 그리고 너희들은 열심히, 부지런히, 성실히 생활하고 있느냐?"

"세존이시여, 그러하나이다."

"아니룻다여, 그러면 그것은 어떤 생활인가?"

"세존이시여, 저희들 중에서 제일 먼저 걸식에서 돌아오는 사람은 발 씻을 물과 먹을 물을 준비합니다. 그리고 남은 음식은 다른 그릇에 담아서 준비해 둡니다. 뒤에 돌아온 사람은 남은 음식이 있을 때, 먹고 싶으면 먹고, 먹기 싫으면 풀이 없는 곳에 버리거나 생물이 없는 물에 부어 버립니다. 그리고는 자리를 정돈하고, 먹을 물을 살펴보고, 그릇을 치우고, 방을 소제합니다. 세숫물독이나, 먹는 물독이나, 변소에 쓰는 물독이 비어 있는 것을 보는 사람은 누구라도 먼저 그것을 준비해 둡니다. 만일 그 일이 혼자 힘으로 될 수 없을 때에는, 손짓으로 한 사람을 불러 서로 손을 맞추어 준비해 둡니다.

세존이시여, 하오나 저희들은 이 일을 말씀 드리는 게 아닙니다. 세존이시여, 저희들은 닷새만에 한 번씩 한 밤 동안에 법문(法門)의 모임을 가집니다. 세존이시여, 저희들은 이렇게 열심히, 성실히 생활하고 있습니다.”

“아니룻다여, 매우 착하구나. 그러나 너희들은 이렇게 열심히, 성실히 생활하면서, 세속의 법을 뛰어난, 훌륭하고 거룩한 안락의 경지에 이르렀느냐?”

“세존이시여, 그것이 없다면 어찌하겠습니까? 저희들은 마음대로 욕심을 떠나고 악을 떠나서 기쁨과 즐거움이 넘치는 선정(禪定)에 들어갑니다. 이것이 저희들이 도달한, 세속의 법을 뛰어넘은, 거룩한 안락의 경지입니다. 저희들은 이 안락의 경지보다 더 위에 있고 더 훌륭한 다른 경지는 알지 못합니다.”

“그래, 좋다, 아난다여. 이 안락한 경지보다 더 위에 있고 더 훌륭한 다른 경지는 없느니라.”

이때 디카라는 야차(夜叉, 신령)가 그 숲에 살고 있었는데, 부처님 앞에 나아가 사뢰었다.

“세존이시여, 이 숲 근처의 밧지족(族) 백성들은 참으로 행복합니다. 세존께서 여기 계실 뿐 아니라, 저 아니룻다·난디·콤비이라 등 세 수행자가 또 여기 계십니다. 이 밧지족 백성들은 참 행복합니다.”

그때 대지(大地)의 신(神)이 이 디카 야차의 소리를 듣고, 그 소리를 하늘 위로 전달했다. 그래서 그 소리는 사천왕(四天王)·도리천(忉利天)·야마천(夜摩天)·도솔천(兜率天)·낙변화천(樂變化天)·타화자재천(他化自在天)에까지 전달되어, 범천계(梵天界)의 신들도 그 소리를 들었다.

그때 최고의 신인 범천(梵天)이 말하였다.

“디카여, 네 말이 옳다. 저 세 사람은 집을 떠나, 집 없는 중(衆)이 되었다. 만일 그 가족들이 진실한 신심(信心)을 가지고 저 세

수행자를 생각한다면, 이것은 그 가족들에게 영원한 이익과 행복이 될 것이다.

만일 그 가족·마을·고을·도시·나라의 사람들이 진실한 신심을 가지고 생각한다면, 이것은 그들에게 영원한 이익과 행복이 될 것이다.

디카여, 만일, 브라만·크샤트리아·바이샤·수드라 등이 진실한 신심으로 생각한다면, 이것은 그들 모두에게 영원한 기쁨과 행복이 될 것이다.

디카여, 천계(天界)·마계(魔界)·범계(梵界)를 포함한 세계, 사문·브라만 등 모든 사람과 하늘의 생령들이 진실한 신심으로써 생각한다면, 이것은 그들의 영원한 기쁨과 행복이 될 것이다.

디카여, 보라. 이 세 사람의 양가(良家)의 자식들이 얼마나 많은 하늘과 땅 위 중생들에게 이익과 행복이 되는 것인가를.”[1]

---

1)『우리달 八萬大藏經』, 國民書館, 1970, pp.182~185.

1과 · 상가는 사부대중의 공동체

"선남자 선여인아, 이 세상과 출세간에 세 종류의 승(僧)이 있으니, 첫째는 보살승이요, 둘째는 성문승이요, 셋째는 범부승이니, 문수사리와 미륵 등은 보살승이요, 사리불과 목갈라나 등은 곧 성문승이요, 해탈을 성취한 참되고 착한 범부와, 나아가 정견을 갖추고 능히 남을 위하여 성중의 길을 연설하고 열어 보여, 중생을 이익케 하는 모든 이가 범부승이니라. …이 세 종류는 그 이름이 참된 복전이신 승보(僧寶)니라."

—심지관경—

탐구과제

- 역사적으로 출가와 재가의 갈등과 분열이 얼마나 심각한 결과를 초래해 왔는가를 고찰합니다.
- 역사적으로 상가(Saṃgha)의 이념이 어떻게 출가중으로부터 사부대중의 공동체로 확장되어 왔는가를 관찰합니다.
- 스님들과 재가대중이 어떻게 한 공동체의 성원으로 일치할 수 있는가를 연구하고 몸소 실천해 갑니다.

출가·재가는 근본 평등이라

1 누가 Saṃgha인가? 나와 당신이 함께 귀의하고 공경 공양할 성중(聖衆)은 누구인가?

세존께서 응답하십니다.

"사부 대중(四部大衆), 곧 비구·비구니·우바새·우바이의 공경하는 바 되느니라."   —중아함경 22—

2 출가 수행하시는 비구·비구니의 이중(二衆)이 성중(聖衆)으로 서 상가의 중심이 된다는 것은 움직일 수 없는 대전제(大前提)입 니다.

  그러나 상가의 의미와 그 세계는 출가 승단(僧團)으로만 한계 지워지지 않고, 사상적으로나 역사적으로 끊임없이 깊어지고 넓 어져 왔습니다.[1] 상가는 역사적으로 볼 때, 사슴 동산의 5비구중 (五比丘衆)으로 출발하고 있지만, 여기에 야사스의 장자(長者) 아버지와 어머니가 재가(在家)의 제자로 참가하고, 마하프라자파 티(석가모니의 양모) 등이 출가를 허락 받음으로써 출가 비구니 (比丘尼)가 동참하게 되었습니다.[2]

3 출가의 이중(二衆)인 비구·비구니와, 재가(在家)의 이중(二 衆)인 우바새(優婆塞, Upāsaka, 信男—남자신도)·우바이(優婆 夷, Upāsika, 信女—여자신도) 우리는 이들을 '사부 대중(四部大 衆)'이라 부르거니와,[3] 이 사부 대중은 부처님 당시부터 교단(敎 團)의 네 기둥으로서 부처님의 깊은 신뢰를 받고, 불사(佛事)에 동참해 왔습니다. 어느 때 세존께서는 당신께서 세우신 거룩한 교단의 사부대중을 이렇게 찬탄하고 계십니다.

  "나의 성문(聲聞, 출가중) 중에는 제일가는 비구들이 있다. 너 그럽고, 어질고, 박식하여, 능히 잘 교화하여 성중을 거느리되 위

---

1) "Saṃgha가 화합을 주로 하여 교법의 선포라는 사명을 잊지 않을 때에, Saṃ gha는 점차로 그 둘레를 크게하여 교법이 널리 퍼져간다."(파리 상응부)
2) 김동화, 『佛敎學槪論』, pp.436~438.
3) 출가 2중을 5중으로 세분하는 경우에는 재가 2중과 합쳐서, '7중(七衆), 일 곱부의 개중'이라고도 한다. (水野弘元/무진장, 앞의 책, p.175~176)

엄을 잃지 않으며, 처음으로 법미(法味)를 받아서 사제(四諦)를 사유하는 아야구린 비구·위다이 비구·마하남 비구…수보리 비구 등 100여 명의 비구가 있다.

나의 성문 중에는 제일가는 비구니들이 있다. 출가한 지 오래고, 배운 것이 많아서 국왕이 공경하는 마하프라자파티 비구니·식마 비구니·우발화색 비구니·비마달 비구니 등 50명의 비구니가 있다.

나의 제자 중에는 제일가는 우바새가 있다. 처음으로 법약(法藥)을 듣고 성자의 경지에 이른 상인(商人) 질다 장자·건제아람 장자…우다라 우바새 등 40명의 우바새가 있다.

나의 제자 중에는 제일가는 우바이가 있다. 처음으로 깨침의 인증(認證)을 받은 난타바라 우바이·구수다라 우바이·수비야녀 우바이…람(藍) 우바이 등 30명의 우바이가 있다."

-증일아함경 권 3, 제자품-

4 저와 같은 부처님의 찬탄을 들으면서 우리가 새삼 놀라움을 금치 못하는 것은 재가중(在家衆)인 우바새·우바이의 세속인들이 출가중(出家衆)인 비구·비구니의 수행자들과 같이, 진리〔法〕를 깨치고 성자(聖者)의 경지에 도달하고 있다는 진실입니다.

부처님께서는 일찍이 "부처와 중생이 둘 아니다"라고 선언하시어[4] 만류(萬類)가 진리 속에서 평등함을 밝혀 보이셨습니다. 부처와 중생이 평등하다는 것은, 나와 당신, 이 거리의 형제들이 본래 부처이고, 찬란한 불성 생명(佛性生命) 진리 생명(眞理生命)의 주인이란 진실을 뜻하고 있습니다.

고요히 생각해 보면, 부처님과 중생이 그 본질적인 진리 생명에 있어서 이미 평등한데, 출가와 재가 사이에 어찌 차별과 우열

---

4)『화엄경』「야마천궁품」

이 있을 수 있겠습니까?

출가와 재가의 갈등과 분열

5 '누가 참된 상가냐?' 하는 논쟁은 역사적으로 뿌리 깊이 전개되어 왔습니다. 이 논쟁 가운데에서 두 가지 극단적인 견해가 서로 얽혀 오해와 반목을 재촉한 듯합니다.
　그 생각의 하나는, '상가의 정통과 권위는 오직 비구·비구니에게만 있을 뿐이다.'라는 출가중의 주장입니다.
　다른 하나는, '불법(佛法) 가운데 만류가 평등인데, 어찌 출가중만 상가냐? 출가와 재가가 다를 것이 없다'라는 재가중의 주장입니다.
　그러나 이 문제는 그리 간단치가 않습니다. 여러 가지 신중히 검토할 미묘한 과제입니다.

6 우리는 먼저 '상가'의 본질을 관찰해 볼 필요가 있습니다. 상가란 용어는 불교 이전에도 이미 있었고, 불교와 동시대의 다른 집단에서도 상가란 용어를 쓰고 있었습니다. 상공업자의 조합, 정치단체들도 상가라고 불리웠습니다. 이와 같이 상가는 '공개된 동일 목적 밑에 모여진 동신 동행자(同信同行者)들의 집단'입니다. 따라서 상가는, 교의(敎義, 敎理)의 공개성(公開性)과 입문(入門, 入敎)의 자유성(自由性)을 그 특질로 삼고 있습니다. 곧 상가의 교리는 만인에게 활짝 열려 있고, 누구든지 그 목적에 찬동하는 자는 자유롭게 입문할 수 있는 것입니다.[5]

---

5) 金岡秀友/김희오, 『佛敎의 國家觀』總和閣, 1978, pp.54~56.

상가의 역사적 의미와 그 특질에 비추어 볼 때, 사부대중이 함께 상가의 구성원으로 동참 동행한다는 것은 오히려 바람직한 일이고, 이것을 배척하는 것이 도리어 이상한 듯합니다.

7 '상가'의 해석을 둘러싼 출가 재가의 오랜 논쟁은 본질적인 것이라기보다, 다분히 인습적이고 권위주의적인 것입니다. 이런 인습이 뿌리박힌 원인을 캐보면, '상가'를 '僧伽(승가), 僧(승)'으로 음역하고, '僧'을 '스님, 승려'로 번역하게 된 것이 문제인 것 같습니다. 그러나 '스님, 승려'는 본래 'Bhikṣu, 비구(比丘)' 'Bhikṣuni, 비구니(比丘尼)'를 뜻합니다. '비구·비구니'가 스님들의 고유한 명칭이라는 사실을 명심하는 것은 여러 가지로 중요한 의미가 있습니다. '비구·비구니'는 '걸식하는 수행자〔乞士·乞士女〕'라는 뜻이지요. 따라서 스님들의 1인칭도 '비구 ○○, 비구니 ○○'가 옳은 듯합니다.

원시 불교 이래, 이들 비구·비구니의 집단을 '상가'라고 불러왔던 것은 엄연한 사실입니다. 우바새·우바이의 재가중이 이 상가에 포함되지 않았던 것도 분명한 사실입니다. 그래서 상가 곧 승가(僧伽)는 승단(僧團), 곧 승려들의 집단을 일컬었고, 사부대중의 교단은 '파리샤드(pariṣad, parisā, 輪座·會中)'라는 이름으로 불리웠습니다.[6]

8 그러나 승단만을 상가라고 부르는 것에 대하여 끊임없이 이의(異義)와 반론이 제기되어 왔습니다. 그 이유는 대개 두 가지 흐름 때문인데, 하나는 만인의 평등을 생명으로 삼는 불교의 근본 이념 때문이고, 또 하나는 출가중심주의(出家中心主義)가 파생시

---

6) 水野弘元/무진장, 『佛敎槪說』 pp. 177~178.

킨 역사적 모순 때문입니다.[7]

만류의 평등은 부처님께서 깨쳐 보이신 정법의 대의(大義)이고, 불교가 추구하는 성스러운 공동체〔聖衆〕가 만민 만류로 구성되어야 한다는 것은 누구도 부정할 수 없는 진실입니다. 그런 까닭에 '상가'는 '대중(大衆), 성스러운 대중〔聖衆〕'으로 풀이될 것입니다. 대중이란, '크나큰 집단, 무한한 집단, 평등한 집단', 이런 뜻입니다.

9 그럼에도 불구하고 원시 불교 이래, 상가는 출가중에 의하여 독점되고, 승려들만의 집단으로 폐쇄되어 버렸습니다. '사부대중'이란 말뿐이었고, 실제로 사부대중이 동참하는 '교단(敎團)'은 존재해 본 일이 없었습니다. '파리샤드'는 빈말이었고, 상가, 곧 승단만이 유일한 교단이었습니다. 따라서 수많은 재가 대중들은 교단의 일원으로 동참할 기회를 거의 완전히 상실하고, 다만 출가중을 위하여 시중드는 국외자(國外者)로 방치되어 있었습니다. 바로 이것이 불교 3천년사의 최대 약점이 되어 왔습니다.

지나친 출가중심주의가 불교 그 자체를 훼손하고 교단을 분열시키는 장애 요인이었습니다. 재가중의 밑받침이 없는 출가중만의 상가는 머리통만 큰 가분수처럼 넘어지기 쉽습니다. 인도에서부터 중국에 이르기까지 저 비단길(Silk-Road)의 처참한 황폐를 바라보면서, 상가의 구조적 결함이 얼마나 무서운 현실로 나타날 수 있는가를 우리는 강한 전율로 목격하고 있습니다. 동시에, 상가가 승단으로부터 궐기하여 사부대중의 공동체가 되지 않으면 안 될 절박한 이유를 새삼 사무치게 느끼고 있습니다.

---

7) 앞의 책, p.178

상가, 사부대중의 공동체로

10 대승불교(大乘佛敎, Mahayana)는 바로 이 출가독점주의에 대한 응답으로 벌어진 일대 종교 개혁운동입니다.[8] 대승 불교에서는 비구·비구니가 이미 주역이 아닙니다. 새로운 주역이 힘차게 문을 열고 등장하고 있습니다.

새로운 주역이 누구인가?

곧 보살중(菩薩衆)입니다. 보살이 곧 성중(聖衆)이고, 상가입니다.[9]

11 보살은 재가와 출가의 구분이 없습니다. 상구보리(上求菩提) 하화 중생(下化衆生), 안으로 깨칠 마음을 내고, 밖으로 이웃 형제들을 섬기겠다고 발심한 구도자들, 출가건 재가건, 남정네건 여인네건, 이렇게 발심한 이들은 모두 보살중입니다.

상가(Saṃgha) 승가(僧伽)·승(僧), 곧 성중(聖衆)은 본래 출가중〔성문승(聲聞僧)〕으로부터 출발하여, 이제 진리를 탐구하고 전파하는 사부대중의 보살중(菩薩衆)으로 발전하였습니다. 이것은 편리한 합리화가 아니라, 부처님께서 선포하신 바입니다.

세존 말씀을 경청합니다.

"선남자 선여인아, 이 세상과 출세간(出世間, 진리세계)에 세 종류의 승(僧)이 있으니, 첫째는 보살승이요, 둘째는 성문승이요, 셋째는 범부승이니, 문수사리와 미륵 등은 곧 보살승이요, 사리불과 목건련 등은 곧 성문승이요, 해탈을 성취한 참되고 착한 범부와 나아가 정견(正見)을 갖추고 능히 남을 위하여 성중의 길을 연설하고 열어 보여, 중생을 이익케 하는 모든 이가 범부승이니

---

8) 김동화, 『大乘佛敎思想』 pp.14~17.
9) 이희익, 『佛敎의 敎團生活』p.13

라.… 이 세 종류는 그 이름이 참된 복전이신 승보(僧寶)이니
라.”

-심지관경-

12 “보살승·성문승(출가승)·범부승
중생을 이익케 하는 모든 이들
참된 복전이신 승보〔眞福田僧寶〕”

　이 말씀 들으면서 우리의 고정 관념이 한꺼번에 무너져 내리는
혼돈마저 느낍니다. 그러나 이것이 엄연한 대승의 도리인 것을
어찌하겠습니까. 나와 당신, 저 세속의 형제들, 범부중생마저도
참된 복전이며 승보라는 말씀을 어찌 우리가 감히 거역하겠습니
까?
　대승 불교의 아침이 밝아올 때, 이들 사부대중은 새로운 성중
으로 함께 어울려, 겸허한 마음으로 부처님을 맞이하였습니다.
　『법화경』은 그 첫 머리에서 영산 회상(靈山會上)에 모인 이
새로운 상가의 모습을 이렇게 서술하고 있습니다.

　“이들은 제각기 부처님의 발에 예배하고, 한쪽으로 물러나 앉
아 있었다.
　이때 세존께서는 둘러 앉은 사부 대중으로부터 공양과 공경과
존중과 그리고 찬탄을 받으시면서, 여러 보살들을 위하여 대승경
을 설하시니, 그 이름은 『무량의경(無量義經)』이다. 보살을 가르
치는 법이며, 부처님께서 보호하고 생각하시는 바이었다.”

-법화경 서품-

13 우리나라 불교사(佛敎史)를 보아도, 출가와 재가의 분열증세
는 심각한 고질이 되어 왔습니다. 이 고질이 우리 불교를 약화시
키고, 무진장의 능력을 사장(死藏)시켜 온 근본 장애입니다. 한
국 불교는 겉으로는 대승을 부르짖었지만, 실제로는 대승 이전의

분열과 혼란 상태에 있어 왔습니다.

'승가(僧伽) 곧 승려'라는 단순 논리를 고집해 왔기 때문에, 이 것은 결과적으로 승단의 존재까지를 무력하게 만들고 말았습니다. 조선 왕조 척불시대(斥佛時代)에, 절이 무너지고, 불상(佛像)의 목이 잘리고, 스님들이 관청에 끌려가 죄인 취급당할 때, 그때, 대중들은 어디 있었습니까? 100% 불교신자인데, 그때 백성들은 무얼 하고 있었습니까? "정법을 수호하라"시는 세존의 명을 받은 재가중은 어디서 무엇을 하고 있었습니까?

14 이런 비극은 지금 이 땅 위에서도 벌어지고 있습니다. 출가중과 재가중 사이의 뿌리 깊은 단절(斷絶), 이것을 급히 치유하지 못하면, 더 두려운 비극이 벌어집니다. 우리는 역사를 통해서 배울 것입니다. 출가중이 재가중을 무시하고 버리면, 재가중도 출가중을 무시하고 버린다는 역사적 사실을 우리는 냉철히 받아들일 것입니다.

지금이 바로 이 장애를 극복할 때입니다. 우리는 먼저, '상가ー성중(聖衆)ー사부대중ー교단(敎團)'으로 우리의 인식을 철저히 바꿀 것입니다. 출가중과 재가중, 곧 승단(僧團)과 신도(信徒)는 이제 이 새로운 관계 속에서 하나의 보살중·사부대중으로 함께 만나서, 견고하고 서로 사랑하는 하나의 공동체, 하나의 교단을 이룰 것입니다.

15 대승의 상가, 이 속에서 출가 스님네들과 재가 신자들은 서로 공경하고, 서로 의지하고, 서로 의논하고 도와서, 물과 젖처럼 화합하고, 부처님의 서원을 실현하는 대작불사(大作佛事)를 위하여 함께 신명(身命)을 바칠 것입니다.

세존께서 이제 우리에게 이와 같이 분부하십니다.

"출가자는 재가자와 더불어 서로 의지하여, 힘과 법의 두 수레

바퀴로 빨리 니르바나의 즐거움에 이를지어다.
　출가자는 재가자에 의하여 법다운 자생구(資生具, 생활도구)를
얻고, 재가자는 출가자에 의하여 미묘한 정법(正法)을 수호하라.
　이중(二衆)은 서로 서로 의지하여, 사람과 하늘 신의 기쁨을
받고, 생(生)·노(老)·병(病)·사(死)를 벗어나 밝고 시원한 니르
바나에 이를 지니라.”

—본사경 권 4—

지금 이대로는 안 된다.

16 ‘서로 사랑하는 하나의 화합중.
스님과 신도들이 서로 공경하며 함께 만나는 불자 공동체’

　얼마나 갈구해온 우리들의 염원입니까? 상가는 바로 이 화합중
이 아니고 무엇입니까? 상가(僧伽) 속에 재가 신자를 포함시키
는 데에는 상당한 논란이 예상되고, 스님들께서 못마땅해 하실지
모르지간, 참으로 중요한 것은 이름이나 말이 아니라 본래의 진
실이며 대승의 큰 뜻이라고 생각합니다. 출가중과 재가중이 하나
의 공동체가 된다고 해서, 재가 신자가 스님 노릇할 리 만무하고,
스님들 앞에 경배하지 않을 리 없지 않습니까? 하늘 땅이 바뀌어
도, 스님은 스님이시고, 신자는 신자이지요. 어찌 두루뭉수리가
되겠습니까?
　문제의 핵심은, 사부대중이 불교 교단의 한 공동체가 되어야
한다는 것입니다. ‘승가(僧伽)’는 곧 ‘출가중〔聲聞僧―성문승〕’이
며, 동시에 ‘보살중, 범부중’이라는 세존의 교법으로 돌아가야 한
다는 것입니다. 지금 이대로는 더이상 안 된다는 것입니다.
　더 근본적으로 사유하면, 삼귀의는 본래 자기 자신에게로 돌아

가는 자귀의(自歸依)이고, 삼보(三寶)가 또한 제 마음을 근본 삼
는 자성삼보(自性三寶, 제 청정한 마음 속에 불·법·승이 있다)
인데,[10] 다시 무슨 말을 더 하겠습니까.

17 '우리는 사부대중
성스러운 불자 공동체'
이것은 부처님의 명입니다. 역사의 명입니다.
벗이여, 우리 기쁜 마음으로 이 진실을 받아들이지 않으렵니까.
이래야 우리가 살아납니다.
　'비구·비구니·우바새·우바이.
성중(聖衆), 성스러운 부처님 백성들'
　이제 우리 사부 대중들은 사찰과 법회와 교단의 네 기둥으로서
마땅히 함께 만나고, 함께 협의하고, 함께 결의할 것입니다. 승단
의 일은 물론 스님들 스스로 결정할 것이지만, 교단의 일은 마땅
히 사부대중이 함께 결정할 것입니다. 바로 이것이 재가중과 출
가중이 힘과 법의 두 수레바퀴로서 정도(正道)로 나아가는 일입
니다. 승단과 교단의 개념은 엄격히 구분될 것입니다.
　승단의 스님들은 종교적으로는 귀의의 대상으로서 승보(僧寶)
이며 수행의 지도자입니다. 그러나 교단·사찰·법회의 운영에 있
어서는 평등한 공동주체입니다. 부모님은 자식들이 공경하는 효
도의 대상이지만, 가족회의에서는 자녀들과 더불어 평등한 성원
이 되는 것과 같은 도리입니다. 이 도리를 착각하는 데서 독선주
의의 병폐가 생겨납니다.

18 우리 청보리 법회는 사부대중이 한데 어울려 있습니다. 큰스
님이 법회의 회주(會主)로서 정신적 지도자가 되시고, 재가 법사

---

10) 『육조단경(六祖壇經)』「참회품」

들이 법회의 지도자로서 학생회·청년회·신도회를 나누어 가르칩니다. 출가와 재가가 둘이 아니라 하나로써 일치하고 있습니다. 법회의 대소는 사부대중의 대표가 동참하는 대중위원회(大衆委員會)에서 결정합니다.

대중위원회는 우리 법회의 실질적인 주체로서, 대중총회가 설정하는 기본틀의 범위 안에서 법회 활동의 모든 계획을 수립하고 조정하며 그 실행을 주도합니다. 일반 사회단체로 말하면 이사회와 같은 기구이지요. 대중 위원회는 회주 스님의 뜻을 받들어 원장 스님이 주관하는데, 지도법사들·신도회의 회장단·각 집단(청년회, 대학생회, 학생회, 어린이회 등)의 대표들(회장, 지도 간사)이 그 위원이 됩니다. 이렇게 해서 출가와 재가가, 자연스럽게, 제도적으로 함께 만나서 일체가 됩니다. 이렇게 해서 신앙(귀의)과 운영(공동주체)이 아무 모순 없이 잘 조화됩니다.

대중위원회는 법회의 운영규정(정관)에 의거하여 체계적으로 그 업무를 추진해 갑니다.

19 법회의 모든 불자들은 회주 스님을 한 은사(恩師)로 삼아 대가족을 이룹니다. 법우들은 법형제·법부모자식 관계로 굳게 맺어져 있습니다. 계(戒) 받은 순서에 따라 서로 '사형(師兄), 사제(師弟)'라고 부르면서 공경하고 사랑합니다. 새 불자가 입문하면, 사형이 한 사람 인도자로 선정되어, '친사형(親師兄)'으로서 그를 돌보고 인도합니다.

청보리 법회의 대중이 되는 데에는 엄격한 과정이 있습니다. 처음 입회하면 8주간의 예비과정을 이수하고, 친사형의 보증으로, 입문심사를 받습니다. 법사가 입문을 승인하면, 부처님과 대중 앞에서 '청보리 삼대서원'을 맹세하고 정회원이 됩니다. 대중들이 그를 환영하고 축복합니다.

정회원을 '청보리'라고 부르는데, 청보리가 되면, 3년 공부의

'선우(善友)과정'으로 들어갑니다. 선우는 원시교단의 'Kalyanam-itra'를 옮긴 말인데 '좋은 벗, 좋은 안내자'라는 뜻입니다.[11] 청보리로서 만 3년간 충실히 공부하고 법회 생활하면, '선우 후보'로 선정되고, 선우 고시(善友 考試)를 치루게 되는데, 고시는 논문과 교리시험 및 면접으로 구분됩니다. 고시에 합격하면 '선우 삼대서원'을 맹세하고 선우의 품계를 받게 됩니다. 선우 고시는 연(年) 1회 실시하는데, 우리 법회에서는 '84년 10월에 처음으로 7명의 선우를 배출하는 장엄한 승품 법회를 개최하였습니다. 선우는 법회 살림을 주관하고, 청보리들을 교육하며, 포교의 주역으로 헌신하는 재가중의 초급 역군입니다.

선우가 되면 곧, 7년 공부의 '화주(化主)과정'에 들어가고, 화주가 되면 10년 공부의 '장자(長者, Sreṣtha)과정'으로 들어갈 것입니다.

'선우(善友)─화주(化主)─장자(長者)'

이것이 우리 재가 불자들의 공통된 신계(信階, 신도품계)가 되기를 희망하면서 여기에 제안하는 것입니다.

20 우리 법회의 대중들은 10여 명 단위의 '가족'으로 나누어지는데, 선배 사형이 가장(家長)이 됩니다. 이 가족들은 법회에서는 물론, 세속 생활에서도 평생 가족으로서 고락을 함께하고 있습니다. 지난번 우리 가족의 막내 법향(法香) 은정 법우가 교통 사고로 입원하였을 때에는, 회주 스님을 비롯한 대가족들이 모두 병원에 가서 함께 기도하고, 가족들은 당번을 돌려가면서 병실에서 그와 함께 지냈습니다.

'사부대중이 함께 가는 상가
물과 젖처럼 서로 사랑하고 어울리는 불자 공동체'

---

11) 增谷文雄/이원섭, 『佛敎槪說』, 玄岩社, 1973, pp.79~80.

　이것은 결코 꿈이 아닙니다. 지금 여기, 이 땅 위에서 조용히 번져가고 있는 하나의 희망찬 현실입니다. 이러한 새 불교운동, 새 상가운동을 우리는 '청보리 운동'이라고 부르고, 여기에 동참하는 모든 형제들은, '청보리, 청보리 형제들', 이렇게 찬탄하면서, 가슴 가득히 맞이하려는 것입니다.

회향발원 출가·재가는 공동운명체입니다.

자비하신 부처님.

이제 저희 청보리들, 푸르른 부처의 씨앗들.

스님과 재가가 한데 어울려 사부대중의 성중(聖衆)으로 일어섭니다. 서로를 인정하기에 인색하며 자기를 주장하기에 급급해 왔던 지난날의 탐·진·치를 참회하고 '스님과 재가가 분열하면 우리 불교는 망한다. 출가·재가는 한 운명의 공동체이다'라는 진실을 크게 깨달으며, 저희들은 떨치고 일어나 한 대중으로 서로 만납니다. 재가는 스님네들을 청정한 지도자로 공경하고, 스님들은 재가를 함께 가는 동반자로 서로 믿고 의지하며, 이제 저희 사부대중은 교단과 우리 절 우리 법회의 공동 주체로 새로 납니다.

－나무석가모니불－

찬불가 함께 가는 형제들

내용익힘

1. 다음 문장을 완성해 봅니다.

① 선남자 선여인아, 이 세상과 출세간에 (   ) 종류의 승(僧)이 있으니 첫째는 (   )이요, 둘째는 (   )이요, 셋째는 (   )이니, 문수사리와 미륵 등은 (   )이요, 사리불과 목갈라나 등은 (   )이요, 해탈을 성취한 참되고 착한 (   )와, 나아가 정결을 갖추고 능히(   )을 위하여 (   )의 길을 연설하고 열어보여, (   )을 이익케 하는 모든 이가 (   )이니라. 이 세 종류는 그 이름이 참된 (   )이신 (   )니라.

② 나의 성문 중에는 제일가는 (   )가 있다. 나의 성문 중에는 제일가는 (   )가 있다. 나의 제자 중에는 제일가는 (   )가 있다.

③ 지금이 바로 이 장애를 극복할 때입니다. 우리는 먼저, 'Saṃgha-(   )-(   )-교단'으로 우리의 인식을 철저히 바꿀 것입니다. 출가중과 (   ), 곧 승단과 신도는 이제 이 새로운 관계 속에서 하나의 (   )·(   )으로 함께 만나서, 견고하고 서로(   ) 하나의 (   ), 하나의 (   )을 이룰 것입니다.

2. 다음 물음에 간결하게 답합니다.

④ 출가와 재가는 왜 근본평등인가?

⑤ 불교교단의 분열과 쇠약을 가져온 가장 큰 원인은 무엇인가?

⑥ 출가와 재가의 가장 법다운 관계는 무엇인가?

교리탐구 역사적으로 상가〔聖衆〕의 이념은 어떻게 발전되어 왔는가?

1. 불교 이전의 상가

2. 초기 불교의 상가

3. 대승 불교의 상가

실천수행 우리 사찰 법회의 대중위원회 방식을 연구하고 준비해 갑니다.

1. 다른 종교 단체의 운영방법을 조사한다.
2. 불교단체 가운데 선구적인 단체를 찾아가 운영방법을 배운다.
3. 스님과 신도 대표들이 함께 모여 우리 법회의 운영방법을 검토하고 개혁방안을 논의한다.

2과 • 상가는 이 땅의 동포들

"이 진실한 단체는 이처럼 진리를 근본으로 한 것이기 때문에, 상가라고 한다. 그런데 모든 사람들은 다 그 마음을 이 진리에 의하여 열심히 수행하지 않으면 안 되기 때문에, 상가는 지상의 모든 사람들을 다 포함한 것이라 할 것이나, 사실에 있어서는 같이 만든 사람들의 단체를 의미한다."

—파리 상응부—

탐구과제
- 이념적으로 상가가 어떻게 민족 공동체로 확산되어가는가를 고찰합니다.
- 어떻게 행위하는 것이 민족상가에 귀의하는 것인가를 깨닫습니다.
- 무엇이 가장 긴급한 민족상가에 대한 사랑인가를 발견하고 몸소 실천해 갑니다.

상가, 지금 여기 이 땅의 동포들

21 상가는 출가 독신(出家獨身)하는 스님들, 곧 승단(僧團)으로부터 시작하여, 이제 사부대중이 평등히 동참하는 대중공동체, 교단(敎團)으로 넓어졌습니다.

사부대중, 이들은 누구인가?

비구·비구니·우바새·우바이, 이들은 대체 누구들인가?

이 공동체에는 실로 온갖 무리, 온갖 종류의 사람들이 함께 모였습니다. 왕자·대신·귀족의 자녀들·부호 장자·관리·군인들이 모여 있습니다. 농부·상인·기술자·노예 이발사·똥군·낙제한 바보들이 모여 왔습니다. 왕비·귀족의 부인들·부호의 딸들·기생·창녀·천한 백정의 딸들이 모여 왔습니다.

이들은 살인자·방랑자·병든 자들입니다. 이들은 미친 여인·유괴범·사랑의 패배자들입니다. 이들은 소박한 농부·우유 짜는 처녀·사냥꾼의 딸들입니다.

22 그러면서도 이들은 한데 어울렸습니다. 제각기, 제멋대로 모여 왔건만, 이들은 시냇물처럼, 강물처럼 모여서, 함께 크나큰 바다로 흘러 들었습니다. 그래서 마침내 진리의 짠맛 한 가지로 물들었습니다.

이것은 실로 일찍이 역사에 없었던 위대한 기적이고 신비였습니다. 상가는 참으로 거룩한 무리〔聖衆〕입니다.

세존께서 말씀하십니다.

"그 곳〔상가〕에는 평화가 있고, 기쁨이 있고, 만족이 있고, 행복이 있다. 그래서 마치 산 위에 떨어져 흐르는 빗방울이 흘러서 도랑이 되고, 개천이 되고, 큰 내가 되고, 강이 되고, 하수(河水)가 되어, 드디어 큰 바다로 들어가는 것과 같이 여러 경우의 사람들도 부처님께서 가르치신 법의 비〔法雨〕에 젖어서 차례로 한 흐름이 되어, 깨침의 바다로 흘러가고 있다. 그런 까닭에 모든 사람의 마음이 물과 젖같이 실로 아름답고 진실한 상가를 만드는 근본 힘이 되는 것이다."

—파리 율장 대품—

23 이 강물은 지금 어디로 흐르는가?

저 아름답고 진실한 상가의 강물은 바로 여기, 나와 당신의 가슴 속으로 흘러오고 있습니다. 3천년의 시간과 6대주의 공간을 품에 안고, 지금 여기, 이 거리와 마을로 곤곤히 넘쳐 흐르고 있습니다.

저 때의 많은 무리 많은 종류의 사람들이 그러했듯이, 오늘 여기에서도 많은 무리 많은 종류의 세상 사람들이 빗방울처럼 모여, 이 크나큰 상가의 바다에서 함께 만나고 있습니다. 함께 어울려 어깨를 부비면서 망망한 진리의 바다〔佛法大海〕로 흘러오고 있습니다. 평화와 기쁨과 만족과 행복이 출렁이는 이 바다로 흘러오고 있습니다.

24 사부대중, 이들은 누구인가? 오늘의 사부대중은 정녕 누구인가?

젊은이들, 관리들, 군인들, 농부, 상인, 기술자, 직공, 공사장 인부들, 이발사, 청소부, 재수생들입니다. 요구르트를 배달하는 여인들, 자식을 기다리는 어머니들, 공단의 처녀들, 안내양, 간호원, 포장 마차의 아주머니들입니다.

저 거리에 빽빽히 밀려 흘러가는 저 이웃들, 백성들, 바로 이들이 우리가 귀의하고 경배드리는 이 땅의 성중(聖衆)들, 오늘의 사부대중입니다.

세존께서 말씀하십니다.

"이 진실한 단체는 이처럼 진리를 근본으로 한 것이기 때문에 상가〔교단〕라고 한다. 그런데 모든 사람들은 다 그 마음을 이 진리에 의하여 열심히 수행하지 않으면 안 되기 때문에, 상가〔교단〕는 지상의 모든 사람들을 다 포함한 것이라 할 것이나, 사실에 있어서는 같이 만든 사람들의 단체를 말하는 것이다."

―파리 상응부―

25 "상가는 지상의 모든 사람들을 다 포함한다."

그런 까닭에 이 땅의 이 백성들은 당연히 상가의 성중이 됩니다.

'나만이 상가다, 우리들만이 승가다.'

이런 고집들이 얼마나 편협하고 어리석었던가를 우리는 새삼 부끄러워합니다.

이들, 이 땅의 백성들은 혹은 방황하는 자이며, 병든 자이며, 괴로워하는 자들입니다. 혹은 기뻐하고 슬퍼하며, 성공하고 좌절하며, 사랑하고 미워하며, 믿고 믿지 않으며, 하늘을 부르고 땅을 치며…, 실로 온갖 모습의 사람들입니다.

그러나 이 비틀거리는 사람들을 버려두고 사부대중은 따라 있지 않습니다. 잠못 이루는 이 땅의 작은 민중들을 버려두고 우리가 돌아갈 성중(聖衆)을 다시 찾을 수 없습니다.

무슨 까닭인가?

저때의 비구·비구니들처럼, 지금 이 이웃들은 진리〔法〕를 갈망하고 있기 때문입니다. 저때의 우바새·우바이들처럼, 여기 이 백성들은 갈래 갈래 고통 속에서 '모든 것으로부터의 자유, 대해탈(大解脫)'을 염원하고 있기 때문입니다. 저때의 대중들처럼, 이 땅의 이 작은 민중들은 평화와 기쁨과 만족과 행복의 신천지를 갈망하고 있기 때문입니다.

지금 여기, 이 백성들이야말로 부처님께서 사랑하시는 님의 딸이고 아들입니다. 부처님께서 염려하시는 성중(聖衆)이고 성제자(聖弟子)들입니다.

이 땅의 민족 상가로 돌아가라

26 코살라 국(Kosalā國)은 강대국으로서 카필라 국(國)을 항상 위협하고 있었다. 코살라의 왕 프라세나짓왕(Prasenajit王, 바사닉왕)의 아들 비루다카(Virūḍhaka, 비유리왕)는 평소 카필라에

대하여 깊은 원한을 품어오다가,[1] 마침내 아버지를 죽이고 왕이 되어, 대군을 동원하여 카필라 정벌에 나섰다. 이 소식을 들은 석가모니께서는 급히 카필라로 가는 길목으로 나가서, 가지도 잎도 없는 마른 나무 밑에 앉아서 뙤약볕을 받고 계셨다. 군사를 거느리고 오던 비루다카 왕은 세존을 뵈옵자 급히 말에서 내려 인사 드렸다.

"세존이시여, 니그로오다의 우거진 나무가 이 근처에 얼마든지 있는데, 왜 이렇게 잎도 없는 마른 나무 밑에 앉아 계십니까?"

"왕이여, 친족(親族)들의 그늘은 시원하니라. 그러나 내게는 지금 친족의 그늘이 없도다."

비루다카는 석가모니의 속마음을 알아채고 곧 군대를 돌이켜 돌아갔다. 그러나 그는 하루 세 번 원한의 게송을 외우는 소리를 듣고 다시 군대를 일으켜 진군하였다. 도중에서 마른 나무 밑에 앉아계시는 석가모니를 뵈옵자, 비루다카는 다시 돌아갔다. 이렇게 세 번을 되풀이 한끝에, 비루다카는 끝내 카필라를 치고 말았다.

27 비루다카는 5백명의 카필라 여인들을 포로로 잡아 돌아갔으나, 정숙한 계(戒)를 지키는 카필라 여인들은 왕의 명에 결코 굴복하지 않았다. 비루다카는 여인들의 옷을 벗기고 흙구덩이에 파묻었다. 파묻힌 여인들은 울며 기도했다.
"부처님은 우리 종족에서 나셨습니다. 널리 천하에 법의 비를 내리십니다. 저희들은 이제 이렇게 고난을 당하고 있습니다. 부

---

1) 카필라(Kapila國)는 석가모니의 모국. 비루다카는 카필라에서 속여서 보낸 하녀의 소생인데, 뒤에 이 사실을 알고 복수하려 하였다. (武者小路實篤/박경훈 역, 『釋迦의 生涯와 思想』, 玄岩社, 1979, pp.294~302)

디 자비를 베푸사 저희들을 구원해 주소서."

이 부름을 듣고 석가모니께서는 제자들을 이끌고 처참한 싸움터로 달려 오셨다. 5백 여인들은 부처님을 뵈옵자 기쁨과 함께 벗은 몸을 부끄러워했다. 부처님을 따르던 제석천신(帝釋天神)은 하늘 옷을 주고, 비사문천신(毘沙門天神, Vaisramaṇa, 4천왕의 하나)은 하늘 밥을 주어 요기시켰다.

세존께서 말씀하셨습니다.

"모든 것은 항상(恒常)함이 없어
나타났다간 반드시 사라진다.
나고 죽음을 떠나서야말로
영원한 즐거움이 거기 있도다."

여인들은 이 말씀을 듣고, 집착을 떠나, 모두 법의 눈을 얻었다.

-아함경-

28 마른 나무 밑에 앉아서 땀 흘리시는 부처님.

무엇을 위하여 석가모니께서는 저리 수고하시는가?

그 조국과 백성들을 위하심입니다. 조국 카필라를[2] 사랑하시고 인도를 사랑하시기 때문에 뙤약볕 아래 나가 앉으시고, 동포들을 사랑하시고, 여인들을 염려하시기 때문에, 처참한 싸움터로 달려 오십니다.

부처님의 자비는 온 누리에 비처럼 평등히 내리지만, 부처님은 단지 막연한 세계주의자(世界主義者)는 아닙니다. 부처님께서는 지극히 가까운 것부터 사랑하여 구원하시고, 지극히 가까운 것을 사랑하시는 그 마음 그대로 지극히 먼 것까지를 구원하십니다.

---

2) 카필라(Kapila國)는 지금의 네팔(Nepal國)이다. 수도 카필라바스투는 룸비니 북서쪽 티라우라콧트로 추정된다. 당시 가빌라는 농경 중심의 소(小)공화제적인 왕국이었다. (中村元/김지견,『佛陀의 世界』, pp.171~179)

성도(成道) 후 석가모니께서는 모국 카필라로 돌아오셔서 그 백성들을 제도하시고, 사랑하는 아들 라훌라(Rahula)와 일곱 형제들을 손수 출가시키고, 아내 야쇼다라(Yaśodhara)의 출가를 허락하여, 거룩한 상가 속에서 영원히 한 친족이 되셨습니다.[3] 마지막 입멸(入滅)하실 때, 석가모니께서는 카필라로 가는 길목의 구시나가라 사라쌍수 언덕에서, 머리를 북쪽 카필라 쪽으로 두신 채 육신의 최후를 맞이하시고, 동포들을 부탁하셨습니다.

최후 유교(遺敎)에서 간곡히 당부하십니다.

"내가 입멸한 뒤에 석가 종족들이 와서 도를 구하는 자가 있거든 마땅히 모두 구족계를 주라."
ㅡ장아함경ㅡ

29 상가가 누구인가? 우리가 귀의하려는 성중(聖衆)은 누구인가?

그들은 필경 이 땅의 동포들입니다. 우리와 더불어 함께 고뇌하며, 갈래갈래 아픔 속에서도, 끝끝내 진리를 찾고 평화를 사랑하는 이 나라 동포들입니다. 이 민족, 단군 민족입니다. 이 동포, 이 민족은 나와 당신으로 더불어 생사 고락을 함께하는 운명 공동체(運命共同體)이며, 거룩한 상가입니다. 이것이 곧 민족 상가입니다.

상가에 귀의한다는 것은 이 백성, 이 민족에게로 돌아가는 것이며, 더불어 운명을 함께하는 것입니다. 비록 내 몸이 산속 토굴 속에 있다 하여도, 내 마음 깊은 곳에서 이 백성들을 사랑하고, 이 민족을 염려하는 것입니다. 저 석가모니처럼, 조국의 불행을 제 불행으로 아파하고, 고통받는 여인들 속으로 달려가는 것이며, 죽음 앞에 서서도 조국을 향하여 머리를 두고, 조국 산하를

---

3) 본생경 권 1. 와다나베 쇼오꼬/법정, 『불타 석가모니』하, pp.63~84.

그리워하는 것입니다. 임종의 순간까지도 내 종족, 내 민족을 정법으로 인도하려는 것입니다. 상가에 귀의한다는 것은 실로 나라 사랑이며 겨레 사랑입니다. 애국(愛國)이며 호국(護國)입니다.

역사와 민중 앞에 바른 말 하라

30 어떻게 사랑할 것인가? 우리는 어떻게 성중(聖衆)인 이 땅의 동포들을 사랑하며 그들 속으로 귀의할 것인가?

어느 때 석가모니께서 코살라의 프라세나짓 왕에게 들려주신 말씀을 경청합니다.

"왕이여, 백성들을 외아들같이 사랑하시오. 억압하지 마시오. 아무리 작은 생명이라도 중하게 여기시오. 악덕(惡德)을 극복하고, 부정(不正)한 가르침을 버리고, 바른 길로 가시오. 남의 불행 위에 자신의 행복을 쌓아서는 아니 됩니다. 괴로움을 당하는 자를 돕고, 슬퍼하는 자를 위로하며, 병든 자를 구해야 합니다. 왕의 지위를 특별한 것이라고 생각하지 말며, 아첨하는 자의 말을 따라서는 아니 됩니다."

-상응부경 권1-

31 "왕이여, 백성들을 외아들같이 사랑하시오. 억압하지 마시오."

이 말씀 들으면서, 우리는 부끄러움을 금치 못합니다.
왜?
우리는 너무 오랜 세월 말 못하는 벙어리가 되어왔기 때문입니다. 우리 스스로 아첨하는 무리가 되어서, 백성을 억압하고 백성의 불행 위에 자신의 행복을 쌓아가는 압제자들을 외면해 왔기 때문입니다.

불행히도 한국 불교사에는 바른 말 하는 사람이 드문 듯합니다. 견성(見性)한 어른도 많고, 국사(國師) 왕사(王師)도 많고, 거사(居士) 장자(長者)도 많지마는, 나라의 운명과 백성들의 불행을 향해서 직언(直言)한 의인(義人)은 드문 듯합니다. "백성들을 억압하지 마시오. 당신의 자리를 특별한 것이라고 생각하지 마시오."

횡포한 통치자를 향하여 이렇게 직설(直說)한 보살은 드문 듯합니다.

32 이것은 참 부끄러운 일입니다. 부처님 뵈옵기 부끄럽고, 백성들 보기가 부끄럽습니다. 그래서 이 나라 불자들은 국민의 절대 다수를 차지하면서도, 흔히 역사의 전면에 서질 못했습니다. 뒷자리에 앉아서 박수나 치고 속앓이나 하는 무력(無力)한 소외 군중(疎外群衆)으로 대접받아 왔습니다.

이렇게 해서 백성들을 불행에 빠뜨리고, 민족을 재난 속으로 방치했습니다. 이 나라 역사의 불행과 재난은 바로 우리들의 책임입니다. 불자들의 책임입니다.

왜?

불교는 2천여 년 민족의 종교가 되어 왔기 때문입니다. 민족의 운명은 본질적으로 그 종교에 달려 있기 때문입니다.

33 불자는 본래 정어자(正語者)입니다. 바른 말 잘 하는 사람이지요. 부처님께서는 바른 말 잘 하는 것이 해탈(解脫)과 니르바나의 길이라고 말씀하셨습니다.

그래서 팔정도(八正道)에서, "정어(正語)하라. 바른 말 하라" 하셨고, 최후 유교에서도, "아첨하지 말라."신신 당부하셨습니다.[4]

---

4) "수행자들아, 아첨하는 마음은 도(道)와 서로 맞지 않는다. 그러므로 마땅

바른 말 한다는 것이 무엇인가?

말 해야 할 때 피하지 않고, 정정당당하게 하는 것입니다. 다스리는 자들이 횡포하거나 어둠 속으로 들어갈 때, 나서서 질책하고 말리는 것입니다. 백성들이 의(義)를 버리고 타락할 때, 한 몸으로 가로 막고, 목탁을 치고 종을 울리며 경책(警策)하는 것입니다.

34 절에서는 아침 저녁 사물(四物)을 울립니다. 종〔梵鍾〕을 치고, 북〔法鼓〕을 치고, 목어(木魚)를 치고, 운판(雲板)을 칩니다.

무엇 때문인가?

경책하기 위함입니다. 잠든 자, 혼미한 생령들을 일깨우고 정신차리게 경책하기 위해서 캄캄한 어둠을 향하여 외치는 것입니다.

대중들이 공부할 때, 조는 사람이 있으면, 죽비(나무토막으로 만든 경책하는 도구)를 내립니다. 어깨죽지를 치는 것이지요.

무엇 때문인가?

경책하기 위함입니다. 잘못을 지적해 주고 회개하게 하기 위해서 나태한 육신을 향하여 매를 드는 것입니다.

35 불자가 백성을 사랑한다는 것은 곧 바른 말 하고, 직언(直言)하고, 경책(警策)하는 것입니다. 목탁, 사물(四物), 죽비는 안방에 앉아서 치는 것이 아닙니다.

우리는 먼저 우리 자신을 경책하고, 가정과 마을과 고을과 백성과 나라를 향하여 경책할 것입니다. 목탁을 치고, 종을 치고, 북을 치고, 운판을 치고, 죽비를 내리고…… 온갖 방법을 다하여

히 그 마음을 소박하고 정직하게 쓰라. 아첨하는 마음은 다만 속임수라는 것을 마땅히 알아, 이 길에 들어온 자는 그렇게 할 수 없다.〞(장아함경)

이 백성들을 일깨우고, 질책하고, 예언하고, 정신차리게 할 것입니다.

무슨 까닭인가?

이 백성을 버려두고 우리가 귀의할 상가가 다시 없기 때문입니다. 불자를 버려두고 이 민족 앞에 바른 말 할 사람이 다시 없기 때문입니다.

이 백성들을 사랑하고, 이 동포들을 깨우치는 것이 진정한 귀의승(歸依僧)이기 때문입니다.

36 불자는 바른 말 하는 사람입니다. 민족의 양심을 지키고, 동포들의 속 마음을 대변하는 사람입니다. 아무도 나서지 못할 때, 고요히 나서서 외치는 사람입니다.

문무왕(文武王) 앞에 직언한 의상(義湘)대사의 강한 용기를 우리는 오늘 새삼 생각하고 있습니다.[5] 일본 판검사 앞에 민족의 분노를 직설한 만해(萬海) 선생의 거룩한 용맹을 우리는 이제 다시 깊이 생각하고 있습니다.

3·1만세의 주범으로 취조받던 만해 선생은 일인 검사의 최후 심문에 이렇게 정직하게 대답하고 있습니다.

○ 일인(日人)검사 : "피고는 금후에도 조선의 독립운동을 할 것인가?"

○ 만해 선생 : "그렇다. 계속하여 어디까지든지 할 것이다. 반드시 독립은 성취될 것이며, 일본에는 중 월조(月照)가 있고, 조선에는 한용운이 있을 것이다."[6]

---

5) "왕의 정치가 밝으면, 비록 풀 언덕에 땅을 그어 성을 삼을지라도, 백성이 감히 넘지 못하고, 재앙이 변하여 복이 될 것이요, 왕의 정치가 밝지 못하면, 비록 장성(長成)이 있을지라도 재난을 없애지 못할 것이오."(『삼국유사』―의상전교)
6) 「韓龍雲取調書」, 全集 1, p.367.

37 ‘지금 우리는 무슨 말을 할 것인가? 다스리는 자 앞에 무엇을 직언하고, 이 동포들 앞에 무엇을 경책할 것인가?’

우리는 부처님 앞에 무릎 꿇고 엎드려 가만히 귀기울이고 있습니다. 부처님의 명을 경청하고 있습니다. 깊은 곳에서 님의 소리가 울려 옵니다.

“불자야, 사랑하는 자식들아,
너희는 목탁이니라.
백성을 깨우는 새벽의 목탁이니라.
너희 몸을 두들겨
자유의 문을 열라.

불자야, 사랑하는 자식들아,
너희는 범종이니라.
민족을 소생케 하는 광명의 종이니라.
너희 몸을 부딪쳐
자유의 문을 열라.”

-자유의 문을 열라-

38 “너희 몸을 부딪쳐
자유의 문을 열라.”

이 나라에는 지금 닫힌 문이 많습니다. 풀어야 할 문제가 많습니다. 태풍처럼 몰아 붙이는 사치와 관능의 풍조, 성(性)과 도덕의 타락, 비정상적인 학교 교육과 천대받는 스승들, 청소년 범죄, 환경 오염, 노동자의 임금, 빈부 차이, 농민의 고통, 전통의 단절, 대학의 자율, 언론 자유, 평화적인 정권 교체, 민족의 분단과 이질화(異質化)··· 이 모든 일상적 시민적 문제가 곧 우리 대중들이 발언하고 참여하고 대결해서 열어가야 할 자유의 문입니다.

이제 우리는 부처님의 법과 불교의 가치관에 입각해서 우리 마을, 우리 사회의 모든 문제를 우리 자신의 것으로 삼아, 주인답게 추구할 것입니다. 비판하고, 제안하고, 연구하고, 행동할 것입니다. 바로 이것이 진정 상가에 귀의하는 사부대중의 신행(信行)이고 자비행입니다. 사찰과 법회와 교단은 바로 이 일을 위해서 존재하는 것입니다. 이것이 상가의 사명입니다.

회향발원 (역사와 민족 앞에 바른 말 합니다)

자비하신 부처님.

이제 저희 청보리들, 푸르른 부처의 씨앗들

떨치고 일어나 민족 상가로 돌아갑니다. 이 땅의 백성들, 이 민족이 우리가 몸 바쳐 돌아가야 할 성중(聖衆)임을 깨닫고, 이 백성들을 생각하며, 이 민족을 위하여 고뇌합니다. 저희들 이제 당당히 서서 바른 말 합니다. 아첨하지 아니하고, 덮고 감추지 아니하고, 두려워 물러서지 아니하고, 바른 말 합니다. 삿된 견해들 냉엄하게 비판하고, 백성을 위압하고 민족을 오염시키는 사도의 무리들을 당당히 맞서 물리칩니다. 　　　　　－나무석가모니불－

찬불가 부처님 마음

내용익힘

1. 다음 문장을 완성해 봅니다.
   ① 이 진실한 단체는 이처럼 (   )를 근본으로 한 것이기 때문에, (   )라고 한다. 그런데 모든 사람들은 다 그 마음을 이 (   )에 의하여 열심히 수행하지 않으면 안 되기 때문에, 상가는 지상의 모든 (   )을 다 포함할 것이라 할 것이나, 사실에 있어서는 같이 만든 사람들의 단체를 의미한다.
   ② 상가가 누구인가? 우리가 귀의하려는 성중은 누구인가? 그들은 필경 이 땅의 (   )입니다. 우리와 더불어 함께 고뇌하며, 갈래갈래 아픔 속에서도 끝끝내 (   )를 찾고 (   )를 사랑하는 이 나라 (   )입니다. 이 민족, (   )입니다. 이 동포, 이 민족은 나와 당신으로 더불어 생사고락을 함께 하는 (   )이며, 거룩한 (   )입니다. 이것이 곧 (   )입니다.
   ③ 불자는 (   )하는 사람입니다. 민족의 (   )을 지키고, 동포들의 (   )을 대변하는 사람입니다. 아무도 (   )못할 때, 고요히 (   )외치는 사람입니다.

2. 다음 물음에 간결하게 답합니다.
   ④ 사부대중은 실제로 누구인가?
   ⑤ 왜 민족은 하나의 상가인가?
   ⑥ 불자는 어떻게 말하는 사람인가?

교리탐구 붓다 석가모니는 모국의 평화를 위하여 어떻게 헌신하셨는가?
   1. 나이란자나 강변의 물 사건
   2. 비루다카의 침략사건

실천수행 방송 모니터 하는 방법을 배워서 방송언론의 횡포를 바로 잡는 활동에 동참합니다.

1. 방송모니터 방법을 배운다.
2. 방송모니터 단체에 가입한다.
3. 인권과 교권을 지키는 모니터 활동을 실천한다.

3과 • 상가는 대우주 공동체

"디카여, 하늘 세계·악마의 세계·신들의 세계를 포함한 세계, 사문·브라만 등 모든 사람과 하늘의 신들이 진실한 신심으로써 생각한다면, 이것은 그들의 영원한 기쁨과 행복이 될 것이다.

디카여, 보라. 이 세 사람의 양가의 자식들이 얼마나 많은 하늘과 땅 위 중생들에게 이익과 행복이 되는 것인가를."

―아함경―

탐구과제

- 이 지구촌과 저 광활한 우주가 우리와 어떤 관계에 있는가를 관찰합니다.
- 불교의 선각자들이 어떻게 이 지구촌을 개척했던가를 고찰합니다.
- 해외 전법운동을 어떻게 전개할 것인가를 배우고 몸소 실천해 갑니다.

대우주 상가가 활짝 열리다

39 사슴 동산의 다섯 비구로부터 시작된 거룩한 상가, 성중(聖衆)의 강물은 저때의 사부 대중을 포용하고 흐르고 흘러, 이제 여기 이 땅의 백성들 가슴 가슴으로 넘치고 있습니다.

그러나 아름답고 진실한 상가의 강물은 이 땅의 백성으로 결코 멈추지 않습니다. 이 강물은 끊없이 한없이 넘쳐 흐르고 있습니다.

무슨 까닭인가?

부처님의 세계가 본래 무한이며 영원이기 때문입니다. 부처님께서 전개하시는 니르바나의 세계가 무한과 영원의 세계를 넉넉히 품에 안기 때문입니다.

그런 까닭에 부처님께서 사랑하고 염려하시는 성중(聖衆)은 이 땅 이 백성, 이 지상(地上)의 인간으로 끝나지 아니하고, 하늘과 땅 위의 모든 세계, 모든 생명에게로 넓어져 갑니다.

40 이제 우리는 영산 회상(靈山會上)에서 『법화경(法華經)』을 설하실 때 이 자리에 동참하는 거룩한 대중들을 바라봅니다.

경(經)의 서품(序品)은 이렇게 시작하고 있습니다.

"이렇게 내가 들었다.

어느 때 부처님께서는 왕사성(王舍城)의 기사굴(耆闍堀) 산중에서 큰 비구 대중 1만 2천인과 함께 계시었다.……그들의 이름은 아약교진여 마하카샤파·우루빈나가섭…….

또 아직 배우는 이와 다 배운 이가 2천인이나 있었고, 마하프라자파티 비구니는 그의 권속 6천인과 함께 있었으며, 라훌라의 어머니인 야쇼다라 비구니도 또한 그의 권속들과 함께 있었다.

또 보살마하살 8만인이 있었으니, 모두 아뇩다라-삼먁-삼보리에서 물러나지 아니하며, 다라니와 말 잘하는 변재를 얻어서 물러나지 않고 법바퀴를 굴리며……. 그들의 이름은 문수사리보살·관세음보살·대세지보살…….

그때 석제 환인(釋提桓因)은 그의 권속 2만 천신과 함께하였고, 또 명월천신(明月天神), 보향천신(普香天神), 보광천신(寶光天神), 사대천왕(四大天王)이 그들의 권속 1만 천신과 함께하였으며…사바세계의 주인이며 범천왕인 시기대범과 광명대범들이 그의 권속 1만2천 천신과 함께하였다.

또 여덟 용왕(龍王)이 있었으니, 난타용왕·발란타용왕·사가라용왕…….

또 네 긴나라(緊那羅)왕이 있었으니, 법긴나라왕·묘법긴나라왕…….

네 아수라왕(阿修羅王)이 또 있었으니, 바치아수라왕·카라건타 아수라왕…….

네 가루라왕(迦樓羅王)이 또 있었으니, 대위덕 가루라왕·대신 가루라왕…….

그때 하늘에서는 만다라꽃·마하만다라꽃·만수사꽃·마하만수사꽃을 내리어 부처님 위와 대중들에게 흩으며, 넓은 부처님의 세계가 여섯 가지로 진동하였다.

그때 모인 대중 가운데 있던 비구·비구니·우바새·우바이·천신·용·야차·건달바·아수라·가루라·긴나라·마후라가·사람인 듯, 아닌 듯한 것들, 소(小)왕·건륜왕 등 모든 대중들이 전에 없던 일을 만나 환희하여 합장하고 한결같은 마음으로 부처님을 뵈었다.”

-법화경 서품-

41 이 장쾌한 개막과 더불어, 광대무변한 대(大)우주 공동체의 문이 활짝 열렸습니다. 대우주 상가의 문이 활짝 열렸습니다. 시간과 공간을 품에 안고, 일체의 차별과 한계를 뛰어넘어, 나와 당신과 만류 앞에 크게 열렸습니다.

이 광활한 대중들 속에, 나도 있고 당신도 있습니다. 이 겨레도 있고 저 겨레도 있습니다. 이 별도 있고 저 별도 있습니다. 신(神)도 있고 사람도 있습니다. 인간도 있고 인간인 듯, 아닌 듯한 것도 있습니다. 선(善)한 것도 있고 악(惡)한 것도 있습니다. 만다라꽃도 있고 만수사꽃도 있습니다. 사슴도 있고 진달래도 있습니다.

이 광활한 상가 속에, 누렁이도 있고, 깜둥이도 있습니다. 흰둥이도 있고 혼혈도 있습니다. 힌두(Hindu)도 있고, 헤브라이(Hebrai)도 있고, 이슬람(Islam)도 있고, 샤만(Shaman)도 있고 믿는 이도 있고, 믿지 않는 이도 있고…… 실로 삼라만상 우주만물이 더불어 함께 있습니다. 더불어 함께 있는 한 형제, 한 성중입니다.

42 상가가 무엇인가?

상가는 이제 대인류 공동체(大人類共同體)·대우주 공동체(大宇宙共同體)입니다. 이 동포들과, 이 지상의 인류들과, 대우주 속의 모든 생령들, 이들이 바로 성중(聖衆)입니다.

이 광활하고 진실한 상가공동체 속에서, 우리는 모두 벗이며, 형제 자매입니다. 우리는 서로 평등한 이웃이며, 함께 가는 동반자입니다.

이 공동체 속에서, 풀 한 포기, 꽃 한 송이도 무의미한 예외자는 없습니다. 나와 무관한 남남〔他者〕은 없습니다. 그래서 저 영산 대중들 위에 만다라꽃 만수사꽃이 흩날리고 있습니다. 이 공동체 속에서, 저 이름없는 별자리〔星座〕 하나마저도 나와 운명을 함께 나누는 공생자(共生者)이며 공존자(共存者)입니다. 그래서 저 영산 대중들 속에 환인 하느님을[1] 비롯한 무수한 별의 천신들이 우리와 함께 어깨를 부비며 자리를 함께 나누고 있습니다.

'저 별은 나의 별 저 별은 너의 별'

이것은 가요의 한 구절이 아닙니다. 우주 공동체 속의 아름답고 진실한 상호관계를 찬탄하는 놀라운 송가(頌歌)입니다.

43 별 하나마저도 나와 더불어 함께 가는 이 장엄한 상가의 신비, 그러나 이것은 결코 환상도 아니고 우화도 아닙니다. 관념의 세계도 물론 아닙니다. 이것은 진실이며, 엄연한 현실입니다.

벗이여, 저 아름다운 고오싱가 마을을 바라보세요. 세 수행자를 바라보세요.

우리는 저 마을에서 상가공동체의 광활한 신비를 한 역사의 현장으로 분명 목격하고 있지 않습니까.

아니룻다·난디·쿰비이라 등 세 수행자는 깊은 숲 속에 살고

---

1) 환인은 제석천(帝釋天, Sakrodevendra)이라고도 하는데, 도리천의 주재자인 하늘신이다. 단군 신화의 환인이 곧 이 천신이다.(『삼국유사』「고조선(古朝鮮)」)

있지만, 그들은 그들의 가족과, 마을과, 고을과, 나라와 민족(밧지 족)과 항상 함께 살고 있습니다. 뿐만 아니라 그들은 브라만·크샤트리아·바이샤·수드라 등 이 지상의 모든 인류와 함께 살고 있습니다. 세 수행자의 삶은 동시에 그 백성들과 인류의 삶이 되고 있습니다.

이제 하늘신이 이렇게 증언하고 있습니다.

"만일 그 가족·마을·고을·도시·나라의 사람들이 진실한 신심을 가지고 생각한다면, 이것은 그들에게 영원한 기쁨과 행복이 될 것이다.

디카여, 만일 브라만·크샤트리아·바이샤·수드라 등이 진실한 신심으로 생각한다면, 이것은 그들 모두에게 영원한 기쁨과 행복이 될 것이다."

44 또한 고오싱가 마을의 세 수행자는 별들의 세계, 하늘 세계와 더불어 하나로 맺어져 있습니다. 신령 야차(神靈夜叉)·대지(大地)의 신·사천왕·도리천·야마천·도솔천·낙변화천·타화자재천… 마침내 최고신 범천과[2] 더불어 한 삶으로 맺어져 있습니다.

실로 저 무수한 세계의 무수한 생령들이 이 광대무변한 상가 바다에서 한데 어울리고, 기쁨과 슬픔을 함께 나누고, 어깨를 부비며 함께 살고 있습니다.

범천은 이렇게 찬탄하고 있습니다.

"디카여, 보라! 이 세 사람의 양가(良家)의 자식들이 얼마나 많은 하늘과 땅 위 중생들에게 이익과 행복이 되는 것인가를."

---

2) 범천(梵天, 大梵天, Brahma-deva)은 신 가운데 최고신으로서, 인간세계〔사바세계〕의 주(主)이다. (숫타니파아타 대품―「코오카알리야」) 일신교의 일신(一神)이 불교 세계 속에서는 범천으로 존재하는데, 흔히 말하는 '하느님'이 곧 이 범천을 일컬음이다. (김지견, 『現代人을 위한 佛敎』, 中央新書⑨, pp.49~55)

지구촌을 개척해온 붓다의 사자들

45 불교는 본래로 강렬한 개척과 전파의 종교입니다. 사슴 동산의 다섯 수행자들에게 법을 전파한 이래, 불자 대중들은 스스로 법의 수레를 끌며 진리를 선포하는 일에 착수하였습니다. 부루나 존자(Pūrna, 富樓那尊者)가 야만의 땅 수로나(國)에 스스로 나아가서 법륜(法輪)을 굴리다가 기쁜 죽음으로 순교한 이래, 불자들은 험한 산을 넘고, 깊은 강을 건너며, 열사(熱沙)의 사막을 가로질러, 법륜을 굴리고 또 굴렸습니다.

비단길(Silk-road), 이 지구 위에 인간이 만든 가장 길고 험한 길, 불자들은 바로 이 길을 뚫고 동과 서로 법의 수레를 몰고 전진했습니다. 만년설의 히말라야 산맥을 기어 오르고 내리며, 지구 최고의 지붕 파미르 고원을 넘어, 티베트를 지나고, 천산북로(天山北路)를 따라, 그들은 동방 문화의 심장 중국 천지에 불법(佛法)광명을 전파하였습니다. 이후 그 자존심 강한 유교 문화도 불교의 빛에 의하여 본질적인 영향을 받았고, 도교(道敎) 또한 예외가 아니었습니다. 이렇게 해서 '유불선(儒佛仙)'이라는 동양 문화의 모체가 형성된 것이지요.

조선 왕조의 지배자들이 성리학(性理學)을 내세워 가혹한 불교 박해를 저질렀지만, 그 성리학이 바로 남북조(南北朝) 시대의 선종 불교(禪宗佛敎)의 계몽과 자극에 의하여 형성되었다는 역사적 진실을 생각하면, 서글픔을 금할 길이 없습니다.

46 불교의 개척자들은 히말라야를 넘는 그런 열정으로 서방(西方)세계를 향하여 법의 수레를 몰았습니다. 지금의 파키스탄을 지나, 이란 고원을 타고 넘어, 불볕 아라비아 사막을 가로질러, 중동(中東) 지방에 이르러, 그 곳의 여러 종교에 본질적인 영향을 끼쳤습니다. 기원 전 2세기경 불교는 이미 팔레스타인 지방에서 번창하며, 유태교(猶太敎)의 여러 종파에 강력한 변화를 불러

일으키고, 이러한 변화가 뒷날 기독교의 복음서(福音書)에 많은 영향을 남겼습니다.

'불교가 기독교의 형성에 영향을 끼쳤단 말인가?' 이렇게 놀라워하는 친구들도 있겠지만, 동서 문화(東西文化)가 물결처럼 바람처럼 만나서 서로 영향을 주고 받는다는 문화전파의 일반성(一般性)을 생각하면, 6백여 년 먼저 형성된 불교가 같은 동양 문화의 하나인 기독교에 어떤 영향을 주었으리라는 것은 조금도 이상한 얘기가 아니지요.

47 종교 사상가 S. 라다크리슈난은 그의 연구서 『석가와 예수의 대화』에서 이렇게 해명하고 있습니다.

"예수가 태어나기 약 6백년 전에 석가는 인간이 무지(無知)와 죄의 구속으로부터 벗어날 수 있는 생명의 길을 선포하면서 갠지스 강 계곡을 돌아다녔고……, 기원전 2세기경에 불교는 이미 팔레스타인에 정착하고 있었다. 그리하여 당시 유행했던 에세네(the Essenes)·만다(the Mandeaus)·나사렛(the Nazarene)과 같은 종파는 다분히 불교적 색채를 가지고 있었고, …… 후대에 와서 기독교와 불교는 서로 혼동되는 현상을 일으켰고, ……세례 요한은 에세네 종파인이었고, ……예수는 이와 같은 에세네 종파의 교회에서 지대한 영향을 받았다." 3)

48 기독교 사상에 끼친 불교의 영향은 광범하고 본질적인 것에까지 미치고 있습니다.

"독단주의적인 가르침과 전혀 다른 복음서의 거의 모든 도덕적 가르침을 복음서보다 수 세기 이전에 씌어진 불교 경전에서 발견할 수 있다는 것은 과히 틀린 말이 아니다. 예를 들어, 유신론적

---

3) S.라다크리슈난, 『석가와 예수의 대화』, 종로서적, p.130,1321,57.

인 독단과는 전혀 다른 산상 설교(山上說敎)의 도덕적 가르침을 우리는 『경장(經藏, sutta-pitaka)』에서 발견할 수 있고……석가가 말했다고 전해지는 많은 어록을 우리는 신약에서 발견할 수 있다.……그리하여 그(예수)는 하나님의 왕국, 영원한 삶(永生), 금욕주의(禁慾主義)에 대한 강조, 내세(來世)를 가르치면서, 점차로 유태교의 사상으로부터 떨어져 나가서 힌두교와 불교의 사상에 접근하게 되었다. 역사적으로 그의 가르침은 유태교의, 연속이라 할 수 있으나 그의 근본적인 가르침은 유태교의 연속이 아니다.…"[4]

이 세상 끝까지 정토를 개척하라

49 태산 준령을 넘고, 바위 길을 뚫고, 사막의 폭풍을 헤치며 나아가는 불자들의 개척 정신은 지금 이 시간에도 면면히 이어지고 있습니다. 많은 출가 재가의 개척자들이 미국을 비롯한 서구(西歐)에 법륜을 굴리기 위하여 끊임없이 땀 흘리고 있습니다. 숭산(崇山) 이행원(李行願) 스님은 많은 미국인 출가 제자들과 함께 여러 곳에 'Zen-Center(禪院)'를 세우고 공산권 폴란드에까지 가서 법을 전파하고, 이덕산(李德山) 거사는 캘리포니아에 정혜사(定慧寺)를 건립하여 대중 불교의 뿌리를 내리고, 김 도안(金道安) 스님은 로스엔젤레스에 관음사(觀音寺)와 더불어 한국 문화 전파의 큰 불사를 벌이고, 비구니 김광옥(金光玉) 스님은 캐나다에서 한국 불교의 산실을 마련하고…….

법의 수레를 굴리는 개척자들의 발걸음은 더욱 바빠질 것입니다. 아프리카의 밀림, 러시아의 동토(凍土), 프랑스의 세느 강변

---

4) 앞의 책, p.153,157.

……인류가 있는 모든 곳을 찾아 개척자들은 달려갈 것입니다. 저 하늘나라, 별나라까지 달려갈 것입니다.

50 "디카여 보라, 이 세 사람의 양가(良家)의 자식들이 얼마나 많은 하늘과 땅 위 중생들에게 이익과 행복이 되는 것인가를."

실로 이러합니다. 이 지구촌이 우리들과 함께 가는 상가 공동체입니다. 이 우주가 우리들과 직결되어 있는 하나의 거룩한 상가 공동체입니다. 그런 까닭에 우리 불자는 이 지구촌 구석구석을 찾아 법을 전파하고, 인류문제·세계문제·우주문제들을 우리 자신의 문제로 삼아 염려하고 해결해 갈 것입니다. 저 고오싱가 숲 마을의 세 수행자가 능히 그 집안과 마을과 나라와 민족과 천계(天界)와 마계(魔界, 마왕의 세계)와 범계(梵界, 하늘 세계)와 하늘과 땅을 이익되게 하고 행복되게 하듯, 나와 당신들, 우리 불자들이 또한 이 세계를 이익되게 하고 행복되게 할 것입니다. 악마의 세계처럼 수렁에서 허덕이는 이 세계를 우리 불자 성중들이 정법으로 인도하여 찬란한 정토로 장엄할 것입니다.

세존께서 이 찬란한 정토의 내일을 이렇게 찬탄하고 계십니다.

"악마의 영토는 탐욕이며, 어둠이며, 투쟁이며, 칼이며, 피〔血〕며, 전쟁이다. 질투, 편견, 증오, 사기, 아부, 감춤, 비방하는 곳이다.

이제 여기에 지혜가 빛나고, 자비가 넘쳐 흐르고, 신앙의 뿌리가 뻗어, 환희의 꽃이 피고, 악마의 영토는 한 순간에 불국토가 된다."

-파리 상응부-

51 불자들은 이제 더 큰 정열과 용기를 갖고 세계 문제들에 관하여 생각하고, 연구하고, 발언하고, 행동할 것입니다.

한계를 넘어선 핵(核) 공포, 지구의 자멸을 재촉하는 환경 오염, 인구의 3분의 1이 굶주리고 있는 기아(饑餓)문제, 군비 경쟁, 남북 세계 사이의 빈부의 격차, 종교와 인종 분쟁, 도덕의 파탄, 인간소외……수없는 문제 때문에 지금 인류는 새로운 등불을 갈망하고 있습니다.

이 문제들에 대하여 등불을 밝힐 자는 바로 우리 불자들입니다. 때(垢)묻지 않은 새 목소리로 대답할 수 있는 이는 바로 우리 불자들입니다. 이것은 동시에 대(大) 상가의 동반자인 나와 당신의 거룩한 책무입니다.

인류의 현실을 비판하고, 이 세상 굽이굽이 법륜을 굴리며, 미래를 열심히 준비해 가는 것이 보살의 사랑이고, 상가에 귀의하는 불자의 신앙임을 우리는 굳게 믿고 있습니다.

회향발원 (해외 전법운동에 나섭니다)

자비하신 부처님.

이제 저희 청보리들, 푸르른 부처의 씨앗들

두 팔을 걷어 부치고 해외 전법운동에 나섭니다. 하늘세계와 악마의 세계, 신들의 세계까지 울려퍼졌던 수행자들의 위대한 법력을 명상하며, 대우주의 개척자로 나섭니다. 황량한 사막과 만년설의 태산준령을 넘어서 찬란한 실크로드, 다르마로드를 열었던 위대한 초기 개척자들을 명상하면서, 5대양 6대주로 나섭니다. 붓다의 진리를 전파하는 것이 이 시대 인류문제·우주문제를 해결하는 최선의 길임을 명상하면서, 떨치고 일어나 전법일로로 달려갑니다.   −나무석가모니불−

찬불가 붓다의 메아리

내용익힘

1. 다음 문장을 완성해 봅니다.
   ① 디카여, (   )·악마의 세계·(   )를 포함한 세계, 사문·브라
   만 등 모든 사람과 하늘의 (   )이 진실한 신심으로써 생각한
   다면, 이것은 그들의 영원한 (   )과 (   )이 될 것이다.
   디카여, 보라. 이 세 사람의 양가의 자식들이 얼마나 많은
   (   )과 땅 위 (   )에게 이익과 행복이 되는 것인가를
   ② 이 광활한 상가 속에, 누렁이도 있고 (   )도 있습니다. 흰둥
   이도 있고, (   )도 있습니다. 힌두도 있고, (   )도 있고,
   (   )도 있고, 샤만도 있고, (   )이도 있고, 믿지 않는 이도
   있고……실로 삼라만상 (   )이 더불어 함께 있습니다. 더불
   어 함께 있는 한 (   ), 한 (   )입니다.
   ③ 악마의 영토는 (   )이며, 어둠이며, 투쟁이며, (   )이며,
   피며, (   )이다. 질투, 편견, (   ), 사기, 아부, 감춤,
   (   )하는 곳이다.
   이제 여기에 (   )가 빛나고, (   )가 넘쳐 흐르고, (   )
   의 뿌리가 뻗어, 환희의 꽃이 피고, (   )의 영토는 한순간에
   (   )가 된다.

2. 다음 물음에 간결하게 답합니다.
   ④ 불교의 대공동체, 곧 상가는 어떤 세계까지 포함하는가?
   ⑤ 불교는 기독교의 형성에 어떤 영향을 끼쳤는가?
   ⑥ 다른 인종, 다른 민족, 다른 종교인 등은 우리와 어떤 관계에 있
   는가?

교리탐구 한국 불교의 해외 전법의 실상은 어떠하며 미래의 과제는
무엇인가?
  1. 해외전법의 실상
  2. 그 문제점
  3. 미래 전법운동의 과제

실천수행 해외 전법운동의 현황과 과제를 파악하고 힘껏 동참합니다.
  1. 해외 전법운동에 관한 정보를 획득한다.
  2. 전법운동 후원단체에 가입한다.
  3. 후원금, 불서 등을 힘껏 보시한다.

4과 · 그대가 있으므로 내가 있고

"이것이 있으므로 저것이 있고
저것이 있으므로 이것이 있다.
이것이 없으므로 저것이 없고
저것이 없으므로 이것이 없다."

—상응부경전 12·21—

탐구과제

- '내가 제일이다. 내 종교만 진리다.'라는 선민의식이 인류사를 어떻게 파괴해 왔는가를 고찰합니다.
- 인간과 이 우주의 모든 존재들이 서로 어떤 관계에 있는가를 깨닫습니다.
- 동반자의 사랑을 어떻게 실현할 것인가를 배우고 몸소 실천해 갑니다.

선민의식이 제일의 장애라

52 많은 사상가, 종교인, 정치인들이 이 세상에 평화로운 이상 사회(理想社會)를 제시하고, 낙원과 천국의 내일을 약속해 왔습니다. 이들이 나름대로 인류 발전을 위해 공헌한 것도 사실이지요.

그럼에도 불구하고 그들의 이상 사회는 보다 큰 문제를 불러일으키고, 많은 사람들을 괴롭혀 온 것도 사실입니다.

무슨 까닭일까? 간절한 염원과 열렬한 노력에도 불구하고, 저들의 노력이 도리어 큰 고통이 되고, 평화의 꿈은 자꾸만 멀어져 가는 것은 무슨 까닭인가?

그것은 대개 그들의 선민의식(選民意識) 때문입니다. 그들은 그들의 강한 선민 의식 때문에, 그들의 교리(敎理), 신(神), 이데 올로기(Ideologie)에 지나치게 집착한 나머지, 독선(獨善) 배타 (排他)의 함정에 빠지고 맙니다. 남의 생각, 남의 존재를 인정하 지 않으려는 것이지요.

53 '선민의식(選民意識),
우리는 선택된 백성들이다.

이 생각이 이 지상의 평화를 파괴하는 장본 원인입니다. 본래 화합한 상가, 우리들의 공동체를 분열 투쟁으로 몰아넣는 불씨입 니다. 선민의식은 곧 이기적이고 어리석은 자아 관념(自我觀念) 의 산물이거니와, '자아(自我)란 거짓된 관념의 집합일 뿐'이라 는 진실을 모르기 때문에, 그들은 '거짓 자아〔假我〕'의 노예가 되 어서, 자아를 세계의 중심에 놓고 거대한 통일왕국, 제국을 꿈꾸 는 것입니다. '여호와의 왕국, 알라신의 왕국, 로마제국, 게르만 제국…'을 몽상하면서 정복의 정열을 불태우고 있습니다.

"나를 따르라."

그들은 이렇게 외칩니다.

"동지냐, 적(敵)이냐? 믿는 자냐, 이단자(異端者)냐? 코오란 이냐, 칼이냐?"

그들은 매양 이런 식입니다. 이것은 참 곤란한 방식입니다. 명 령이며 위협이지요. 그들의 이데올로기에 반대하면 적이 되고 반 동이 됩니다. 그들의 신(神)을 믿지 않으면 이단이 되고, 심지어 마귀가 됩니다. 반동과 이단은 내쫓고 살육해도 미덕(美德)과 용 기로써 찬양받습니다. 이렇게 해서 그들의 낙원은 동지들과 믿는 자들만으로 만들어지고, 그들의 천국에는 이단자와 이방인이 거

(居)할 좁은 공간도 허용되지 않습니다.

54 "이 나라 왕은 비록 돌궐족이나 삼보를 매우 공경한다. 왕을 비롯하여 왕비·왕자·수령들은 각기 절을 만들어 삼보를 공양한다. 이 나라 왕은 매년 두 번씩 무차대재(無遮大齋, 모든 사람에게 차별없이 공양하는 행사)를 연다. ……이 성(城)은 신두대강(인더스강)을 굽어보는 북안에 위치하고 있다. 이 성으로부터 서쪽으로 3일 동안 가면 하나의 큰 절이 있다. 곧 천친(天親) 보살과 무착(無着)보살이 살던 절이다. 절의 이름은 갈약가(葛諾歌, Kaniska-카니시카)다. 이 절에는 하나의 큰 탑이 있는데, 항상 빛을 발하고 있다.……" 1)

55 혜초 스님이 보았던 저 화려한 성지(聖地)는 지금 어찌 되었는가? 1천 3백년 뒤 다시 이 땅에 온 한 기자는 이렇게 기록하고 있습니다.

　"왕이 왕비까지도 시주를 할 정도로 불교가 왕성했던 간다라였지만, 지금 폐사워르 근처에는 승려도 없고, 옛 절터마저도 찾을 수 없다." 2)

56 왜 저렇게 되었는가? 저 찬란한 성지는 왜 저렇게 폐허가 되었는가?

　바로 이슬람(Islam, 회교) 때문입니다. 이슬람 군대가 코오란을 거부하는 간다라의 성중(聖衆)들을 칼로 보복한 것입니다. 선량한 동포들을 살상하고, 절을 파괴하고, 불상을 부수고, 빛나는 탑을 허물고, 그러면서 그들의 천국을 세우려 하였습니다.

---

1) 혜초(慧超) 스님, 『왕오천축국전(往五天竺國傳)』, 을유문고, p.54~55.
2) 문순태, 『칼러紀行 往五天竺國傳⑬』, 한국일보, 1983.11.2, 제5면

저 폐허를 바라보면서 선민주의자들의 편견과 독선이 얼마나 잔인한 것인가를 새삼 확인하고 몸서리치고 있습니다.

그들은 항상 그들의 사상·신(神)·주의로 이 세상 끝까지 하나 되게 하려고 열망하고 있습니다. 실제로 그들은 이 열망을 위해서 저 잔인한 살육과 파괴를 오늘 이 순간까지 계속하고 있지 않습니까. '성전(聖戰)'의 깃발 아래 인간의 이성(理性)과 양심을 최면하고, 살육의 무기를 서로 겨냥하고 있으면서, 마주앉아 얘기하는 것조차 거부하고 있지 않습니까.

57 그러면서 그들은 한결같이 인류애를 말하고, 문명 사회를 내세우고 있습니다. 그러나, 남의 존재를 긍정하지 않고, '나를 따르라'고 고집한다면, 이것은 인류에 대한 사랑이 아니라 미화된 지배욕이고 정복욕입니다.

"나를 반대하는 자도 나와 꼭같이 존재 가치가 있다."

이렇게 긍정하지 않는다면, 오늘은 실로 문명 사회가 아니라, 원시(原始) 이전의 캄캄한 야만시대가 될 뿐이지요.

무슨 까닭인가?

생명의 본질은 자유에 있고, 자유는 만유가 스스로 주인되는 무한한 다양성(多樣性) 바로 그것이기 때문입니다. 유신(唯神)이든 유물(唯物)이든 한 이름으로 이 세상을 통일하려는 것은 만유의 존재와 다양성을 거부하는 반생명(反生命)의 횡포이고, 반자유(反自由)의 폭력이기 때문입니다.

이것은 영원히 성공할 수 없는 탐욕이며 무지(無知)입니다. 이 세상이 하나의 신(神), 하나의 주의로 통일되는 날은 절대로 오지 않을 것입니다. 만일 온다면, 그것은 곧 지구 멸망의 날이 될 것입니다. 그들의 낙원이 어디 있습니까? 그들의 천국이 어디 있습니까? 하늘, 땅, 아라비아, 중동(中東), 라인강, 시베리아……그들이 열망하는 '하나의 이상 세계'는 대체 어디 있는 것입니까? 그것은 다만 그들의 광신 속에만 존재하는 것인지 모릅니다.

정토는 저마다 주인 노릇하는 세상

58 베살리(Vesali城)의 명사 시이하 장군이 자이나교(敎)의 대표적인 신자로 있다가, 부처님을 뵈옵고 개종하고자 했을 때, 부처님께서는 그를 간곡히 만류하셨습니다.

"당신같이 사회적인 지위를 가진 사람은 함부로 신앙을 바꾸어서는 안 되는 것이니, 다시 잘 생각해 보시오."

시이하 장군이 더욱 간절히 청하자, 부처님께서는 그에게 이와 같이 다짐하고 계십니다.

"그대가 불교 교단에 귀의한다고 해서, 자이나교 성직자들을 물리치거나 공양을 거부하는 것은 옳지 못한 일이오. 그대는 스님들에게 공양할 뿐만 아니라, 자이나교 성직자들에게도 꼭 같이 공양바쳐야 할 것이오."3)

59 부처님은 왜 저 시이하 장군의 개종을 만류하시는가? 불교에서는 어찌 저런 일이 가능한가?

그것은 불교가 본질적으로 진리를 문제삼는 Dharma의 종교, 법의 종교이기 때문입니다. 어떤 형상·이름·고정신(固定神)·이데올로기의 차이에 관계없이, 불자는 모든 사람들을 벗으로 생각하고, 함께 살기 원합니다. 함께사는 세상을 원합니다. 철저하게 제 고집을 버리면서, 심지어 '불교(佛敎), 부처님'이라는 이름마

---

3) 와다나베 쇼오꼬/법정, 『불타 석가모니』하, 샘터사, 1981, p.133~134.

저 버리면서,[4] 우리들은 서로 존중하면서 정답게 함께 살기를 염원합니다.

60 '서로 존중하면서, 정답게, 함께'

바로 이런 세상이 부처님께서 이 땅 위에 실현하시는 거룩한 상가입니다. 정토이고, 부처님 나라〔佛國土〕입니다. "정토장엄(淨土莊嚴), 정토를 빛낸다"라고 말하지만, 이것은 하나의 새로운 영토를 확장하려는 것이 결코 아닙니다.

모든 생명들이 있는 그곳에서 자유롭게, 서로 어울려 다정하게 함께 살려는 것이 곧 정토장엄입니다. 어떤 명령도 강요받지 아니하고, 어떤 반대도 보복받지 아니하는 그런 세계를 실현해 가는 것이 참된 정토장엄입니다. 모든 형제들이 저마다 자기를 뽐내면서, 그러면서 서로 어울려 화평하게 함께 살아가는 세계, 이 모든 세계가 곧 정토입니다. 불자의 이상사회(理想社會)입니다.

그래서 세존께서 수보리 존자에게 물으셨습니다.

"수보리야, 어떻게 생각하느냐? 보살이 '불토(佛土)를 장엄한다'고 말하겠느냐?"

"아니옵니다, 세존이시여.

왜 그러하오리까? '불토를 장엄한다'함은 곧 장엄이 아니고, 다만 그 이름이 '장엄'일 뿐입니다."[5]　　　　　　　　　－금강경 정토장엄분－

61 '고오싱가 마을'

벗이여, 저 평화롭고 다정한 고오싱가 마을을 바라보세요. 저

---

4) "이른바 불법(佛法)이라는 것은 곧 불법이 아니니라."(『금강경』 의법출생분)

5) '불토장엄'이 또 한 색깔의 영토를 만드는 것이 아니기 때문에, '불토장엄은 곧 장엄이 아니다.'한 것이다.

곳이 바로 상가입니다. 정토의 현장(現場)입니다. 부처님과 성중들이 함께 세우시는 이 땅의 니르바나입니다.

'니르바나, 니르바나, 이렇게 수없이 찾아 왔는데, 니르바나는 어디 있는가?'

벗이여, 이렇게 의심나거든 곧 고오싱가 숲으로 달려 가세요. 다정하고 화평한 마을, 벗들끼리 화합하며 사이좋게 함께 살아가는 우리들의 작은 마을이 바로 저 숲 속에서 당신을 기다리고 있습니다.

'상가, 성스러운 대중, 이렇게 수없이 불러 왔는데, 상가는 대체 어디 있는가?'

벗이여, 이렇게 의심나거든, 곧 고오싱가 동산으로 달려 가세요. 스님, 사부대중, 이 땅의 백성들, 대우주 공동체의 형제들이 평등하게, 자유롭게 서로 어울려 살아가는 상가의 현장이 저 동산에서 당신을 부르고 있습니다.

62 "벗들끼리 화합하며 사이좋게 함께 살아가는 우리들의 작은 마을. 이 땅의 형제들이 평등하게, 자유롭게 서로 어울려 살아가는 우리들의 공동체."

정녕 이러합니다. 우리들의 상가는 바로 이런 세계입니다. 만일 화합하지 못한다면, 서로 다정하게 함께 살지 못한다면, 아무리 크고 번영해도, 그것은 결코 불자 공동체가 아닙니다. 정토가 아닙니다. 니르바나가 아닙니다.

그래서 세존께서는 고오싱가 마을에 오셔서, 먼저 이렇게 묻고 계십니다.

"아니룻다여, 너희들은 서로 화목하여 다툼이 없느냐? 젖과 물처럼 서로 어울리고, 서로 사랑하고, 서로 돌보며 사느냐?"

아니룻다들은 당당하게 대답합니다.

"세존이시여, 그러하나이다."

63 아니룻다들은 어떻게 저 진실하고 아름다운 공동체를 실현하였는가? 젖과 물처럼 서로 어울렸는가? 저들의 비결은 무엇인가?

우리는 부처님과 함께 저 대중들의 대답을 경청합니다.

"세존이시여, 저희는 이렇게 생각하고 있습니다. 곧, '이러한 동행자들과 함께 살 수 있는 나는 행복하다'고. 저희는 겉과 속이 다름이 없이 자비스런 행동과 말과 뜻으로써 이 벗들을 섬기고 있습니다."

"세존이시여, 그래서 저희는 이렇게 생각합니다. '나는 내 마음을 버리고, 이 벗들의 마음과 하나가 되자'고. 그래서 저희는 제 마음을 버리고, 이 벗들의 마음과 하나가 됩니다."

64 '아, 아!'

'우리 말 팔만대장경'을 읽다가 이 경(經)에 이르러, 나는 놀라움과 기쁨으로 말을 잊어버리고 말았습니다. 쏟아지는 기쁨의 눈물을 금치 못하였습니다.

왜?

그토록 갈망하던 상가의 길, 정토의 길을 이론, 관념으로써가 아니라, 하나의 구체적인 행동으로 목격하였기 때문입니다. '무아(無我), 나를 버린다'라는 법어(法語)가 단지 말씀으로서가 아니라, 뚜렷한 일상적 행위로 내 앞에 열려왔기 때문입니다.

이제 여기에 이르러, 우리는 이 세상의 모든 사람들이 서로 싸우지 아니하고, 다정하게 함께 살아갈 평화의 길로 한발 힘차게 내디뎠습니다. 평등하게, 자유롭게 서로 어울려 살아갈 낙원, 천국의 문을 힘차게 열었습니다.

그 길, 그 문이 무엇인가?

곧 당신의 존재를 긍정하는 것입니다. 얼굴도 생각도 천차만별인 당신과 함께 동행하는 것이 가장 큰 행복이라는 진실을 긍정하는 것입니다. "나를 따르라." 외치지 않고, 묵묵히 당신을 따르고 섬기는 것이 평등이며 자유라는 대진실을 크게 긍정하는 것입니다.

이것이 있으므로 저것이 있고

65 어느 가을, 친구와 벗하여 설악산(雪嶽山)에 올랐습니다. 비선대 맑은 물에 발을 담그고, 금강굴(金剛窟)로 기어 올랐습니다. 굴 안에서 잠시 원효(元曉) 스님의 고행을 생각하고 돌아나와서 계곡을 바라보았을 때, 그 장엄 찬란한 색깔의 불길 앞에서 나는 그만 침묵하고 말았습니다. 아니, 저것은 차라리 거대한 빛의 바다입니다. 노랑·파랑·빨강·주황·초록·검정……내 빈약한 어휘들이 정지한 순간, 나는 중얼거렸습니다.

'저것은 무엇 때문일까? 저 찬란한 아름다움과 기쁨은 어디서 오는 것일까?' 곰곰히 생각에 잠겨 계곡을 내려오다가 나는 한 생각 앞에 문득 멈추어 섰습니다.

'존재(存在)의 자유(自由)'—

그렇습니다. 저 장엄한 설악의 신비는 바로 이 무한한 존재의 자유 속에서 비롯된 것입니다.

66 이 크나큰 설악의 뜨락에는 온갖 존재들이 한바탕 어우러져 있습니다. 느티나무·단풍나무·소나무·향나무·떡갈나무·잣나무·칡덩쿨……, 그 사이를 달리는 사슴·곰·다람쥐·족제비……, 그 위를 날으는 꿩·종달새·뻐꾸기·까치……, 그 밑을 기는 능구렁이·살무사·비단뱀…, 파란 잔디, 크고 작은 바위·돌·자갈·모래

……, 이것들을 안고 흐르는 계곡의 물…….

이 모든 존재들이 천차만별(千差萬別) 하나같이 저마다 고유한 제 색깔을 뽐내면서 힘껏 내달리고 있습니다. 아무리 눈을 닦고 보아도 같은 색깔, 같은 모양을 한 놈은 찾을 수 없습니다. 이 모든 것 하나하나가 실로 하나밖에 없는 절대적 존재들입니다. 정녕 '유아독존(唯我獨尊), 하나하나가 가장 존귀합니다.' 거기에는 선민(選民)과 독선의 희미한 그림자조차도 없습니다.

이것이야 말로 얼마나 신나는 '존재의 자유'입니까?

그러면서 이들은 서로 어울리고 있습니다. 싫어하지 않고, 거부하지 않고, 정답게, 서로 사랑하며 함께 가고 있습니다. 때로 제 살점을 떼어 먹어가면서도 그들의 동행(同行)을 기뻐하고 있습니다. 칡넝쿨이 자작나무를 기어오르고, 자작나무는 밤나무와 어깨를 부비고, 밤나무는 잔디 위에 낙엽을 곱게 쌓고, 잔디는 뱀집을 마련하고, 뱀은 시냇물에 목욕하고, 시냇물은 바위에 하늘의 초상화를 파고, 하늘은 때때로 비를 뿌리고….

나는 문득 세존의 말씀을 상기합니다.

"이것이 있으므로 저것이 있고
저것이 있으므로 이것이 있다.
이것이 없으므로 저것이 없고
저것이 없으므로 이것이 없다."

─상응부경전 12·21─

67 "이것이 있으므로 저것이 있고."

이것이 저 유명한 '연기의 진리〔緣起法〕'이거니와[6] 우리는 지금 이 설악의 뜨락에서 연기법의 생생한 현장을 직관하고 있습니다. 저들은 크나큰 연기(緣起)의 줄로 얽혀, 어깨를 부비며, 함께

---

6) 增谷文雄/이원섭, 『阿含經 이야기』, pp.124~136.
　　水野弘元/무진장, 『佛敎槪說』, pp.245~265.

가고 있습니다.

"그대 있으므로 내가 있고
 내가 있으므로 그대 있고"

연기법은 실로 거룩한 진리입니다. 이 진실, 이 진리를 깨치는 것이 진정 '깨침, Bodhi'이고 해탈 성불이며, 정토, 니르바나입니다.

정녕 나와 당신과, 이 세상 모든 친구들은 무한한 연기의 줄로 이어져, 어깨를 부비며, 함께 가고 있습니다. 가만히 생각해 보면, 당신이 내 곁에 함께 있다는 것이 얼마나 놀라운 은혜인지 모릅니다. 색깔도 다르고, 생각도 다르고, 어느 것 하나 꼭 같은 것이 없지만, 우리가 이렇게 서로 이웃이 되어 동참동행(同參同行)한다는 것이 얼마나 큰 기쁨인지 모릅니다.

우리는 이제 솔직히 고백합니다.
'이러한 동행자들과 함께 살 수 있는 나는 참 행복합니다.'

68 진리는 보편(普遍)의 것입니다. 보편성(普遍性)이 없다면, 그건 진리가 아닙니다.

보편성이 무엇인가?

모든 것 속에, 모든 존재, 모든 세계 속에 다 빠짐없이, 두루해 있다는 것이지요. 칡넝쿨에도 있고, 떡갈나무에도 있고, 땅에도 있고, 하늘에도 있고, 설악에도 있고, 금강에도 있고, 내게도 있고, 당신에게도 있고, 남(南)에도 있고, 북(北)에도 있고, 흑(黑)에도 있고, 백(白)에도 있고, 불교에도 있고, 유교에도 있고, 기독교에도 있고, 이슬람교에도 있고…… 존재하는 모든 것 속에 다 진리가 있습니다.

제 고집을 버리고, 욕심을 비우고, 빈 마음으로 고요히 명상해 보면, 어찌 우리가 이 자명(自明)한 이치를 깨닫지 못하겠습니까? 만일 이 이치를 부정한다면, 그것은 그 이름에 관계 없이 이미 진리가 아닙니다. 참 생명이 아닙니다. 한때 번창하여도 조만간 사라지고 맙니다.

그런 까닭에 이제 세존께서 하늘 높이 선포하십니다.

"일체 생명들이 불성〔佛性, 진리〕을 지녔느니라〔一切衆生皆有佛性〕."

-열반경 사자후보살품-

69 절에 가면 모시는 신(神)들이 참 많습니다. 문 입구에는 하늘의 신들인 사천왕(四天王), 법당 뒤에는 칠성각(七星閣), 산신각(山神閣), 지장전(地藏殿)에는 염라대왕과 지옥중생들이 있고, 법당 안에는 신중단(神衆壇)이 있어서 많은 신들이 함께 있습니다. 그래서, "법당은 만신전(萬神殿)이다, 샤머니즘적이다." 이런 비판도 받고 있지요.

그러나 불교가 지향하는 높은 이상(理想)은 마땅히 고개 숙여 배울 것입니다. 모든 존재, 모든 세계와 더불어 함께 가려는 그 깊은 자비 정신(慈悲精神)은 힘써 전파할 것입니다. '샤머니즘, 샤머니즘' 하지만, 오늘날 샤머니즘 없는 종교는 또 어디 있습니까?

그러면서 불교는 모든 존재를 법, 진리 한 맛으로 정화합니다. 나찰 귀신과 마귀도 법을 외호(外護)하고 수행을 도와가는 유익(有益)한 존재로 성화(聖化)되어 갑니다.

그런 까닭에 불교가 가는 곳에는 모든 존재 모든 세계가 평화롭게 함께 살고, 제 색깔 제 이름을 빛내면서 성불(成佛)의 영원한 서원을 향하여 동행합니다. 이것이 상가의 본질입니다.

70 "귀의승(歸依僧),
이제 저희가 목숨바쳐 거룩한 상가에 귀의합니다."

　이것은 필경 이웃과 함께 가려는 우리들 깊은 자비심(慈悲心)의 발로이고, 이 벗들과 어울려 함께 나누면서, 저 평화롭고 자유로운 고오싱가 마을을 이 땅 위에 실현하려는 굳센 염원의 고백입니다.
　그런 까닭에 이미 우리는 '삼대행로'에서 이렇게 맹세하였습니다.

"셋째, 자비의 길
정성껏 이웃과 함께 나눕니다."

이제 청보리들은 이 벗들을 맞이하며 이렇게 노래합니다.

"형이여 아우여 오! 보리 형제여
진리의 성전에 우리 함께 모였네.
헤어진 법우들 다시 돌아오고
인연 깊은 친구들 하나되어 만났네.
이 기쁨 이 은혜 깊게 감사드리고
손손 마주잡고 깊은 마음 나누네.

형이여 아우여 오 보리 형제여
다정의 언덕에 우리 함께 모였네.
기쁠 땐 우리는 함께 기쁨 나누고
슬플 땐 우리는 함께 눈물 흘리고
당신을 위하여 님께 기도 드릴 때
푸른 연꽃 송이 곱게 피어납니다.

아 우리는 서로서로 사랑해
아 우리는 함께 가는 형제들"

－함께 가는 형제들－

회향발원 (내 마음을 버립니다)

자비하신 부처님.

이제 저희 청보리들, 푸르른 부처의 씨앗들.

제 마음을 버립니다. 제 생각, 제 주장을 버립니다. 제 주의, 제 사상을 버립니다. 제 종교, 제 진리를 버립니다. 제 것을 버리고, 모두 버리고, 당신의 마음을 따릅니다. 당신의 생각, 당신의 주장을 따릅니다. 당신의 주의, 당신의 사상을 따릅니다. 그래서 저희들은 동반자가 됩니다. 평화롭게, 자유롭게, 한데 어울려 저마다 주인되는 정토로 나아갑니다. 지금, 여기, 이 땅 위 고오싱가 마을을 실현합니다.

－나무석가모니불－

찬불가 연꽃 피는 날

내용익힘

1. 다음 문장을 완성해 봅니다.
   ① (   ) 있으므로 (   ) 있고, (   ) 있으므로 (   ) 있다.
   (   ) 없으므로 (   ) 없고, (   ) 없으므로 (   ) 없다.
   ② 세존이시여, 그래서 저희는 이렇게 생각합니다. '나는 (   )을 버리고, 이 (   )의 마음과 하나가 되자.'고 그래서 저희는 (   )을 버리고 이 (   )의 마음과 하나가 됩니다.
   ③ (   )은 실로 거룩한 진리입니다. 이 진실, 이 진리를 깨치는 것이 진정 '(   )'이고, (   )이며, 정토, (   )입니다. 정녕 나와 (   )과 이 세상 모든 친구들은 무한한 (   )의 줄로 이어져, 어깨를 부비며, 함께 가고 있습니다.

2. 다음 물음에 간결하게 답합니다.
   ④ 선민의식이 인류사에 끼친 해독이 무엇인가?

   ⑤ 우리가 남과 더불어 평화로운 동반자가 될 수 있는 비결은 무엇인가?

   ⑥ 나와 당신은 어떤 관계인가?

교리탐구   연기법이 무엇인가?
   1. 경전에 나타난 연기법의 표현
   2. 연기법의 의미
   3. 무진연기(無盡緣起)의 의미

실천수행 간병(看病)보시의 방법을 배우고 힘껏 실천해 갑니다.

1. 간병전문가를 초빙하여 교육 받는다.

2. 간병사업 후원금을 낸다.

3. 힘 닿는 대로 간병보시에 동참한다.

단원정리

● **합송** 저희는 성스러운 공동체의 동반자입니다.

법사 선남 선녀들이여, 상가가 무엇입니까? 누구 상가의 성중입니까?

대중 우리 절 우리 법회가 곧 상가, 성스러운 공동체이고, 우리 절 우리 법회의 스님네들과 재가의 선남 선녀들이 곧 성스러운 대중입니다. 그런 까닭에 스님네들과 재가의 선남 선녀들, 곧 사부대중은 공동체의 동반자이며 공동의 주체로서, 수레의 두 바퀴같이 짝지어 나아갑니다.

법사 선남 선녀들이여, 또 상가가 무엇입니까? 누가 성중입니까?

대중 우리 가정과 직장, 마을과 나라가 상가, 곧 성스러운 공동체이고, 우리 가족들과 동료들, 이웃과 이 땅의 백성들 이 민족이 곧 성스러운 대중입니다. 그런 까닭에 가족끼리 서로 존중하고, 동료들끼리 서로 도우며, 이 민족을 위하여 헌신하는 것이 정녕 상가에 귀의하는 것입니다.

법사 선남 선녀들이여, 이 지구촌과 저 푸르른 하늘은 우리에게 무엇입니까?

대중 그것은 곧 우리와 더불어 함께 사는 상가이며 성스러운 공동체입니다. 깜둥이, 흰둥이도 우리 형제이고, 사슴도 고래도 우리 이웃이며, 흙도 바위도 우리와 더불어 한 몸입니다. 밤 하늘에 반짝이는 저 외로운 별마저도 우리들의 동반자입니다.

다함께 벗이여, 선남 선녀들이여, 이제 우리는 온갖 차별과 탐욕스런 선민의식의 잠에서 깨어나, 무아(無我) 광장에서 함께 만나요. '그대 있으므로 내가 있고, 내가 있으므로 그대 있고', 이렇게 연기송(緣起頌)을 합창하며 동반자 되어 함께 어울려요.

● **창작** '고오싱가 마을의 평화'를 연극으로 만들어 발표합니다.

● **법담(法談)의 시간**

1. 주제 : 대중위원회 중심 법회운영방식의 실제에 관하여
2. 주요내용 : ① 현행 법회 운영 방식의 모순과 문제점은?
　　　　　　② 출가와 재가 대중의 갈등과 분열이 가져온 손실은?
　　　　　　③ 대중위원회 방식의 모범적인 사례는?
　　　　　　④ 대중위원회 방식의 장점과 예측가능한 폐단은?
　　　　　　⑤ 우리 법회의 실정에 맞는 대중위원회 방식의 실제적
　　　　　　　내용은?

우리 공동체가 영원히 번영하는 길은?

●

"모든 것은 나를 위해 생긴 것이다.
모든 것은 내 뜻대로 될 수 있다.
속인도, 출가인도 이렇게 생각한다.

그러나 이것은 바른 생각 아니거니
어리석은 사람은 이렇게 생각하며
탐욕과 교만은 날로 자란다."

－법구경 쌍서품－

대중 앞에 나아가 무릎 꿇어요

❶ 우리 절·우리 법회 살림 이대로 좋은가?
왜 자주 모이지 못하고 모이면 서로 싸우는가?
그 삼엄했던 대중법도는 어디로 갔는가?
우리 공동체의 번영을 방해하는 장애요인은
정녕 무엇인가?

❷ 11장은 '대중공의(大衆公議)의 공사의 엄연한
법도를 공부할 것입니다. 여기서 우리는 우리
공동체를 영원히 번영으로 이끌 '번영의 법'을
발견하고, 대중 살림을 개혁할 구체적인 방도를
보게 될 것입니다.

❸ 벗이여, 이제 우리 대중 앞에 나아가 무릎 꿇고
합장하여요. 저 부처님같이, 무릎 꿇고
합장하고, 대중 앞에 참회하여요. 우리가 진정
무엇이 잘난 게 있습니까?

머리 이야기

코삼비(Kosambī) 사건 〈사분률〉

　　부처님께서 코삼비에 계실 때의 일이다. 한 사람의 비구가 계(戒)를 파(破)했다는 의심을 받게 되었는데, 그 유죄(有罪) 여부를 둘러싸고, 승단이 양쪽으로 나뉘어졌다. 이 분쟁은 점차 심각해져, 승단은 통일성을 잃고, 양쪽은 포살회마저 따로따로 행하는 극단적인 사태로까지 번져 갔다.

　　부처님께서는 이 소식을 들으시고, '이 어리석은 자들이 마침내 교단의 화합을 깨뜨리는구나.' 탄식하시고, 양쪽 비구들을 찾아가서 타이르셨다.

　　"비구들이여, 싸움을 그만두라, 다투지 말라, 논쟁하지 말라."

　　이때 부처님께서는 비구들에게 저 유명한 장생왕자(長生王子)의 이야기를[1] 들려 주시고, 이렇게 게송으로 설하셨다.

　　"원한은 원한에 의하여 풀어지지 않는다.

　　원한을 버림으로써만 원한은 풀어진다."

　　부처님께서는 다시 대중들을 모이게 하고, '여섯 가지 화합하는 법문'을 설하셨다.

　　"여기 기억하고, 사랑하고, 존중해야 할 여섯 가지 화합하는 법이 있다. 이 법에 의지하여 화합하고 다투는 일이 없도록 하라.

　　첫째, 같은 계율을 지켜라.

　　둘째, 의견을 같이 맞추라.

---

1) 와다나베 쇼오꼬/법정, 앞의 책, pp.169~171.

셋째, 받은 공양을 똑같이 수용하라.

넷째, 한 장소에 같이 모여 살아라.

다섯째, 항상 서로 자비롭게 말하라.

여섯째, 남의 뜻을 존중하라.”[2]

부처님께서는 이튿날 아침 코삼비 거리에 들어가 걸식을 마치고 돌아와 대중들에게 당부하셨다.

“대중이 화합하지 못할 때에는 저마다의 행동을 더욱 삼가해야 한다. 법답지 못하고, 친절하지 못한 일이 있을 때에는 참고 견디며, 자비스런 마음으로, 법답고 친절한 일이 행하여지도록 힘써야 한다. 물과 젖이 합한 것처럼 한 자리에 화합해서 한 스승의 법을 배우면서 안락하게 지낼 것이다.”

그럼에도 불구하고 코삼비 비구들은 제 주장만 고집하여 서로 욕하고 다투기를 계속하였다. 이에 상심하신 부처님께서는 홀로 코삼비를 떠나 사밧티(城)로 가고 말았다.

이때 코삼비의 시민들은 세존께서 떠나시자 서운해하고 슬퍼하면서, 회당에 모여 회합을 열고, 이렇게 결의하였다.

“오늘부터 코삼비에 있는 비구들에게는 공양도 올리지 말고, 예배하지도 말고, 아는 체도 하지 말자.”

비구들이 거리로 탁발하러 나가도 아무도 상대해 주지 않았다. 고집 센 비구들도 큰 곤란에 빠져, 마침내 세존의 처분을 받기 위해 사밧티로 향해 왔다.

이 소식을 들은 사밧티의 대중들이 매우 불안해 하면서, 부처님께 자신들의 처신에 관해서 여쭈었다.

세존께서 사리불, 마하프라자파티 등 출가 대중들에게 말씀하셨다.

“두 무리의 말을 들어보라. 그래서 법답게 말하는 비구가 있거

---

2) 이것을 ‘육화경(六和敬), 여섯 가지 화합 공경하는 법’이라고 부른다.

든 그의 말을 받아들여 칭찬하고, 그의 편이 되어주라.”

또 우바새·우바이 등 재가 대중들에게 말씀하셨다.

“양쪽에 모두 공양을 올리고, 양쪽으로부터 설법을 듣되, 바른 가르침을 따르라.”

사리불 등 대중들은 양쪽을 갈라 놓고 평등하게 옷과 음식으로 대접하였다. 이럴 즈음 처음 발단이 되었던 비구가 스스로 반성한 끝에 동료들에게 자기의 과오를 시인하였다. 동료들은 문제의 비구를 데리고 세존께 나아가 그 경위를 고하였다.

세존께서는 규정대로 대중 회의를 소집하고, 이 문제를 논의한 끝에 유죄를 선언하셨다. 판정이 내려지자 그 비구의 동료들은 상대방 비구들을 찾아가 사과하고 화해를 청하였다. 그들은 기꺼이 화해에 응하였다.

세존의 지시에 따라 모든 대중이 참가하는 전체 대중회의를 열고, 경위를 알렸다. 이렇게 하여 교단의 불화는 말끔히 해소되고, 비 온 뒤의 땅처럼, 교단은 더욱 굳건히 하나가 되었다.

1과 • 서로 자주 모여 정법을 논하라

부처님께서 아난다 스님에게 물으셨다.

"아난다야, 너는 밧지족 사람들이 자주 회합하고, 그 모임에 많이 모이고, 정법에 관하여 서로 논의한다는 말을 들은 적이 있느냐?"

"네, 세존이시여. 저는 그런 말을 들은 적이 있습니다."

"아난다야, 만일 그러하다면 밧지족 사람들은 어른과 젊은이가 잘 화합하고, 점차 강성하여, 그 나라는 오래도록 번영하여, 능히 침해할 수 없을 것이다."

—마하빠리닙바나수탄타—

탐구과제

- 무엇이 우리 공동체가 영원히 번영하는 길인가를 고찰합니다.
- 언로가 트이고 바른 말 잘 하는 것이 얼마나 본질적으로 중요한 것인가를 관찰합니다.
- 우리 법회에서 어떻게 자주 모이고 잘 토론할 것인가를 배우고 몸소 실천해 갑니다.

일곱 가지 번영의 법

1 "다정하고 평화로운 마을
서로 섬기며 함께 가는 벗들"
이것이 나와 당신이 이 세상에 세우기를 염원하는 니르바나의 소박한 이상(理想)입니다. 이러한 가정, 이러한 직장, 이러한 마을, 이러한 나라를 위하여 우리 Saṃgha 공동체의 대중들은 오늘도 노심초사하고 있습니다.

그러나 이 단순하고 소박한 이상이 그리 쉽게 되지 않는 것이 우리네 현실임을 뼈저리게 체험하고 있습니다. 성스러운 대중들이 서로 편을 나누고, 욕하고, 주먹질하고, 세속 법정에서 심판받는 비참한 몰골을 보고 우리는 회의와 분노와 자책으로 잠못 이루고 있습니다.

2 그러나 한생각 돌이켜 명상해 보면, 대중의 이견(異見)과 분열과 분쟁은 어제 오늘의 일이 아니지요. 코삼비 사건, 데바닷타 사건 등, 부처님 당시에도 이런 곤경과 위기는 더욱 심각했었습니다. 이런 곤경과 위기를 법답게 극복하시고, 끝끝내 대중의 화합과 평화를 인도하셨다는 바로 여기에, 부처님의 거룩하심이 빛나고, 성중(聖衆)들의 용기와 지혜가 찬양되는 것입니다.

그런 까닭에, 오늘 우리는 교단의 분열과 분쟁을 탄식하는 그 아픈 정성을 돌이켜 이렇게 묻는 것입니다.

"세존이시여, 님께서 세우신 평화의 법은 무엇입니까? 우리 사랑하는 상가 공동체가 오늘의 시련을 극복하고, 영원히 번영하는 평화와 번영의 법은 정녕 무엇입니까?"

3 "부처님께서 마가다(國) 기사굴산(耆闍堀山) 독수리봉〔靈鷲峰〕에 계실 때, 아자트사투르 왕은 대신(大臣) 바루샤카타를 보내 왔다. 그는 부처님께 경배하고 여쭈었다.

"세존이시여, 지금 대왕께서 밧지 족(族)을 정벌하려 하면서, 세존의 뜻을 알고자 하여 저를 보내었습니다."

세존께서는 옆에 있던 아난다 존자(尊者)에게 물으셨다.

"아난다야, 너는 밧지 족 사람들이 자주 회합하고, 그 모임에 많이 모이고, 정법에 관하여 서로 논의한다는 말을 들은 적이 있느냐?"

"네, 세존이시여, 저는 그런 말을 들은 적이 있습니다."

"아난다야, 만일 그렇다 하면, 밧지족 사람들은 어른과 젊은이가 잘 화합하고, 점차 강성하여, 그 나라는 오래도록 번영하여, 능히 침해할 수 없을 것이니라."

4 세존께서는 계속하여 이와 같이 물으셨다.

"밧지 족 사람들은 한결같이 화합하고, 함께 모여 결의하고 일을 처리하는가?"

"밧지 족 사람들은 새로운 제도를 마련하거나 이전 제도를 버리지 않고, 옛부터 내려 오는 풍습을 잘 지키는가?"

"밧지 족 사람들은 연장자(年長者)를 존경하고 그 말을 잘 듣는가?"

"밧지 족 사람들은 부녀자나 어린이들을 강제로 말을 듣게 하지는 않는가?"

"밧지 족 사람들은 안팎의 종묘[社]를 공경하고 옛부터 내려 오는 제사를 게을리하지는 않는가?"

"밧지 족 사람들은 성직자(聖職者)들을 존경하고, 이웃나라에서 기꺼이 성직자들이 찾아오고, 이미 있는 성직자들은 기꺼이 머물고 있는가?"

아난다 존자는 모두 그렇다고 대답했다. 문답이 끝났을 때, 세존께서는 이렇게 단호히 선포하셨다.

"그 나라 인민이 만일 한 가지 법만 행한다 하여도 오히려 침해하지 못하겠거늘, 하물며 일곱 가지 법을 모두 지킴에 있어서랴. 이 법을 지키고 있는 한, 밧지 족 인민들은 번영할지언정 결코 쇠망하지 않으리라."[1]

—마하빠리닙바나수탄타—

---

1) 와다나베 쇼오꼬/법정, 앞의 책 (하) pp.199~203.

5 이것이 저 유명한 '나라가 쇠망하지 않는 일곱 가지 법〔七不衰法 - 칠불쇠법〕'이거니와, 이렇게 해서 아자트사투르 왕은 정복을 포기하고, 밧지 족 백성들은 평화를 누릴 수 있었습니다.

지금부터 우리는 이 법을 '일곱 가지 번영의 법'이라고 일컬을 것입니다.

이 일이 있은 직후 세존께서는 라자그라하 주변에 있는 모든 대중들을 모아 놓고, '우리 공동체가 쇠망하지 않는 일곱 가지 법'을 설하셨는데, 이것은 대중들에 대한 최후의 공식 설법으로서 지극히 중요한 의미를 지니고 있습니다. '일곱 가지 쇠망하지 않는 법, 칠불쇠법(七不衰法)'을 요약하면 이러합니다.

"첫째, 서로 자주 모여서, 정법(正法) 정의(正義)를 강론하라.

둘째, 일치 화합하여 모이고, 일치 화합하여 결정하고, 일치 화합하여 실행하라.

셋째, 새로운 법을 만들어내지 말고, 이미 규정한 법을 깨뜨리지 말고, 정해진 대로 계율을 지켜라.

넷째, 장로·선배·경험자·어른·지도자를 존경하고 받들며, 그들의 말을 잘 들어라.

다섯째, 윤회의 원인이 되는 탐욕을 일으키거나, 그것에 굴복하지 말아라.

여섯째, 민가에서 떨어진 곳에서 살아라.

일곱째, 자기 마음에 뜻을 세우고, 훌륭한 도반(道伴)들이 일부러 찾아오게 하고, 또한 이미 찾아온 사람들은 기꺼이 함께 머물러라." [2]

-장아함경 권 2-

2) 와다나베 쇼오꼬/법정, 앞의 책(하) pp.204~206.

언로(言路)를 열어라

6 "서로 자주 모여서 정법, 정의를 논의하라."

그렇습니다. 바로 이것이 평화의 제일법(平和第一法)입니다. 출가중의 집단이거나, 재가중의 집단이거나, 우리 공동체가 멸망하지 않고 영원히 번영하고 평화할 수 있는 상가의 정도(正道)입니다.

'소중한 우리 가정, 우리 마을, 우리 직장, 우리나라, 우리 세계, 우리 교단을 화합 속에 성숙시키는 길이 무엇인가? 군대를 많이 기르는 것인가? 경제 건설을 잘 하는 것인가? 새 법률을 만들어 내고 제도를 자꾸 바꾸는 것인가?'

이렇게 시름에 잠겨 있을 때, 세존께서는 오히려 우리를 향하여 이렇게 묻고 계십니다.

"불자들아, 너희들은 자주 모여서 서로 정법, 정의를 논의하고 있느냐?"

7 행복한 나라를 건설하는 데, 군대의 힘, 경제의 힘, 제도와 법의 힘, 이런 것들이 응당 필요하다는 것쯤은 삼척동자도 다 알고 있습니다. 이런 힘을 기르기 위해서 지금 우리는 마땅히 열심히 일하고 있습니다. 그러나 이런 일들은 불교가 아니해도 많은 분들이 훌륭하게 다 잘 할 수 있습니다.

그럼 우리는 무엇을 할 것인가?

이상(理想) 사회의 건설을 위하여 불자는 무슨 힘을 기를 것인가?

그것은 곧 정법의 힘, 정의의 힘입니다. 우리는 진리의 힘으로써 우리 공동체를 영구히 강하게 하려는 것입니다. 우리는 도덕의 힘, 정신의 힘, 전통과 풍속의 힘으로써 소중한 우리 마을을 영구히 번영케 하려는 것입니다.

왜?

진리〔法〕가 참된 생명의 힘이기 때문입니다. 정의가 참된 대중의 힘이기 때문입니다. 도덕과 풍속이 참된 나라의 힘이기 때문입니다.

그래서 세존께서는 우리를 향하여 이렇게 명하고 계십니다.

"자주 모여서 서로 정법을 토론하라."

8 불자는 정어자(正語者)입니다. 바른 말 잘 하는 사람들이지요. 바른 말 잘 한다는 것은 마음속의 숨은 생명의 힘을 일깨우는 것이고, 잠재된 민중의 힘을 드러내는 것이고, 도덕과 풍속의 힘을 북돋우는 것입니다.

함께 모여 말길〔言路〕을 열고, 서로 열심히 문제를 논의하지 아니하면, 정의와 도덕의 힘은 쇠퇴하고 맙니다. 정의와 도덕의 힘이 죽고 말면, 저 강성한 군대와 경제와 법이 무슨 소용 있겠습니까? 사자가 완력이 약해서 죽습니까? 쇠가 강도가 부족해서 부스러집니까? 이들은 모두 자기 내신(內身)의 사소한 부패 때문에 멸망하고 맙니다. 거대한 사자도 미미한 벌레〔獅子虫〕 때문에 죽고, 강한 쇠도 사소한 녹에 먹혀서 사라집니다.

언로(言路)·언론(言論)이 활짝 트이지 못하면, 그곳으로부터 치명적인 자기 부패는 비롯됩니다. 언론·공론(公論)이 막히면, 마음이 막히고, 마음이 막히면 고인 물처럼 스스로 부패하기 마련이지요. 그런 까닭에 부처님은 언론을 으뜸으로 삼으십니다. 부처님 스스로 언론의 왕이십니다.

바라문이 찬탄합니다.

"언론에도 윗 머리〔上首〕 되시어 말씀마다 능변이시니, 사람마다 대웅사자(大雄獅子) 숲 속에서 외치시네."   −장아함경−

정어(正語)하라

9 저 강성한 대제국(大帝國) 고구려가 작은 신라한테 망한 것이 참 기이하지 않습니까?

군대의 힘이 부족해서 고구려가 멸망한 것이 결코 아닙니다. 언로(言路)와 공의(公義)의 힘에서 고구려가 신라한테 패배한 것입니다. 고구려의 연개소문(淵蓋蘇文)은 스스로 대막리지(大莫離支, 득재자)가 되어서 반대파를 살육하고 언론을 막아버렸습니다. 중국에서 도교(道敎)를 들여다가 독재에 저항하는 불교를 탄압함으로써 오랜 도덕과 풍속을 파괴했습니다.

이때 보덕(普德) 스님을 비롯한 많은 성중들이 고구려를 버리고 남쪽으로 망명하였지요.[3] 그래서 대제국은 개미성처럼 파산하고 만 것입니다.

10 그러나 신라인들은 팔팔 살아 있었습니다. 작은 마을 일에서부터 왕을 뽑는 국정(國政)에 이르기까지, 화백(和白)이라는 회의 방식을 통해서, 함께 모여 토론하고, 일치해서 결의했습니다. '안 됩니다'하고 무섭게 반대하다가도 대중의 의견이 결정되면, '좋습니다' 하고 기꺼이 순응하였습니다. 그들은 또 고집스럽게 옛 전통을 지키고 풍속을 바꾸지 아니하였으며, 사당과 명산 대천(名山大川)을 찾아서 제사 뫼시기를 즐겨했습니다.

성중들은 바른 말을 잘 하였고, 서라벌 백성들은 이 말을 경책하였습니다. 원광(圓光) 법사·자장(慈藏) 율사·원효(元曉) 대사·의상(義湘) 대사·혜숙(惠宿) 스님·설총(薛聰) 선생…… 이분들이 모두 신라의 정어자(正語者)들입니다. 권력자들을 비판하고, 백성들을 경청하였습니다.

---

3) 우정상·김영태, 『韓國佛敎史』 p.26.

11 국선(國仙, 화랑의 우두머리) 구참공(瞿旵公)이 사냥을 즐기며 짐승 고기를 좋아하자, 혜숙 스님이 그를 따라 사냥터에 갔다가, 자기 다리의 살을 베어 공에게 바치면서 말했다.

"지금 공이 좋아하시는 것을 살펴보니, 오직 살육을 즐겨 다른 짐승을 죽여 자기만을 봉양할 뿐이니, 어찌 어진 군자라 하리오? 우리의 무리〔벗〕는 아닙니다."[4]

신라의 승리와 통일은 실로 정어(正語)와 정의의 법다운 결실임을 새삼 통감하고 있습니다.

12 무엇이 정어인가? 무엇이 공론인가?

무엇보다도 그것은 거짓을 말하지 않는 것입니다. 스스로 거짓을 말하지 않을 뿐만 아니라, 남의 거짓도 용납하지 않은 것입니다.

세존께서 분부하십니다.

"집회의 장소에 있든 단체에 있든, 누구도 남에게 거짓말 해서는 안 된다. 남에게 거짓말 시켜도 안 된다. 또 남이 거짓말 하는 것을 묵인해도 안 된다. 모두 허망한 말을 하지 말라."

–숫타니파아타 소품/담미카–

13 "아난다야, 너는 밧지 족 사람들이 자주 회합하고 잘 모여서, 정법에 관하여 서로 논의한다는 말을 들은 적이 있느냐?"

이것은 바로 우리 자신들에게 들려주시는 준엄한 경책입니다. 이 경책 듣고, 우리는 정신차리고, 우리 자신을 깊이 성찰할 것입니다.

---

4) 『삼국유사』「이혜동진(二惠同塵)」

　우리는 진정 자주 모이고 있는가? 어려움과 위기를 당할 때, 우리 가족, 동료들, 사부대중, 동포들은 뒤에 숨어서 한숨 쉬거나, 불평하지 않고, 자주 모여, 진지하게 토의하고 있는가? 우리 사이에 언로(言路)는 활짝 열려 있는가? 말하기를 두려워할 만큼 언론(言論)의 길이 막혀 있지는 아니한가? 모여서 우리는 정법을 강론하고 정의를 분별하고 있는가? 우리는 과연 진실을 말하고 있는가? 스스로 거짓을 말하지 않을 뿐만 아니라, 동참자들의 허위(虛僞)를 묵인하는 일은 없는가? 찬성과 반대를 분명히 하고, 한 번 결정된 공론(公論)에 대해서는 기꺼이 순종하고 있는가? 반대자도 꼭 같이 공경받고 있는가?

　"그렇습니다. 우리는 정녕 이와 같이 실행하고 있습니다."

　우리가 이렇게 당당히 대답하는 바로 그때, 세존께서는 비로소 우리 앞에 오셔서 예언하실 것입니다.

　"아난다야, 만일 그렇다면, 한국 사람들은 어른과 젊은이가 잘 화합하고, 점차 강성하여, 이 나라는 오래도록 번영하여, 능히 누구도 침해할 수 없을 것이니라."

회향발원　(자주 모입니다)

　자비하신 부처님.

　이제 저희 청보리들, 푸르른 부처의 씨앗들.

　자주 모입니다. 우리 법회의 여러 모임을 자주 열고, 빠짐없이 출석합니다. 함께 모여서 우리 절, 우리 법회의 문제에 관하여 숨김없이 드러내고 자유롭게 말합니다. 지역사회의 문제, 교단의 문제, 나라와 민족의 문제에 관해서도 숨김없이 드러내고 자유롭게 말합니다. 저희들은 정어(正語)합니다. 무엇이 정의이고 정법인가에 대하여 바르게 말합니다. 저희는 비판과 반대되는 발언을 경청하고 존중합니다. 온전한 합의에 이를 때까지 서로 격려하여 진지하게 토론합니다.

－나무석가모니불－

찬불가　집회가

내용익힘

1. 다음 문장을 완성해 봅니다.
   ① 아난다야, 너는 밧지 족 사람들이 자주 (   ), 그 모임에
   (   ) 모이고, (   )에 관하여 서로 논의한다는 말을 들은
   적이 있느냐?
   ② (   ) (   )이 활짝 트이지 못하면, 그것으로부터 치명적인
   (   )는 비롯됩니다. (   ) (   )이 막히면, (   )이 막
   히고, (   )이 막히면 고인 (   )처럼 스스로 부패하기 마련
   이지요. 그런 까닭에 부처님은 (   )을 으뜸으로 삼으십니다.
   부처님 스스로 (   )의 왕이십니다.
   ③ 아난다야, 만일 그러하다면, 한국 사람들은 (   )과 (   )가
   잘 화합하고, 점차 (   ), 이 나라는 오래도록 (   ), 능히
   누구도 침해할 수 없을 것이다.

2. 다음 물음에 간결하게 답합니다.
   ④ '일곱 가지 번영의 길'이 무엇인가?
   ⑤ '평화의 제일법'이 무엇인가?
   ⑥ 왜 언론이 중요한가?

교리탐구 바르지 못한 말에는 어떤 것이 있는가?
   1. 악구(惡口)
   2. 양설(兩舌)
   3. 기어(綺語)

실천수행 우리 법회의 여러 대중집회에 열심히 출석하고 적극적으로 발언합니다.

1. 회의에서 발언하고 토론하는 방법을 배운다.
2. 여러 모임에 열심히 출석한다.
3. 회의의 주제를 미리 알고 사전에 발언 준비를 충실히 한다.

2과 · 대중공사의 엄연한 법도

> "장로·선배·경험자·상가의 아버지·상가의 지도자들을 존경하고 받
> 들며, 그들의 말을 잘 들어라."
> –장아함경–

탐구과제

- 불교집단의 운영방식이 기본적으로 어떤 원칙에 근거하고 있는가를 고찰합니다.
- 대중공사의 원리와 구체적인 절차가 무엇인가를 관찰합니다.
- 사부대중이 어떻게 화합 일치할 것인가를 배우고 몸소 실천해 갑니다.

대중 동참주의의 뿌리깊은 전통

14 "서로 자주 모여서 정법(正法)을 논의하라."

　그래서 부처님 당시부터 대중의 모든 문제는 대중 화합을 통하여 논의하고, 대중 합의에 의하여 결정하고, 대중 동참에 의하여 실천해 왔습니다.

　이러한 방식은 본래 '갈마(羯磨, karma), 대중 갈마(大衆羯磨)'라고 불렀었고,[1] 흔히들 '대중 공사(大衆公事)'라고 일컬어 오고 있습니다. '갈마'는 '작법(作法)'이라고도 번역하는데, '대중이 함께 모여 일을 처리해 가는 법도, 방법' 이런 뜻입니다. 원래 'Karma'는 '행위'라는 뜻이지만, 여기에서는 '행위의 법도, 행위의 방법'으로 쓰이고 있습니다.

---

1) 이희익, 『佛敎의 敎團生活』, pp.23∼25.

대중 공사는 석가모니 이래 3천여 년 동안 우리 공동체의 확고 부동한 전통으로 계승해 내려오고 있습니다. 대중 공사의 원칙을 존중함으로써, 공동체의 문제들을 명령으로써나 사사로운 방식으로써가 아니라, 대중들이 함께 모여서, '무엇이 정법, 정의인가?'를 서로 논의하고, 합의해서 결정합니다. 이것은 곧 대중적 합의 과정을 뜻합니다.

15 Saṃgha 공동체의 모든 생활 방식은 본래 대중 동참주의(大衆同參主義)입니다.[2] 함께 모여 살고, 함께 모여 수행하고, 함께 모여 근로〔運力〕하고, 함께 모여 참회하고〔포살·자자〕…… 심지어 먹는 것도 함께 모여 하는 대중 공양(大衆供養)입니다. 지금도 절에서 하고 있는 발우 공양(鉢盂供養)을 통해서, 이 상가의 동참주의가 얼마나 훌륭하고, 또 철저했던가를 우리는 엿볼 수 있습니다.

공양 때가 되면, 수십 수백 명의 대중들이 규모있게 차례에 따라 앉습니다. 각기 4개씩의 발우(식기)를 반듯하게 배열하고 있으면, 당번들이 밥과 국을 돌립니다. 공손히 합장하고 받는데, 각자 먹을 만큼 가감(加減)합니다. 반찬상이 돌아오면 자기 양만큼 들고 돌립니다. 죽비를 치면, 공양게(供養偈, 식사 때 감사기도)를 함께 외우고, 조용히 먹기 시작합니다.

수백 명 식사 자리에 숟가락 소리 하나 나지 않습니다. 식사가 끝나면 발우를 숭늉으로 일차 닦아서 마시고, 청수(淸水)로 다시 그 자리에서 발우를 씻습니다. 대중의 씻은 물을 다 걷어서 밥풀 하나 없어야 제대로 공양한 것입니다. 이 물은 뜨락의 시식돌〔施食石〕에 곱게 부어서 허공의 굶주린 아귀 대중(餓鬼大衆)들에게

---

2) 이것이 곧 『육화경(六和經)』이고(사분률 43), 이런 원칙이 '동사섭(同事攝), 함께 일함으로써 이웃과 함께 가는 길'이다(대방등대잡경).

공양합니다. 이 일은 누구 한 사람 예외없이 제 스스로 하고, 공양이 끝나면 간단한 대중 공사가 열리지요.

16 이것은 물론 출가중의 공양법이지만, 세상 모든 사람들이 다 본받을 만한 깨끗하고 경제적인 법도입니다. 단순히 그 외형(外形)만 배울 것이 아니라, 대중 공양의 숨은 정신을 깊이 음미할 것입니다.

숨은 정신이 무엇인가?

곧 대중 동참주의이고, 평등 정신입니다. '평등, 평등' 하지만, 평등은 실로 외치는 구호도 아니고 고상한 주의도 아닙니다. 그것은 먹고, 입고, 거처하는 데에서부터 그렇게 살아야 할 삶의 방식이어야 합니다. 상가의 저 깨끗한 대중 공양을 보고, 또 몸소 익히면서, 불평등(不平等) 빈부(貧富)의 격차 등 심각한 인류의 병을 원천적으로 치유할 수 있는 구체적인 암시(暗示)를 보는 듯합니다.

17 물론 이러한 대중 동참주의가 기계적인 평등이나 획일주의가 아닌 것은 고오싱가 마을의 생활 풍속을 통해서도 이미 넉넉히 관찰한 바 있습니다.

그들은 이렇게 살고 있습니다.

"세숫물독이나, 먹는 물독이나, 변소에 쓰는 물독이 비어 있는 것을 보는 사람은 누구라도 먼저 그것을 준비해 둡니다. 만일 그 일이 혼자 힘으로 될 수 없을 때에는 손짓으로 한 사람을 불러 서로 손을 맞추어 준비해 둡니다. 그러나 세존이시여, 저희들은 그런 일 때문에 말하는 것이 아닙니다. 세존이시여, 저희들은 닷새만에 한 번씩 한 밤 동안을 법문(法門)의 모임을 가집니다. 세존이시여, 우리들은 이렇게 열심히, 성실히 생활하고 있습니다."

—아함경—

18 상가의 대중 생활은 철저한 자유의지 위에서 추구됩니다. 누구도 명령하지 않고 강요하지 않습니다. 원하지 않으면 조용히 물러 서 있으면 됩니다. 그러면서 그들은 전혀 고유한 자신의 정신 세계를 가꾸고 있습니다. 먹고, 입고, 거처하는 것은 함께 할지라도, 그들은 각기 다양한 자신만의 삶을 누립니다. 이 삶은 신성불가침입니다. 누구도 간섭할 수 없습니다.

상가의 모든 성중(聖衆)들은 법을 추구하는 것이 삶의 최고 가치입니다. 대중 동참주의는 법을 추구하기 위한 하나의 합리적이고 진실된 생활 방식이라고 말할 수 있습니다. 진리가 함께 하지 아니한다면, 대중이니 평등이니 하는 것이 무슨 의미가 있겠습니까?

그래서 고오싱가의 수행자들은 말합니다.

"세존이시여, 저희들은 그런 일 때문에 말하는 것이 아닙니다. 세존이시여, 저희들은 닷새만에 한 번씩 한 밤 동안을 법문(法門)의 모임을 가집니다."

-아함경-

대중공사는 이렇게 하라

19 대중 동참주의는 자유인이 이웃과 더불어 평화롭게 살아가는 최선의 길입니다. 대중 공사는 개성을 사랑하는 사람들이 자신과 이웃을 함께 존중하면서, 문제를 해결해 가는 가장 아름다운 법도입니다.

스님들의 모임인 승단이나, 사부대중의 Saṃgha 공동체도 그것이 인간의 집단인 한, 많은 이견(異見)이 생기고, 분쟁이 발생하고, 다툼이 벌어지는 것은 자연스런 일이지요. 너무 조용하고, 반론(反論)이나 비판이 없고, 논쟁이 없다면, 도리어 이것이 이상한 일 아닙니까?

여기에서 우리가 진실로 염려하는 것은, '이견이나 분쟁이 왜 벌어지는가?'하는 것보다는, '이 이견이나 분쟁을 해결해 가는 엄연한 법도와 원칙이 있는가? 대중들이 이 화합의 법도를 잘 알고 훈련되어 있는가?'하는 것이라고 우리는 생각합니다.

율장(律藏, 계율 계통의 경전군)에는 이러한 분쟁〔諍〕을 해결해 가는 '7가지 화합의 법, 칠멸쟁법(七滅諍法)'이[3] 명시되어 있습니다.

20 율장을 통해서 확립된 '대중 공사의 법도'는 이러합니다.

첫째, 공동체의 주요 문제는 대중들이 평등히 동참하는 대중회의에서 결정한다.

둘째, 대중들은 회의에서 자유롭게 발언하고 반대할 수 있다.

셋째, 결정은 대중 전체의 합의를 원칙으로 하지만, 합의가 어려울 때에는 다수결로 결의한다.

넷째, 대중이 서로 분쟁하거나 그 결정이 교법에 어긋날 때, 공동체의 장로(長老, 어른)는 이를 채택하지 않고 스스로 법다운 결정을 내린다.

다섯째, 대중의 합의나 장로의 법다운 결정을 거역할 때, 그는 계법에 따라 무거운 벌을 받는다.

---

3) 1. 현전비니(現前毘尼)─대중이 다 모인 곳에서〔僧現前〕, 부처님 법에 따라서〔法現前〕, 계율 규정에 따라서〔律現前〕, 당사자 앞에서〔人現前〕 문제를 처리한다.
2. 억념비니(憶念毘尼)─당사자의 믿을 만한 기억을 채택한다.
3. 다인어(多人語)─의견일치가 안 될 때, 다수결로 결정한다.
4. 불치비니(不痴毘尼)─정신이상자에게는 계율을 면제한다.
5. 자언치(自言治)─자백할 때 그것을 채택한다.
6. 멱죄상(覓罪相)─말의 앞 뒤가 맞지 않고 거짓말하면 엄히 벌을 받는다.
7. 여초복지(如草覆地)─대중이 크게 분열되었을 때, 전 대중이 총 참회하고 분쟁을 끝낸다. (이희익, 앞의 책, pp.69~81)

21 코삼비 사건의 전말을 바라보면서, 우리는 오늘 우리가 빠져 있는 공동체의 문제를 어떻게 해결해 갈 것인가에 대해서 산 교훈을 배우고 있습니다.

우리는 먼저 이 사소한 동기의 분쟁이 세존의 말씀 한 마디로 간단히 해결되지 않는다는 현상에 대하여 기이한 느낌을 받게 됩니다. 그러나 잠시 생각해 보면, 바로 이 점이 상가의 상가다운 특징인 것을 깨닫게 됩니다.

만사를 세존 한 분의 명령으로 처결한다면, 얼마나 일사불란하고 편리하겠습니까? 그러나 이것은 동참동행을 생명으로 삼는 상가의 기본도리를 외면하는 것이 되고, 또 세존께서 아니 계시면 어찌할 것입니까? 새로운 권위와 신격(神格)을 창출하기 위해서 대중은 끊임없이 시달려야 합니까?

　"너희 자신을 등불 삼고, 진리를 등불 삼아라.
　너희 자신을 의지하고, 진리를 의지하여라."　　　　－장아함경－

우리는 다시 한 번 세존의 간곡하신 유교(遺敎)를 명상하고 있습니다.

22 대중 공사에는 몇 가지 엄연한 법도가 있습니다.

대중 공사에는 공동체의 모든 구성원이 함께 참석합니다. 성원(成員) 누구든지 회합을 요청할 수 있고, 대중의 승인을 받은 장로·장자가 의장이 됩니다. 대중 공사에서, 모든 대중들이 직책이나 연령의 고하를 불문하고, 완전히 평등한 언론의 자유를 행사하는 것은 너무도 당연한 원칙입니다.[4] 이 원칙에는 결코 예외나 유보(留保)가 없어서, 석가모니 자신도 다만 한 사람의 구성원으로 동참하는 것입니다.

---

4) 이희익, 앞의 책, pp.71~72

그런 까닭에 문제 해결의 주체는 시종 대중 그 자신들입니다. 문제가 제기되고, 논의되고, 합의되고, 해결되는 것이 모두 대중들에 의해서, 대중 회합이라는 대중 공사를 통하여 진행되고 있습니다.

세존께서는 이러한 과정에서, 정법 정의가 무엇인가를 제시하고, 그들의 자성(自省)을 추구함으로써, 대중의 문제 해결을 돕고 계십니다. 이것이 스승의 역할입니다.

23 세존이 아니 계시는 지금, 세존께서 정하신 계법(戒法)이 마땅히 우리 공동체의 규범이 되고, 우리 공동체의 어른이신 출가와 재가의 장로(長老)·장자(長者)들이 우리들의 스승이 되십니다. 장로(長老, Āyuṣmant)는 출가중의 어른, 장자(長者, Sreṣṭha)는 재가중의 어른을 일컫습니다.

나와 당신이 모두 평등히 대중 공사에 참가할지라도, 연장자(年長者)·어른네들의 말씀을 경청하고 존중한다는 것은 부처님께서 확립하신 오랜 법도의 하나입니다.[5]

그래서 세존께서 말씀하십니다.

"장로·선배·경험자·상가의 아버지·상가의 지도자들을 존경하고 받들며, 그들의 말을 잘 들어라."

　　　　　　　　　　　　　　　　　　　　　　　　　－장아함경－

24 만일 대중들이 평등한 발언권이 있다고 해서, 장로·장자·스승 등 상가의 어른들의 말씀과 가르침을 소홀히 한다면, 그것은 세속 집단은 될지언정 성중(聖衆)은 아닙니다. 사형(師兄)·선배·경험자들의 의견과 조언을, 대중 공사·다수결(多數決) 등의 구실로 경청하지 않는다면, 이것은 대중 공사가 아니라 중우 공사(衆

---

5) 앞의 책, pp.142～143

296

愚公事)가 되고 맙니다. 어리석은 무리들의 난장판이 되는 것이 지요.

무슨 까닭인가?

장로·장자·스승 등 상가의 어른들은 곧 법의 계승자이기 때문입니다. 법은 곧 성스러운 대중의 생명이기 때문입니다. 사형·선배·경험자들은 상가의 등불이기 때문입니다. 등불을 잃으면 곧 대중은 무너지기 때문입니다.

혈연의 부모 형제들도 감히 거역하지 못하는 것인데, 법의 부모 형제들을 어찌 거역할 수 있겠습니까?

평상시에는 대중 공사의 합의 과정을 따를 것이고, 합의가 안되고 분열의 위험이 있을 때, 다수결이 교법에 어긋날 때에는 마땅히 장로·장자의 결정에 따를 것입니다. 열심히 다투다가도, "이것이 법답다. 이렇게 결정하라." 하고 장로·장자께서 판정하시면, 우리는 깨끗이 그 명에 복종할 것입니다. 이것이 신앙인의 양심이고, 우리 성중을 지키는 최후의 보루입니다.

사부대중이 함께 모여 결정하라

25 코삼비 사건을 통해서 우리가 깨닫는 또 하나의 진실은, 세존 당시의 초기 상가가 이미 실제로 비구·비구니·우바새·우바이의 사부대중이 일치 동참하고 있다는 것입니다.

이 사건은 비구 대중의 집안 일에 불과한 것이지만, 비구니 등 출가중은 물론 우바새 우바이의 재가중과, 나아가 코삼비의 전체 시민이 여기에 개입하고 있습니다.

특히 놀라운 일은 재가중과 시민들의 강력하고 단호한 결의와 행동입니다. 그들은 비구중의 비법(非法)을 방관하지 않고, 즉각 공양 거부 운동으로 이를 규탄하고 배척하고 있습니다. 뿐만 아니라 세존께서도 재가중 및 시민들과 더불어 이 문제의 해결을 함께 논의하고 계십니다.

26 "상가(Saṃgha)가 누구냐? 재가 신자들도 상가에 포함되느냐?" 하는 시비가 끈질기지만, 저러한 역사적 사건을 통해서, '상가는 사부대중의 공동체'라는 우리의 주장이 부처님의 뜻과 일치하고 있음을 새삼 확인합니다.

승단(僧團)의 분쟁을 놓고 신도들이 발언하면, "스님네들 일은 스님네들에게 맡겨라. 신도들이 웬 간섭이냐?" 이런 주장을 흔히 듣지만, 이것은 법다운 생각이 못됩니다.

출가중과 재가중은 운명 공동체입니다. 하나가 손상되면, 다른 하나도 손상되고, 우리 거룩한 상가·불자공동체가 손상되고, 마침내 부처님 법이 손상됩니다. 부처님 법이 손상되는 것을 어찌 우리 불자가 방관하고 있어야 합니까? 어떤 구실로도 법의 손상은 결코 방치될 수 없습니다.

보통 문제는 승단 스스로 해결할 것이지만, 승단 문제가 교단 전체의 이익을 크게 훼손할 때, 재가중이 이 문제의 해결에 나서는 것은 당연한 논리입니다. 그러나 이때 재가중은 분쟁의 어느 쪽에 가담하지 말고, 엄연한 중도 입장에서, 재가중 자신들의 대중 공사를 통하여 일치된 해결책을 촉구할 것입니다.

27 사찰이나 법회, 종단의 대중 공사에는 마땅히 사부대중이 평등히 동참할 것입니다.[6] 사부대중이 함께 모여서, 법을 논하고,

---

6) 그러나 사부 대중의 좌석은 엄격히 구분되어야 한다. 출가중과 재가중이 섞여 앉아서는 안 된다. 맨 앞에 비구, 다음에 비구니, 그 다음에 우바새·우바이가 수계 순서에 따라 차례대로 앉는 것이 본래 법도이다. (이희익, 앞의 책, p. 10)

공의(公義)를 말할 것입니다. 이것이 공동체의 불화와 쇠망을 막고, 영원히 번영하는 최선의 것입니다.

사찰, 법회, 종단의 조직, 교화, 경제, 사회 사업 등 모든 불사는 사부대중이 함께 모여 의논하고, 합의해서 결의하고, 본분과 직분에 따라 분담해서 추진해 갈 때, 분쟁과 다툼이 생길 가능성은 미리 제거되고, 또 문제가 생긴다 할지라도, 법답게 해결될 것임을 생각하면서, 또 이것이 부처님의 뜻임을 굳게 믿으면서, 새로운 희망과 기대를 갖고, 우리는 상가 공동체의 새로운 건설에 착수할 것입니다. 대중 공사의 엄연한 법도로 돌아갈 것입니다.

세존 말씀을 새삼 경청합니다.

"일치 화합하여 모이고, 일치 화합하여 결정하고, 일치 화합하여 실행하라."

-장아함경-

회향발원 (공동체의 어른들을 공경합니다)

자비하신 부처님.

이제 저희 청보리들, 푸르른 부처의 씨앗들.

우리 공동체의 어른들을 공경합니다. 우리 절의 큰스님을 공경하고, 스님네들을 존경합니다. 우리 법회의 법사님을 공경하고, 지도자들을 존경합니다. 스님들과 법사님들, 지도자들, 선배들은 곧 우리 공동체의 어른들이십니다. 이 어른들을 공경하고 그 말씀을 경청하는 것이 대중공사의 성공을 보장하는 엄연한 법도임을 믿는 까닭에, 저희들은 이 어른들을 받들어 공경하며, 사부대중이 함께 모여 의논하고 함께 모여 실행합니다.

-나무석가모니불-

찬불가 어버이 은혜

내용익힘

1. 다음 문장을 완성해 봅니다.
   ① (   )·선배·경험자·상가의 (   )·상가의 (   )을 존경하고 받들며, 그들의 (   )을 잘 들어라.
   ② 상가의 모든 성중(聖衆)들은 (   )을 추구하는 것이 삶의 (   )입니다. 대중 동참주의는 (   )을 추구하기 위한 하나의 합리적이고 진실된 (   )이라고 말할 수 있습니다. (   )가 함께하지 아니한다면, (   )이니 (   )이니 하는 것이 무슨 의미가 있겠습니까?
   ③ 대중 공사에는 공동체의 모든 (   )이 함께 참석합니다. (   ) 누구든지 회합을 요청할 수 있고, 대중의 승인을 받은 (   )(   )가 의장이 됩니다. 대중 공사에서 모든 대중들이 직책이나 연령의 고하를 불문하고 완전히 평등한 (   )의 자유를 행사하는 것은 너무도 당연한 원칙입니다.

2. 다음 물음에 간결하게 답합니다.
   ④ 대중생활의 기본 법도가 무엇인가?
   ⑤ 대중 공사의 법도가 무엇인가?
   ⑥ 대중 공사에서 합의에 이르지 못할 때, 또는 분쟁이 생겼을 때는 어떻게(누가) 판단하는가?

교리탐구   다음 용어의 의미와 차이점은 무엇인가?
   1. 장로(니)(長老·長老尼)
   2. 장자(長者)
   3. 거사(居士)
   4. 처사(處士)

실천수행 우리 법회의 어른들을 공경하고 정성껏 그 말씀을 경청합니다.

1. 출입할 때 어른들에게 공경히 인사드린다.
2. 대중 공사가 있을 때 먼저 어른들의 뜻을 묻는다.
3. 대중 공사가 문제가 생겼을 때는 어른들의 뜻을 들어서 그 뜻에 따른다.

3과 · 대중법회의 새 살림

"바리때에 담긴 하찮은 음식물에 이르기까지, 상가의 바른 규정에
따라 그러한 모든 것을 대중들에게 공평히 분배하여 정직한 동료들과
공유하는 한, 상가의 대중들은 쇠망하지 않고 번영하리라."

— 마하빠리닙바나수탄타 —

탐구과제

· 재가 법사의 존재가 경전상으로, 또 현실적으로 어떻게 정당하며
얼마나 중요한 것인가를 고찰합니다.
· 사찰·법회의 회계는 어떻게 공개되고 운영되어야 하는가를 관찰합
니다.
· 우리 법회의 재정을 어떻게 운영할 것인가를 배우고 몸소 실천해
갑니다.

절 문을 크게 열어라

28 서울 봉천동에 있는 법운 교당(法雲敎堂)은 10여 년 전 재가
법사(在家法師) 김래동(金來東) 님이 몇 사람의 주민들과 손잡
고 자기 집 2층 방에 세운 순수 대중법회(大衆法會) 대중교당
(大衆敎堂)입니다. 초창기의 고통과 곤경을 잘 극복하고, 법운
교당은 그동안 많이 성장해서, '83년 10월에는 팔고 나간 옆집
교회당 건물을 사서 학생회관으로 개관하게 되었습니다.
이제 이 대중 법회는 봉천 7동의 달동네 주민들 속에 깊이 뿌
리를 내리고 있습니다. 일반 신도부 3백 명, 중고등부 1백여 명,

어린이부 80여 명, 청년부 60여 명 등이 훌륭한 상가를 이루고, 지장(地藏) 보살의 기도 원력으로 힘차게 정진하고 있습니다.[1]

29 대중 교당의 운영은 철저히 대중 방식(大衆方式)에 따르고 있습니다. 20세 이상의 5계(五戒)를 수지한 우바새·우바이가 평등히 동참하는 대중 총회(大衆總會)가 최고 결정기관으로서 1년에 1차례 정기 회의를 열어 법회 운영의 기본 방침을 결정하고 중요 인사(人事)와 재정(財政)의 틀을 결정합니다. 회주도 이 총회에서 추대하고 대표도 대중 총회에서 선출됩니다. 창설 법사가 회주를 겸하는 것이 보통입니다.

그러나 총회가 실제적 기능을 발휘하기는 매우 어렵습니다. 자칫 무질서와 혼란, 주인을 잃고 지리멸렬해지기 쉽습니다. 그래서 총회의 기능을 대행하는 대의기구가 요구됩니다. 상설적인 운영주체가 요구됩니다. 대중위원회가 바로 그 역할을 수행하는 중심 기구입니다.

30 우리는 잠시 재가 법사(在家法師)의 문제를 한 번 생각해 보려고 합니다.

불교 집안에는 재가 경시(在家輕視)의 경향이 뿌리 깊이 잔존해 오고 있어서, 재가중의 수행력과 능력을 과소 평가하고, 재가중이 절이나 종단 살림에 관여하거나, 법을 설하고, 의식을 주관하는 것을 비법(非法)인 양 못마땅해 합니다.

그러나 바로 이것이 지나친 출가 중심주의로서, 부처님의 근본 뜻이나 대승 불교의 본의(本義)에 어긋날 뿐만 아니라, 스스로 불교 발전을 막아온 불교 집안의 취약성입니다. 이러한 재가 경시 풍조는 필연적으로 불교 자체를 민중과 멀어지게 하고, 마침

---

1)「佛教新聞」136호(佛紀 2527. 10. 23), 3면.

내는 출가중 스스로의 설 곳을 잃게 합니다. 물고기가 물을 잃고 어디로 가겠습니까?

31 현대 사회가 얼마나 복잡하고, 모든 방면에서 얼마나 전문화되어 가고 있습니까? 또 절 하나 제대로 운영하기가 얼마나 힘듭니까?

그런데 언제부터인지 스님들은 이 모든 일을 스님들이 다 맡아서 해야 하는 것처럼 알고, 또 그렇게 해 왔습니다. 밥하고 나무하는 것이야 수행이라 하더라도, 시주돈 받고, 계산하고, 재산 늘리고…… 이래서 "중(衆)도 아니고, 속(俗, 속인)도 아니다."라는 속담마저 생겨났지요. 이 말은 곧, '수행도 제대로 못하고, 집안 살림도 제대로 못한다.' 이런 뜻입니다. '이판승(理判僧, 수행 전문의 스님)·사판승(事判僧, 살림전문의 스님)'하는 궁색한 풍토도 생겨났지만, 도대체 수행 아니하는 스님이 무슨 스님입니까? 살림 전문이 될 바에야 출가는 왜 하는 것입니까?

이것은 분명 불법(佛法)의 근본에 어긋나는 전도(轉倒)이고 타락입니다. 이 근본적인 오류는 시급히 개혁되어야 합니다.

32 절〔寺〕 하나 짓기 위하여 스님들이 얼마만큼 고행하고 희생하시는가를 우리는 잘 알고 있습니다. 1천 6백여 년 모진 비 바람 속에서 가람(伽藍, Saṇghārāma, 절)을 지켜오신 스님들의 거룩한 공덕을 우리는 결코 잊을 수 없습니다. 그러나, "그렇기 때문에 교화도 살림도 오로지 스님네들만이 해야 한다."라고 주장한다면, 이것은 참 슬픈 일입니다.

왜?

이것은 대승(大乘)의 큰 뜻을 저버리는 작은 집착이고, 상가의 넓은 정신을 가로막는 독선이기 때문입니다.

33 이제 절 문을 크게 열 것입니다. 스님들의 희생을 빛내고, 스님들의 공덕을 길이 살리기 위해서, 사부대중이 현실적으로 크게 열린 절에서 함께 만날 것입니다. 재가 불자들이 스님을 도와서, 스님 곁에서, 대중의 살림을 보살피고, 다양한 분야에서 활동하는 전문적 법사(法師)의 소임을 맡을 것입니다.

'절은 우리 모두의 공동체, 거룩한 사부대중의 만남'

이제 우리는 우리 생각을 이렇게 바꾸고, 절 살림은 대중 공사라는 가장 훌륭하고 열려 있는 방식으로 운영할 것입니다.

만일 이것을 두려워하는 불자가 있다면, 그는 부처님 앞에 나아가 무릎 꿇고 스스로 물을 것입니다.

"세존이시여, 무엇인 진정 님의 법이십니까?"

누가 진정 법사인가?

34 더욱 오늘의 현실을 바라볼 때, 안팎으로부터 더할 수 없는 도전과 곤경을 당하는 이 미증유(未曾有)의 법난(法難) 속에서도, 한국 불교를 이만큼이나마 지키고 전파해 오는 데, 재가중의 피땀어린 헌신과 수고가 얼마나 지극한 것이었습니까?

학교에서, 공장에서, 사무실에서, 공사판에서, 교도소에서, 보육원에서, 병영에서…… 가족을 부양해야 하는 절박한 생계의 위협을 받아가면서도, 입신 출세할 기회를 외면해 가면서도, 동료와 상사의 질시와 압력을 감내해 가면서도, 그들은 그들의 가난한 주머니를 털어서 불사(佛事)를 해 오고 있지 않습니까?

보상받을 기회도 영영 찾지 못하면서, 그러면서도 그들은, '스님네들이 제발 조용히라도 지내주시면 더 바랄 것이 없는데' 이렇게 가슴 조이며 안타까워하고 있지 않습니까?

35 그들이 대처 재가(帶妻在家)한다고 해서, 그들이 머리를 기르고 자식을 기른다고 해서, "그들은 법사가 아니다. 법사라고 불러서는 안 된다." 누가 이렇게 주장할 수 있겠습니까.

무슨 까닭인가?

바로 부처님께서 그들을 '법사(法師)'라 부르셨기 때문입니다. 법왕(法王)이신 부처님께서 바로 그들에게 법을 부촉하셨기 때문입니다.

세존께서는 기사굴(耆闍崛) 산중에서 『법화경(法華經)』을 설하실 때, 「법사품(法師品)」에 이르러 특히 이렇게 선포하십니다.

"만일 어떤 선남자 선여인이 이 『법화경』의 한 구절을 받아 가지고, 읽고, 외우며, 해설하고, 쓰거나, 이 경전에 가지가지 좋은 물건으로 공양하되, 꽃과 향과 영락과 말향·도향·소향이며, 증개·당번·의복·기악들로써 공양 합장하면, 이런 사람은 일체 세간이 우러러 받듦으로, 응당 받들며, 여래의 공양으로 공양할지니라. 반드시 알라. 이런 사람은 큰 보살로 아뇩다라—삼먁—삼보리를 성취하였지만, 중생을 불쌍히 여기어 이 세상에 나기를 원했으며, 그리고 『묘법연화경』을 널리 분별하여 설하거늘 하물며 받아 가지고 가지가지 좋은 물건으로, 공양하는 이야 말할 것이 있겠느냐.

약왕이여, 반드시 알라. 이런 사람은 청정한 업(業)과 보(報)를 스스로 버리고, 내가 멸도한 뒤에도 중생을 불쌍히 여겨, 악한 세상에 태어나서 이 경을 널리 분별하여 설하리라. 만일 이런 선남자 선여인이 내가 멸도한 후 은밀히 한 사람을 위하여서라도 『법화경』의 한 구절을 말해 주면, 너는 반드시 알라. 이런 사람은 곧 여래께서 보낸 사자(使者)로 여래의 일을 행하는 것이니, 하물며 큰 대중 가운데 많은 인간을 위하여 설법함이야 말할 것이 있겠느냐."

—법화경 법사품—

36 누가 법사(法師)인가?

누가 선남자(善男子) 선여인(善女人)인가?

이는 곧 법을 공경하고, 법을 받아 지니고, 법을 해설하는 불자들입니다. '선남자 선여인, 선남 선녀'는 역사적으로 보면 재가 대중을 일컬은 호칭으로 쓰였지만, 일반적으로 발심 수행하는 사부대중을 부르는 보편적인 호칭으로 보아 좋을 것입니다. 그래서 세존께서도 이들을 '큰 보살'이라고 정의하셨습니다. 선남자 선여인은 비단 사부대중일 뿐만 아니라, 불성을 지니고 성불〔아뇩다라—삼먁—삼보리〕를 추구하는 모든 중생들을 내포하고 있습니다.『법화경』「법사품」첫 머리에서, 세존께서는 이러한 진실을 명백히 전제하고, 마침내 이들이 모두 성불할 것임을 선포하십니다.

세존께서 약왕보살에게 말씀하십니다.

"약왕아, 너는 이 대중 가운데 한량없는 여러 하늘·용왕·야차·건달바·아수라·가루라·긴나라·마후라가[2]·인간·비(非)인간·비구·비구니·우바새·우바이 등 성문을 구하는 이나, 벽지불을 구하는 이나, 불도 구하는 이를 다 보느냐? 이러한 무리들이 모두 부처님 앞에 나아가『묘법연화경』의 한 게송이나 한 구절을 듣고, 일념으로 따라 기뻐하는 이에게는 내가 모든 수기를 주어 아뇩다라 삼먁 삼보리를 얻게 하리라."　　　　　　　　　　－법화경 법사품－

37 하늘신·용왕·야차·비구·비구니·우바새·우바이, 이 성중(聖衆)들이 곧 법사입니다. 이 가운데 출가 재가, 남녀의 차별이 없다는 것은 누구도 부정할 수 없는 본래의 대원칙입니다. 계(戒)로 묶고, 교단의 법(法)으로 제한하고 구분한다 할지라도, 이 대

---

2) 이들은 곧 '팔부중(八部衆), 여덟 부의 대중'으로서 부처님과 불법을 옹호하는 신중(神衆)들이다.

원칙은 신성 불가침입니다. 이것을 부정하면, 불법(佛法)은 이미 불법이 아니고, 상가는 이미 상가가 아닙니다.

한 사람을 위해서라도 한 구절의 법을 말해 주면, 이는 곧 훌륭한 법사입니다. 우리는 이들을 '선지식(善知識)'이라고 부르고 공경할 것입니다. 선지식(善知識, Kalyāṇamitra)은 본래, '훌륭한 교사, 좋은 친구, 선우(善友)' 이런 뜻입니다.[3] 우리들의 행로에 한 가지라도 가르쳐 주고 도움을 주면, 이들이 곧 선지식이지요.

38 우리는 새삼 『화엄경』「입법계품(入法界品)」의 '오십 삼 선지식'을 생각합니다. 젊은 구도자 선재 동자(善財童子)를 가르치는 53명의 스승 가운데에는 오히려 재가의 속인들이 더 많습니다.

'보살 4명·비구 5명·비구니 1명·우바이(재가의 信女) 4명·바라문(학자) 2명·출가외도(타종교 지도자) 1명·선인 1명·신(神) 11명·왕 2명·장자(재가의 信男) 10명·의사 1명·조선공 1명·창녀 1명·부인 2명·소년 4명·소녀 3명'[4]

'아니, 창녀까지도 선지식이 된단 말인가.'

벗이여, 행여 이렇게 놀라지 마십시오. 바로 그렇습니다. 진실을 말하고 진실되게 사는 이는 창녀마저도 훌륭한 선지식이고 거룩한 법사입니다. 이것이 불교이고, 이것이 대승입니다.

39 물론 우리는 '법사'의 칭호가 남용되는 것에는 단호히 반대합니다. '재가법사'가 되는 엄격한 조건과 과정이 제도화될 것을 요구합니다. 수행과 경력을 갖춘 이가 교단의 고시를 통하여 법사의 자격을 받고, 교단의 법에 따라 권리 의무를 행사할 것을 주

---

3) 增谷文雄/이원섭, 『佛敎槪論』, pp.79~80.
4) 玉城康四郎/이원섭, 『華嚴經의 世界』, p.322.

장합니다. 지금 우리 연합회에서는, '간사(幹事)─교사(敎師)─
법사(法師)'의 3단계로 재가 전법사의 직계를 구분하고, 대학 이
상의 학력과 교사로서 10년 이상 전법 수행을 쌓고 고시에 합격
해야 '법사' 자격을 부여하고 있습니다.

　여기서 하나 분명히 할 것은, '재가법사'도 신자의 신분이라는
점입니다. 재가법사가 출가중의 흉내를 내거나, 그 자리를 넘보
거나, 또 다른 하나의 계층을 만든다는 것은 근본을 망치는 것입
니다. 더더구나 재가법사들이 '승려, 스님'이란 명칭을 써서는 결
코 안 됩니다.

40 나는 태고종(太古宗)이나 진각종(眞覺宗) 등 재가종단의 역
할과 존재 가치를 훌륭하게 생각합니다. 재가중이라고 해서 그들
을 과소 평가하거나, 스스로 열등의식을 가질 까닭은 조금도 없
는 것입니다. 그분들이 더 훌륭한 일을 하고 있다고 나는 믿습니
다. 한 가지 원하는 바가 있다면, '재가종단이다'라는 기치를 선
명히 하는 것입니다. 또 '승려, 스님'이란 칭호를 쓰지 않는 것입
니다. '스님'은 비구·비구니, 곧 출가독신(出家獨身)하는 분들의
고유한 호칭으로 인식하고 보전하는 것이 불교 근본을 지키는 일
이고, 대처·비구의 뿌리깊은 갈등과, '중이 살림한다'는 사회의
지탄을 근원적으로 치유하는 길이라고 믿습니다.

　재가종단은 그들의 성직자(聖職者)들을, '법사, 종사(宗師), 스
승' 이런 칭호로 불러서 존경하는 것이 훨씬 당당하고 분명하다
고 생각합니다. 진실로 존귀한 것은 명칭이나 형색이 아니라, 행
위(行爲) 그 자체라는 진실을 다시 고요히 명상할 것입니다.

41 조계종의 경우, 재가법사의 문제는 훨씬 더 긴급한 과제입니
다. "조계종은 출가종단이다."란 말은 틀린 것입니다. "조계종의
승려는 출가중이다." 이렇게 고쳐야 마땅하다고 생각합니다. 조

계종은 사부대중의 종단입니다. 다만 승단(僧團)은 출가중, 비구 비구니로 구성될 뿐입니다.

이미 관찰한 바와 같이, 수행과 전법은 사부대중 전체의 사명입니다. 종단은 재가법사들에게 상응한 권위와 직분을 부여하고, 그들이 스님들을 도와서 전법할 수 있는 당당한 제도를 시급히 마련할 것입니다. 이 일을 머뭇거리고 싫어하면, 종단은 힘을 잃고, 대중들은 다른 곳으로 떠날 것입니다. 아니, 이미 떠나고 있습니다. 만일 종단이 이 작업을 지금 곧 시작한다면, 한국불교는 또 한 번의 놀라운 비약의 문을 열게 될 것입니다. 아니, 비약은 이미 시작되었습니다. 법운 포교당이 그 작은 하나의 증거입니다.

회계는 반드시 공개해야

42 또 하나 논의할 것은 재산 관리 문제입니다.

현재 이 재산 문제로 인한 혼란과 갈등과 타락은 한계 상황을 이미 지나고 있습니다. 지금 여기에서 단호한 결단이 있지 않으면, 거룩하신 부처님 법이 큰 상처를 받게 됩니다.

가만히 명상해 보고, 부처님의 법을 찾아보면, 재산의 법도는 자명합니다.

재산의 법도가 무엇인가?

곧 대중 동참주의입니다.

"힘껏 일하고, 함께 모아서, 서로 의논해서 절약해 쓰고, 뒷처리를 깨끗이 하고."[5]

'일곱 가지 번영의 법'을 설하신 붓다께서는 상가에 대해서 이

---

5) 월포라 라후라, 「불타의 가르침」, 『現代社會와 佛敎』, pp.94~95

렇게 분부하셨습니다.

　"바리때에 담긴 하찮은 음식물에 이르기까지, 상가의 바른 규정에 따라, 그러한 모든 것을 대중들에게 공평히 분배하여 정직한 동료들과 공유하는 한, 상가의 대중들은 쇠망하지 않고 번영하리라."

—마하빠리닙바나수탄타—

43 지난 날 불사(佛事)하는 이들을 보면, 무슨 좋은 명목을 내걸고, 권선(勸善)이니 시주(施主)니 해서, 여기저기 분주히 다니는 것을 보는데, 이것은 좋은 방식이 결코 못되는 듯합니다. 이 일로 해서 성중(聖衆)의 명예가 손상되고, 재산 있는 신자들의 신심마저 흔들린다고들 하지 않습니까.

　공동체의 불사(佛事)는 그 대중 자신들의 주머니를 털어서, 작은 정성을 하나하나 모아, 차근차근 10년 20년 백년 계획으로 쌓아 올리는 것이 진정 법다운 일입니다. 비록 우리의 주머니가 넉넉하지 못할지라도, 지극 정성으로 쌓아가면, 부처님께서는 반드시 우리 불사에 동참하시고, 한량없는 은혜로 충족케 하십니다. 정녕 공(功)든 탑은 무너지는 법이 없습니다.

44 절·교당·법회·단체, 공동체의 모든 재산은 당연히 대중 재산입니다.

　전통 승단에서는 사찰 재산을 '승물(僧物)'이라고 해서 대중의 공유물로 삼는데, 이 가운데 건물 토지 등 기본 재산은 사방승물(四方僧物)이라고 합니다. 이 사방승물은 곧 상주승물(常住僧物)로서 현재의 승려들이 처분할 수 없도록 엄격히 규정되어 있습니다. 의(衣) 식(食) 등 일반 재산은 대중 모두가 평등히 활용하며 사유(私有)가 허용되지 않습니다.[6] 개인의 사유물은 삼의일발

---

6) 이희익, 『佛敎의 敎團生活』, p.20

312

(三衣一鉢) 정도입니다. 세 벌의 옷과 발우 하나, 우리 성중들은
이렇게 살았습니다. 사찰 교단의 발전을 위해서 재산을 모을지언
정, 개인을 위해서 축재하는 일은 결코 없었습니다. 비록 개인이
공양받더라도, 이것 또한 대중의 것으로 귀속되었습니다.[7]

45 공동체의 정재(淨財)는 반드시 사부대중에게 공지(公知)할
것이고, 대중 합의에 따라 운용할 것입니다. 한 푼도 낭비하지 않
을 것이고, 누구라도 사사로이 쓰지 않을 것입니다. 회계는 반드
시 정기적으로 공개할 것이고, 법답지 못한 수지(收支)는 엄중히
문책할 것입니다.

　적어도 이것은 필수의 법도입니다. 어떤 구실로든 이 법도를
파(破)하면, 그들은 성중(聖衆)이 아니라, 이미 마중(魔衆, 악마
의 무리)입니다. 살아서는 핍박 받을 것이고, 죽어서는 지옥의 불
길을 면치 못할 것입니다. 본래 승단에서는, 재산상의 과오를 범
하면, 대중 앞에 참회시키고, 부당한 취득은 몰수하는데, 이것을
'사타(捨墮)'라고 일컬었습니다.[8]

46 청(靑)보리 법회의 재정은 선우(善友) 중 전문 능력이 있는
회계 책임자를 선임해서 맡기고, 월(月)·분기(分期)·연도(年度)
별 예산을 세워서 집행하고 있습니다. 중요한 지출은 대중위원회
의 결의를 거쳐, 회주(會主)의 재가를 받아서 실행합니다. 회계
상태는 월·분기·연도 별로 인쇄물을 만들어 대중들에게 공개하
고, 대중 총회에서 선임한 두 명의 감사가 이를 수시로 살피고,
정기적으로 보고하고 있습니다.

　지출의 10분의 1은 꼭 '동참 예산(同參豫算)'으로 쓰고 있습니

---

7) 앞의 책, p.21~22.
8) 이재창, 「불교의 社會經濟觀」, 『現代社會와 佛敎』, p.173

다. 동참 예산은 우리보다 가난한 이웃과, 곤경 속에서 수고하는 불사(佛事) 동료들을 위해서 나눠 쓰는 정재(淨財)입니다. 우리 살림도 넉넉하지 못하지만, 넉넉한 다음에 돕겠다면, 남을 도울 사람이 몇이나 되겠습니까?

47 그래서 우리 대중들은 힘껏 정성껏 희사하고 있습니다. 봉급의 5% 정도를 약속해서 내는 월정 불사금(佛事金), 매주 법회 때의 법회희사, 특별한 목적 사업을 위해서 내는 목적희사(目的喜捨) 등, 우리는 이것이 수행이고, 이 나라 불교를 돕는 조그마한 보리농사라고 믿고 기쁜 마음으로 하고 있습니다. 불사금(佛事金)은 곧 불사금(不死金)이라고 믿고 있습니다.

이렇게 해서, 봉천동 법운 교당은 한치 한치 성장하고, 청보리 법회는 한뼘 한뼘 성숙해 가고 있습니다. 대중들은 만날 때마다 항상 기뻐하고 물과 젖처럼 서로 동행하고 있습니다.

회향발원 (우리 절, 우리 법회의 문을 크게 엽니다)

　자비하신 부처님.

　이제 저희 청보리들, 푸르른 부처의 씨앗들.

　우리 절·우리 법회의 문을 크게 엽니다. 그 누구도 배척하지 않으며, 공동의 주체로서 서로 공경하며, 함께 합의하고, 함께 책임집니다. 스님을 공경하며, 또 재가 법사님들을 존중합니다. 법을 전파하는 이들은 비록 거리의 여인들이라 할지라도 법사로서 존중합니다. 우리 수입 가운데 가장 먼저 불사금으로 헌공합니다. 법회의 살림은 저희 모두가 힘껏 희사하여 경영하며, 그 내용은 남김없이 공개합니다. 이것이 우리 공동체를 번영시키는 정법임을 믿습니다.

－나무석가모니불－

찬불가　서로서로

내용익힘

1. 다음 문장을 완성해 봅니다.
   ① 바리때에 담긴 하찮은 (　　)에 이르기까지, (　　)의 바른 규정에 따라, 그러한 모든 것을 (　　)에게 공평히 분배하여 정직한 (　　)과 공유하는 한, (　　)의 대중들은 쇠망치 않고 번영하리라.
   ② (　　)·용왕·야차·(　　)·비구니·(　　)·우바이, 이 성중(聖衆)들이 곧 법사입니다. 이 가운데 (　　), (　　)의 차별이 없다는 것은 누구도 부정할 수 없는 본래의 (　　)입니다. (　　)로 묶고, 교단의 법으로 제한하고 구분한다 할지라도, 이 (　　)은 신성불가침입니다. 이것을 부정하면, 불법은 이미 (　　)이 아니고, 상가는 이미 (　　)가 아닙니다.
   ③ 공동체의 (　　)는 반드시 사부대중에게 (　　)할 것이고, (　　)에 따라 운용할 것입니다. (　　)도 낭비하지 않을 것이고, 누구라도 (　　) 쓰지 않을 것입니다. 회계는 반드시 정기적으로 (　　)할 것이고, 법답지 못한 수지는 엄중히 (　　)할 것입니다.

2. 다음 물음에 간결하게 답합니다.
   ④ 대승불교의 '법사'는 누구를 일컫는가?
   ⑤ 53선지식은 어떤 분들인가?
   ⑥ 상가의 재산 관리 법도는 어떠한가?

교리탐구　원불교·천주교·개신교 등 주요 종교 단체의 운영 회계 방식은 어떠한가?
   1. 운영 기구
   2. 회계 방식
   3. 성직자와 신도와의 협조 방식

실천수행 스스로 불사금을 힘껏 보시하고, 우리 법회의 회계를 공개
방식으로 운영해 갑니다.
1. 월 불사금을 스스로 약정해서 힘껏 보시한다.
2. 우리 법회의 회계 관리를 공개 운영으로 제도화한다.
3. 우리 법회 살림이 어려울 때 먼저 나서서 희사한다.

4과 · "나를 불쌍히 여겨 부디 지적해 주오."

"대중이여, 나는 이제 자자(自恣)를 행하노니, 대중들은 내 행위와 내 언어에서, 무엇인가 비난할 만한 것을 보고, 듣고, 또 의심하는 생각을 내지 않았습니까? 만약 그런 일이 있다면, 나를 가엾이 여겨 부디 지적해 주오. 죄를 알면 마땅히 그 죄를 제거하리이다." —잡아함경—

탐구과제
- 대중 공사·대중 화합이 왜 잘 이루어지지 않는가를 관찰합니다.
- 붓다 석가모니께서 왜 대중 앞에 무릎 꿇고 참회하시는가를 깨닫습니다.
- 자자(自恣) — 자기 참회를 어떻게 하는가를 배우고 몸소 실천해 갑니다.

탐욕 때문에 다투고 탐욕 때문에 전쟁하고

48 지금까지 우리는 사부대중이 동참하는 대중 공사가 우리 공동체의 화합과 번영을 영속시키는 최선의 법도임을 관찰하였습니다.

그러나 세상 사람들은 이미 다 알고 있습니다. 함께 모여서 정법을 논하는 대중 공사의 방식이 훌륭한 길임을 잘 알고 있기 때문에, 그들은 벌써 민주주의란 이름으로 서로 다투어서 이 방식을 쓰고 있지요. 온갖 제도와 법률을 다 만들어서 그들은 오래 전부터 대중 공사를 해 오고 있습니다.

이럴 양으로 말한다면, 이 세상에는 이미 불화가 없고, 갈등이 없고, 투쟁이 없어졌어야 마땅합니다. 우리 가정과 직장과 사회와 나라에 평화와 번영이 강물처럼 넘쳐 흘러야 마땅합니다.

49 그러나 우리 현실은 그렇지가 못합니다. 자주 모여서 정의를 토론하고, 합의하고, 끊임없이 박수를 치는데도 불구하고, 우리들 가슴은 더욱 답답해지고, 더욱 싸늘해지고, 더욱 서로 멀어져 가는 듯합니다.

무슨 까닭일까? 점차 더 깊어져 가는 이 불화와 분쟁은 대체 무슨 까닭일까?

세존의 법문에 귀기울입니다.

"모든 것은 나를 위해 생긴 것이다.
모든 것은 내 뜻대로 될 수 있다.
속인도 출가인도 이렇게 생각한다.

그러나 이것은 바른 생각 아니거니
어리석은 사람은 이렇게 생각하여
탐욕과 교만은 날로 자란다."

−법구경 우암품−

50 "모든 것은 나를 위해 생긴 것이다.
모든 것은 내 뜻대로 될 수 있다."

우리 숨은 마음을 이토록 꿰뚫어 보시는 부처님의 눈빛 앞에 우리는 실로 두려움마저 느낍니다.

"탐욕과 교만은 날로 자란다."

더 변명할 여지가 없군요. 탐욕과 교만, 바로 이것이 병의 근본 원인임을 어찌 부정하겠습니까? 이 병에 걸려서, 우리는 민주주의를 한갓 자기 정당화의 장치로 오용(誤用)하려 하고, 대중 공사를 자기 생각 관철하는 수단으로 악용(惡用)하는 버릇이 생겼습니다. 그래서 우리는 모이면 더 극성으로 싸우고, 실망과 적개심만 두럭무럭 자라가고 있습니다. 그래서 대중 동참(大衆同參)의 거룩한 상가 정신은 무너지고, 불화와 투쟁의 악순환만 깊어갑니다.

세존께서 탄식하고 계십니다.

"사람들은 탐욕 때문에 다투고, 탐욕 때문에 전쟁을 한다. 지도자와 지도자가 서로 싸우고, 백성과 백성이 서로 싸우고, 부모와 자식이 서로 싸우고, 형과 동생이 서로 싸우고, 맏누이와 동생이 서로 싸우고, 친구와 친구끼리 서로 싸우고, 서로 죽이는 것은 모두 이 탐욕 때문이니라."

—열반경—

대중 앞에 무릎 꿇으시는 붓다 석가모니

51 우리는 어찌할 것인가? 이 탐욕과 교만의 병을 치유하기 위해서 이제 나와 당신은 어찌할 것인가?

우리는 다시 거룩하신 스승 세존을 바라봅니다. 7월 15일 밤, 사밧티 녹자모강당(鹿子母講堂), 자자(自恣, Pavāraṇā)의 밤으로 돌아가 숨을 죽이고 세존을 우러러 뵈옵습니다.

동쪽 하늘에 달이 뜨고, 수백 명의 대중이 둥글게 둘러 앉자, 맡은 비구가 나와서 자자를 선포하였다. 자자란 석달 동안의 수행〔安居, varṣa〕을 마치면서, 모든 대중이 제 허물을 묻고 깨우침을 받는 성스러운 참회 의식이다.[1]

---

1) 增谷文雄/이원섭, 『阿含經 이야기』, pp.244~250. 자자는 여름수행(夏安居 —하안거)이 끝나는 7월 15일에 행한다.

제일 먼저 대중 앞에 나아가 무릎을 꿇은 이는 바로 세존 자신이었다. 세존께서는 합장한 손을 높이 치켜 들고, 큰 소리로 자신의 허물을 물었다.

"대중이여, 나는 이제 자자를 행하노니, 대중들은 내 행위와 내 언어에서, 무엇인가 비난할 만한 것을 보고, 듣고, 또 의심하는 생각을 내지 않았던가? 만약 그런 일이 있다면, 나를 가엾이 여겨 부디 지적해 주오. 죄를 알면, 마땅히 그 죄를 제거하리이다."

엄숙한 침묵이 장내에 넘쳤다. 침묵은 그 청정을 긍정하는 것이다. 이윽고 상수(上首) 제자 사리풋타가 세존 앞에 나아가 무릎 꿇고 엎드려 사뢰었다.

"아니오니다, 세존이시여.
누구도 세존의 행위와 언어에서 비난할 만한 점을 발견한 자는 없나이다."
-잡아함경 자자-

52 아하! 여기 있습니다. 탐욕과 교만의 병을 뿌리 뽑고, 우리 서로 다정하게 평화롭게 함께 살아갈 니르바나의 길이 바로 여기에 있습니다. 대중 공사를 성공케 하고, 민주주의를 성사케 할 성중(聖衆)의 길이 바로 여기에서 크게 열렸습니다.
그 길이 무엇인가?
곧 대중 앞에 나아가 스스로 무릎 꿇고 내 허물을 묻는 것입니다. 탐욕과 교만의 병을 치유하는 데에는 이 자자포살(自恣布薩)이 제일의 처방입니다. 거룩하신 세존께서 이미 저렇게 하시는데, 항차 내가 무엇이라고 나아가 무릎 꿇지 못하겠습니까? 스스로 대중 앞에 나아가 무릎 꿇고 내 허물을 묻고, 대중의 깨우침을 경배하며 받아 들이는 것은 이 세상에서 다시 없는 영광이고 기쁨입니다. 이것 자체가 최상의 수행이고, 무상보리(無上菩提)에 이르는 실제적인 계단입니다. 실로 성행(聖行) 범행(梵行, 깨끗한 행의)입니다. 우리 상가에서가 아니면, 이 세상 어디에서 이 장엄한 광경을 다시 보겠습니까?

52 "나를 가엾이 여겨 부디 지적해 주오."

이제 우리는 마땅히 하심(下心)을 배울 것입니다. 보살행에서는 하심(下心)하는 것이 근본입니다. 대중생활에서는 하심하는 것이 최선의 해결입니다. 대중 공사를 성공으로 이끄는 열쇠입니다.

하심(下心)한다는 것이 무엇인가?

곧 교만심을 던져 버리는 것입니다. '내가 제일이야. 나 아니면 안 돼.' 이렇게 머리 속에 가득찬 생각을 헌 물 쏟아 버리듯 비우는 것입니다. 작은 고집을 던져 버리고, 텅 빈 가슴으로, 대중과 더불어 마음을 함께 하는 것입니다. 저 코삼비의 파계한 비구처럼, 자신의 과오를 깨달았을 때, 정직하게 제 잘못을 인정하고, 대중 앞에 나아가 고백하는 것입니다. 저 코삼비의 비구들처럼, 제 집단의 이익과 체면을 위해서 진실을 결코 은폐하지 아니하고, 진실을 드러내고, 그 진실 앞에 승복하는 것입니다. 동료의 참회를 기쁨으로 받아 들이고, '내가 이겼다'고 자만하지 아니하고, 괴로워하는 동료의 손을 가만히 잡아주는 것, 바로 이것이 하심(下心)하는 것입니다.

대중 앞에 무릎 꿇고 참회하라

54 자자(自恣)는 포살(布薩)과 더불어 하심(下心)을 익히는 훌

륭한 방법으로서,[2] 부처님께서 확립하신 초기 교단 이래의 양대 수행법입니다. 이러한 양대 참회의식을 통하여 초기 성중(聖衆)들은 교만과 탐욕을 제어하고 청정한 마음을 보전할 수 있었습니다.

자자는 물론 본래 승단의 의식이지만, 이제 우리 사부대중이 그 거룩한 정신을 계승하여, '대중 자자(大衆自恣)'의 의식으로 발전시켜 갈 것입니다. 자자는 물론 출가중 재가중이 따로 할 것입니다.

청보리 법회에서는 4년 전부터 대중 자자를 행하고 있습니다. 여름·겨울 안거(安居)가 끝나는 주의 법회 때,[3] 자자를 실행해 오고 있습니다. 1주일 전에 예고하면, 법우들은 목욕재계하고, 자기 할 일을 진지하게 검토하고 예비합니다. 즉흥적인 발언을 예방하기 위해서, 법우에게 줄 '권면의 말'을 미리 써 보도록 훈련하고 있습니다.

55 자자의 날, 맡은 이가 빙 둘러 앉은 대중 앞에 나아가 선포합니다.

"대중이여, 들으시라. 오늘은 자자가 있는 날이니, 만약 대중에게 이의가 없다면, 상가는 자자를 베풀려 하오."

대중은 침묵 합장으로써 동의합니다. 제일 먼저 법사가 한 발 앞으로 나아가 대중 앞에 무릎 꿇고 절하고, 합장한 손을 이마 앞에 높이 들고, 이렇게 큰 소리로 자자합니다.

---

2) 자자는 포살과 같은 참회 의식이기 때문에 '포살자자'라 하고, 또는 '수의(隨意)'라고도 번역한다. (增谷文雄/이원섭, 앞의 책, p.245)

3) 인도에서는 여름 장마 때 우안거(雨安居)가 있었으나, 우리 나라에서는 음력 4월 16일~7월 15일의 여름안거〔夏安居〕, 10월 16일~1월 15일의 겨울안거〔冬安居〕가 있다.

"대중이여, 나는 이제 교만에 대하여 자자를 행하오니, 대중들은 내 행위와 내 언어에서, 무엇인가 비난할 만한 것을 보고, 듣고, 또 의심하는 생각을 지니지 않았습니까? 만약 그런 일이 있다면, 나를 가엾이 여겨 부디 지적해 주오. 죄를 알면 마땅히 그 죄를 제거하리이다."

56 이렇게 세 번씩 반복하면, 법사(法師)·선우(善友)·사형(師兄)의 순서로, 마지막 신참 입문자에게까지 돌아갑니다. 세 번 자자할 동안 그를 위해 할 말이 있는 법우는 자리에서 일어나 그에게 합장경배하고, 고요한 목소리로 자기 생각을 말합니다.
　"법우님, 나는 이렇게 보았습니다."

　서두를 이렇게 시작해서, 간결하고 구체적으로 말합니다.

　"법우님, 이것은 단지 내 생각일 뿐이니, 내 부족한 생각을 허물하지 말고, 법우님에 대한 나의 우정으로 받아들여 주옵소서."

　이렇게 '권면의 말'을 매듭하고 경배하면, 듣는 법우도 고요히 미소하고 합장 경배로 감사를 드립니다. 대답·해명은 결코 허용되지 않습니다.

57 대중들은 거리낌없이 벗들의 허물을 정성껏 권면해 줍니다. '혹시 불편하지 않을까?' 처음에는 염려했었지만, 전혀 그렇지가 않았습니다. 진심으로 기뻐하고, 서로 감사하고 있습니다. 자자의식이 끝나면, 더 이상의 논의나 질문 등은 공사석(公私席)에서 일체 금물(禁物)로 합니다.

58 지난 겨울안거 자자의식 때, 법은(法恩) 법우는 자은심(慈恩心) 법우의 자자에 대하여 이렇게 권면의 말을 했습니다.

"자은심 법우님은 너무 자신을 과소 평가하고, 신념을 갖지 못하는 듯합니다. 좋은 대학에 들어가야 훌륭한 인생을 사는 것은 아니지 않습니까? 내 보기에는, 자은심 법우님은 가장 선량하고 마음이 깨끗한 사람입니다. 좀 더 자신을 가지고, 친구를 사귐에서나 학교 생활에서, 적극적으로 명랑하게 변하시기를 원합니다."

자은심 법우는 몰래 눈물을 씻고 있었습니다. 여기, 우리 성중(聖衆) 아니면, 세상에서 누가 이토록 간절히 염려하겠습니까?
부처님 법의 거룩함과 큰 은혜를 새삼 사무치게 느끼고 있습니다.

59 "세존이시여, 목숨 바쳐 거룩한 대중들에게 귀의하나이다."
이미 우리는 이렇게 맹세했습니다. 이제 우리는 서로 자주 모여 정법을 강론하고 정의를 논의합니다. 공동체의 크고 작은 살림은 대중 공사를 통하여 공명정대하게 추진해 갑니다. 대중 공사에 나아가서는 내 의견을 당당하게 발표하고, 반대할 것은 명백히 반대합니다. 그와 함께, 나는 벗들의 주장을 경청하고, 그와 나와의 공통점과 차이점이 무엇인가를 생각하고, 공통점에서 함께 출발하려고 노력합니다.
대중의 의견이 한번 결정되면, 그것을 내 의견으로 받아들입니다. 뒤에 물러나 사사롭게 불평하거나 편을 모아서 뒤집을 생각을 하지 않습니다.
대중 공사에 나아갈 때는, 우리는 항상 저 고오싱가 마을의 수행자들을 생각합니다.

"세존이시여, 그래서 저는 이렇게 생각합니다. '나는 내 마음을 버리고 이 벗들의 마음과 하나가 되자'고. 그래서 저는 제 마음을 버리고 이 벗들의 마음과 하나가 됩니다.
세존이시여, 몸은 따로이지만, 저희들 마음은 하나입니다."

－아함경－

60 내 생각을 버리고 벗들의 마음과 하나가 된다는 것이 쉬운 일이 아닙니다. 대중 앞에 나아가 무릎 꿇고 내 허물을 묻는 것이 말처럼 쉬운 일이 결코 아니지요. 이것은 가장 소중한 나 자신을 허물어 버리는 죽음 같은 고통을 의미할지도 모릅니다.

그러나 이렇게 하지 아니하고는 우리는 대중 공사에 성공할 수 없고, 우리 대중공동체가 화합할 수 없고, 이 땅에 고오싱가 마을을 세울 수 없습니다. 아니, 무엇보다 무지(無知, 無明)와 번뇌를 뚫고, 바른 깨침에 이를 수 없으며, 윤회의 악순환에서 해탈할 수 없습니다.

왜?

내 고집·교만심, 곧 아상(我相)이 빛을 가로막는 근본 장애이고, 은혜의 물줄기를 차단하는 근본 번뇌이기 때문입니다.

61 거짓된 자아(自我)에 대한 실로 어리석은 고집, 이 고집, 아상(我相) 때문에, 우리는 눈 앞에 계시는 부처님을 보지 못합니다.

세존께서 수보리에게 말씀하십니다.

"무릇 있는 바 상(相)은 다 허망하니,
만약 모든 상(相)이 〔참된〕
상(相) 아님을 보면,
곧 여래(如來)를 봄이니라."

-금강경 여래실견분-

대중 앞에 내 자신을 던져 버릴 때, 문득 나는 새 생명으로 살아납니다. 대중 앞에 무릎 꿇고 경배할 때, 저 형제들은 내게로 돌아와 내 자신이 됩니다. 자존심을 잠시 물리치고, 대중 앞에 무릎 꿇고 내 허물을 물을 때, 나는 비로소 참된 양심의 긍지를 찾고, 마음의 평화를 발견합니다. 대중 위해 내 한 몸 던질 때, 나는 한 송이 연꽃처럼 영원한 생명으로 살아납니다.

이것이 부처님께서 깨우쳐 보이신 '무아(無我)의 진실'입니다. 무아(無我)란 '내가 없다'는 것이 아니라, '작은 고집을 버리고, 참된 자신을 보아라, 영원한 자신을 발견하라.' 이런 뜻이지요. 이 신비한 무아의 진실을 증거하기 위하여, 부처님께서는 우리 곁으로 오십니다.

62 구시나가라 사라쌍수 언덕, 크나큰 입멸(入滅)을 목전에 두고, 세존께서는 대중들을 보고 이렇게 물으십니다.

"제자들아, 만약 너희가 지금까지 내 행위와 언어에서 무엇인가 의심할 만한 것을 보았다면, 나를 가엾이 여겨 부디 지적해 다오."[4]

—열반경—

63 벗이여, 아직도 머뭇거리고 있습니까? 우리 부처님께서 저리 하시는데, 우리가 무엇이길래, 여태 머뭇거리며, 무릎 꿇지 못합니까? 대중 앞에 엎드려 허물을 묻지 못합니까?
　아아ー, 당신은 대체 누구입니까?
　이제 보리자는 말합니다.

"형이여, 아우여, 사랑하는 벗이여,
　나는 이제 당신 앞에 무릎 꿇어요
　당신 앞에 두 손 모우고
　내 교만을 묻습니다.
　내 교만을 버려두면,
　나는 정녕 고인 물처럼 썩고 말리니,
　부디 나를 가엾이 여겨
　내 허물을 지적해 주오.

---

4) 武者小路實篤／박경훈, 『釋迦의 生涯와 思想』, p.368.

벗 아니시면,
뉘 있어 나를 살리겠오.

형이여, 아우여, 사랑하는 벗이여
저 거룩하신 부처님을 좇아서
우리 함께 일어나 무릎 꿇어요
대중 앞에 나아가 무릎 꿇어요.
장로·법사·스님·회장·원장
당신네들께서 앞장서 꿇으시는데
뉘 감히 따르지 않으리오.
대중들은 환희심으로 기뻐하며
당신네들을 공경하리
하늘처럼 공경하리."

-당신 앞에 무릎 꿇어요-

회향발원 (나를 불쌍히 여기 부디 지적해 주셔요)

자비하신 부처님.

이제 저희 청보리들, 푸르른 부처의 씨앗들.

대중들 앞에 나아가 무릎 꿇고 엎드립니다. 두 손 들어 합장하고, 하늘 우러러 청하옵니다. "대중들이시여, 저의 허물을 지적해 주십시오. 저를 불쌍히 여겨, 부디 저의 허물을 일깨워 주십시오. 허물을 깨달으면 마땅히 고치겠습니다" 우리도 부처님같이 대중 앞에 몸을 던져 스스로 참회합니다. 대중의 지적을 간청합니다. 부디 저버리지 마소서.

-나무석가모니불-

찬불가 우리 가는 길

내용익힘

1. 다음 문장을 완성해 봅니다.
   ① 대중이여, 나는 이제 (   )를 행하노니, 대중들은 내 (   )
      와 내 (   )에서, 무엇인가 비난할 만한 것을 보고, (   ),
      또 의심하는 생각을 내지 않았습니까? 만약 그런 일이 있다면,
      나를 가엾이 여겨 부디 (   ). 죄를 알면, 마땅히 그 죄를
      (   )하리이다.
   ② 사람들은 (   ) 때문에 싸우고, (   ) 때문에 전쟁을 한다.
      지도자와 (   )가 서로 싸우고, 백성과 (   )이 서로 싸우
      고, 부모와 (   )이 서로 싸우고, 형과 (   )이 서로 싸우고,
      맏느이와 (   )이 서로 싸우고, 친구와 (   )끼리 서로 싸우
      고, 서로 죽이는 것은 모두 이 (   ) 때문이니라.
   ③ 대중 앞에 내 (   )을 던질 때, 문득 나는 (   )으로 살아납
      니다. 대중 앞에 무릎 꿇고 (   )할 때, 저 형제들은 (   )
      돌아와 (   )이 됩니다. (   )을 잠시 물리치고, 대중 앞에
      무릎 꿇고 내 (   )을 물을 때, 나는 비로소 참된 (   )의
      긍지를 갖고, 마음의 (   )를 발견합니다. 이것이 부처님께서
      깨우쳐 보이신 (   )의 진실입니다.

2. 다음 물음에 간결하게 답합니다.
   ④ 대중 공사·대중 화합이 잘 안 되는 근본 원인이 무엇인가?
   ⑤ 붓다 석가모니께서 왜 대중 앞에 무릎 꿇고 참회하시는가?
   ⑥ ‘무아의 진실’이 무엇인가?

교리탐구 초기 상가에서 자자(自恣)는 어떻게 이루어졌는가?
   1. 자자(自恣)의 의미
   2. 자자의 구체적인 방법
   3. 자자를 현대적으로 되살리는 길

실천수행 대중 자자의 법을 배워서 힘껏 실천해 갑니다.

1. 우리 시대에 맞는 대중 자자의 법도를 배운다.
2. 우리 법회의 약속에 따라 대중 자자에 겸허하게 동참한다.
3. 나의 허물을 지적한 법우들에게 감사 드리고 조금씩 고쳐가기 위하여 노력한다.

단원정리

● **합송** 대중 앞에 무릎 꿇습니다.

법사 선남 선녀들이여, 우리 공동체가 번영하는 길은 무엇입니까?

대중 함께 모이는 것입니다. 자주 함께 모여서, 많은 대중들이 함께 모여서, 정법·정의를 토론하는 것입니다. 정정당당하게 발언하고, 아무 두려움 없이 비판하고 제안하는 언로가 크게 열릴 때, 우리 절·우리 법회는 번영할지언정 결코 쇠퇴하지 않을 것입니다.

법사 선남 선녀들이여, 우리 공동체의 문제는 어떤 방식으로 처리할 것입니까?

대중 마땅히 대중 공사를 열어서 대중의 뜻을 물어야 할 것입니다. 공동체의 재정과 사업을 대중 앞에 공개하고 대중의 뜻을 물어서 결정할 것입니다. 거침없이 토론하고 비판하여 대중의 뜻을 결정한 다음에는 다땅히 그 결정을 존중하고 순종할 것입니다.

법사 선남 선녀들이여, 대중들이 분열하여 싸울 때는 어찌합니까?

대중 마땅히 어른들의 뜻에 따를 것입니다. 회주·스님·법사·장자·거사·보살, 공동체의 어른들의 뜻을 따라 결정하고, 이 결정에는 그 누구도 이론 없이 순종할 것입니다. 이것은 가장 신성한 법도, 이 법도를 어기는 자는 이미 불자가 아닙니다.

다함께 벗이여, 선남 선녀들이여, 이제 우리는 대중 앞에 나아가 무릎 꿇어요. 무릎 꿇고 합장하고, 제 허물을 물어요. ‘대중이여, 나를 불쌍히 여겨, 부디 나의 허물을 지적해 주오. 허물을 알면 마땅히 고치겠습니다.’ 이렇게 고백하며 참회하여요. 이 철저한 자기 던짐 아니고는 성중도, 상가도 한갓 허망한 꿈일 뿐입니다.

● **창작** 스님과, 신도, 법사와 대중, 임원과 회원 등 역할을 서로 바꿔서 연기하는 꽁트를 만들어 발표합니다.

● 법담(法談)의 시간

1. 주제 : 사찰·법회 재정의 공개적 운영에 관하여

2. 주요내용 : ① 기존의 재정운영 방식의 문제점은?

② 불사금(佛事金)제도의 확립 방안은?

③ 예산·결산제도의 확립 방안은?

④ 회계의 합리적 관리 방안은?

⑤ 우리 법회 재정의 합리적 공개 방안은?

제 12 장

저 어리석은 신외도를 어찌할 것인가?

●

"제가 받아들인 정법 속에서
몸과 생명과 재산을 바쳐
정법 지키기 서원합니다."
−승만경−

이끄는 말

정법 깃발 휘날리고 법고(法鼓) 둥둥 울려라

❶ 보살의 자비는 어떤 것인가? 안에서 공동체를 분열시키고 권력을 휘두르는 마의 무리〔魔衆〕를 보고 있는 것이 자비인가? 밖에서 불교를 욕하고, 차별정책을 음모하고, 불상을 훼손하는 저 신외도들을 참고 보는 것이 진정 보살의 자비인가?

❷ 12장은 '정법수호의 장'입니다. 절복(折伏)과 섭수(攝受)·파사(破邪)·현정(顯正)을 공부할 것입니다. 여기서 우리는 우리 공동체를 훼손하는 안팎의 마중(魔衆)들의 정체를 확인하고 그들을 물리치는 항마(降魔)의 용기와 지혜를 깨닫게 될 것입니다.

❸ 벗이여, 이제 정법 깃발을 높이 올려요. 법고 둥둥 소리 높이 울려요. 무기력한 침묵과 굴종의 시대는 가고, 파사현정의 신천지가 열리고 있습니다. 불교시대, 시절인연이 돌아왔습니다.

머리 이야기

여인 순다리 사건　　　　　　　　　　　　　〈남전장경 자설경〉

　부처님께서 사밧티 기원정사에 계실 때의 일이다. 당시 인도에는 푸라나 캇사파를 비롯한 소위 여섯 개 파의 외도〔六師外道〕들이[1] 큰 세력을 떨치고 있었다. 그러나 부처님의 전법(傳法)으로 이들은 큰 곤경에 빠지게 되었다.

　어느 때 육사 외도들이 모여서 의논하였다.

　"그대들은 아는가, 모르는가? 우리들은 그 동안 이 나라에서 국왕과 신하, 거사, 바라문 등의 존중과 공양을 받아온 것을. 그런데 이제 사문 고타마가 나타나서, 모든 존중과 공양은 그에게 바치고, 우리들에게는 아주 끊어져 이양(利養)이 없구나. 우리는 이제 어떤 방법으로 그를 패하게 할 것인가?"

　그들은 계획을 꾸미고, 아름다운 외도신자 순다리 여인을 찾아갔다.

　"우리는 이제 사람들로부터 버림을 받고, 도리어 저 고타마가 스승이 된 것을 그대는 아는가? 그대는 우리들을 위하여 이익되는 일을 하지 않겠는가?"

---

1) 외도(Tirthaka, 外道·外敎·外學)는 불교 이외의 종교나 사상을 일컫는 말. 석가모니 당시에는 6개파 외도가 대표적인데, '육사외도(六師外道)'라고 부른다. 석가모니는 이 외도를 논파(論破)하고 정법을 드러내는 데 주력하였다.
　・김동화, 『原始佛敎思想』, pp.32～36.
　・塚本啓祥/목정배 역, 『佛敎史入門』(現代佛敎新書 39), pp.28～32.
　・고익진편, 『한글 아함경』(경서원, 1983), 외도비판, pp.187～231.

처음 순다리 여인은 반대하였으나, 그들은 이 여인을 위협하였다.

"그대가 만일 이 일을 못하겠다면, 오늘부터 그대는 우리들 중에 끼지 못할 것이다."

순다리는 하는 수 없이 허락하였다.

그 날 이후로 순다리는 더욱 아름답게 화장하고 눈에 띄는 좋은 옷을 차려 입고 부처님의 처소인 기원정사 부근으로 왕래하였다. 자연 뭇 사람들이 순다리를 보게 되었다. 며칠 후 외도들은 이 불쌍한 여인을 죽여 기원 숲 속에 몰래 매장해 버렸다.

그들은 왕에게로 몰려가서 고발하였다.

"단정하고 아름다운 우리들의 누이 순다리가 사라졌습니다. 우리 누이를 찾아 주시오."

"그 여인은 평소 어디에 있었던가?"

"순다리는 항상 사문 고타마의 처소를 왕래하였습니다."

왕은 곧 군대를 동원하여 기원 숲을 수색하고, 순다리의 참혹한 주검을 찾아 내었다. 그들은 여인의 시체를 거리로 메고 다니며 큰 소리로 외쳤다.

"여러분, 고타마는 항상 덕(德)과 계(戒)를 일컬으면서, 어찌해서 남의 여인과 사통하다가 이를 죽여 매장하였는가? 이러니 그에게 무슨 법, 무슨 덕, 무슨 계가 있겠는가?"

격분한 시민들은 부처님을 비난하면서 일제히 공양 거부 운동을 벌였다. 아침에 탁발하러 거리로 나갔던 부처님과 제자들은 욕설과 돌팔매에 쫓겨 되돌아 왔다. 이러기를 며칠, 사태는 더욱 악화되어 갔다.

제자들은 부처님께 사뢰었다.

"사밧티는 이제 더 희망이 없습니다. 여기를 떠나 다른 곳으로 가야 합니다."

부처님께서 말씀하셨다.

"그곳에서 버림을 받는다면, 또 어디로 가자고 할 것인가?

진실은 반드시 드러나는 법, 너희들은 이레만 참고 기다려라."
과연 며칠 뒤에 이 사건이 외도들의 모함임이 드러나자, 왕은 그들을 국경 밖으로 쫓아 버렸다. 시민들은 부처님께 사과하고, 더욱 공경 공양하기를 마지 않았다. 이후 사밧티는 불법(佛法) 전도의 중심지가 되었다.

1과 • 승만 부인의 맹세

“세존이시여, 저는 오늘부터 보리〔깨침〕에 이르기까지, 만일 고독하거나, 구금을 당했거나, 병을 앓는 등 가지가지 액난으로 괴로워하는 중생을 보면 잠시도 버리지 아니하고, 반드시 편안하게 하고, 의(義)로써 이익되게 하여, 모든 고통을 벗게 한 후에야 떠나겠나이다.”

─승만경 여래진실어공덕장─

탐구과제
- 보살의 자비는 구체적으로 어떤 마음인가를 관찰합니다.
- 보살에게 물질·돈이 얼마나 소중한 것인가를 깨닫습니다.
- 우리가 이 땅의 보살로서 지금 곧 무엇을 행할 것인가를 생각하고 몸소 실천해 갑니다.

그것은 연약한 여인의 사랑

1 승만 부인(勝鬘夫人, Srīmālā)은 실재 인물로서, 부처님 당시, 파세나디 왕(Pasenadi王)과 말리카 왕비(Mallika王妃)의 딸이다. 부인이 아유다 국(國)의 왕비로 멀리 떨어져 있을 때, 부처님의 공덕을 찬탄하는 어머니의 글을 받고, 부처님 뵈옵기를 일심으로 기도한 끝에, 마침내 부처님께서 아유다 국(國)으로 오셨다.

승만 부인은 부처님 발에 예배드리고 청정한 마음을 내어 부처님의 진실공덕을 찬탄하였다.

“여래(如來)의 미묘하신 그 색신(色身, 몸)은

세간에 견줄 이 없으며
비할 데 없는 부사의(不思議, 신비)시라
그러므로 이제 나는 경배합니다.

여래의 색(色, 몸)은 다함이 없고
지혜도 또한 그러하시며
일체의 법도 상주하실새
그러므로 나는 이제 귀의합니다.……

나를 불쌍히 여기시고 보호하시사
법의 종자를 자라게 하여
이생(生)과 후생(後生)에까지
원컨대 부처님께서는 항상 섭수하소서.……"

2 부처님께서 곧 승만 부인에게 수기(授記, 성불의 예언)하셨다.

"그대는 여래의 진실한 공덕을 찬탄하니, 이 선근으로써 마땅
히 한량없는 아승지겁(劫, 가장 긴 시간 단위)에 걸쳐 천인(天
人) 가운데 자재왕(自在王)이 되어, 일체의 나는 곳마다 나〔여
래〕를 만나보고, 그 앞에서 찬탄함이 지금과 다름이 없을 것이니
라. 다시 한량없는 아승지 부처님들께 공양하고, 2만 아승지겁을
지나서, 마땅히 부처가 되면, '보광(普光) 여래·응공·정변지'라
이름하리라. 이 부처의 국토에는 모든 악취(악한 세상)와 노(老)
·병(病)·쇠뇌(衰惱, 쇠약과 고뇌)와 뜻에 맞지 않는 고통이 없
고, 또한 불선(不善)과 악업도(惡業道)의 이름도 없으며…… 저
모든 중생은 순수하고 한결같은 대승으로서 모든 선근(善根)을
수습한 중생이 거기 모이리라."
                              －승만경 여래진실어공덕장－

3 승만 부인은 대승 불교의 이상적(理想的)인 보살상(菩薩像)으

로서 모든 불자들의 가슴 속에 생생히 살아 있거니와, 그가 한 재가 여인(在家女人)이란 사실은 깊은 의미를 간직한 듯합니다.[1]

저 승만 부인을 통하여, 보살은 바로 나와 당신이라는 진실을 새삼 확인하게 됩니다. 이 세상 살이에 골몰하고, 아들 딸 낳아 기르고, 남편 뒷바라지하고, 아내 부양하고…… 끊임없이 세상 살이에 허덕이는 갑남을녀들, 나와 당신과 이 평범한 이웃 친구들, 이 보통 사람들, 바로 이들이 보살임을 깨닫습니다. 이 평범한 시민들이 부처의 씨앗, 여래의 종자임을 새삼 깊이 느끼고 있습니다.[2]

'부처의 씨앗, 여래의 종자'

그렇습니다. 나는 부처의 씨앗이고, 당신은 여래의 종자입니다. 그런 까닭에 저 승만 부인같이, 우리는 반드시 성불할 것입니다.

"그대 마땅히 부처가 되면, '보광여래'라 이름하리라."

이제 이것은 나와 당신에게 주시는 부처님의 예언이십니다.

4 보살의 삶은 여인의 삶과 같은 것입니다. 헌신적이고 순수하고 정결하고…… 보살의 삶은 곧 자비의 삶입니다. 보살행(菩薩行)은 자비행(慈悲行)입니다. 자비란 실로 님을 기다리는 여인의 사랑 그것이고, 자식을 위하는 어머니의 모성(母性) 그것입니다. 어쩔 수 없이 샘솟는 마음이고, 자기도 모르게 하는 짓입니다. 그래서 보살상은 여인의 모습으로 나타나는지 모를 일입니다.

보리자는 이렇게 노래합니다.

---

1) '승만'은 신라의 이상적 여인으로 받아들여져서, 선덕(善德) 진덕(眞德) 두 여왕의 이름이 되기도 했다. (목정배,『勝鬘經』, 現代佛敎新書 6pp.3~6.)
2) 여래의 종자를 '여래장(如來藏, taghāgata-garbha)'이라고 하는데, '모든 사람의 번뇌 속에 여래의 종자가 있다'는 여래장사상은 승만경의 주요 사상 가운데 하나이다. (김동화,『大乘佛敎思想』, pp.229~238)

“그것은 연약한 여인의 사랑
고운 님 그리는 여인의 사랑
아니 올까, 밤새도록 잠 못이루고
만나서도 오히려 수줍은 침묵
몸 바쳐 마음 바쳐 허무해도
저—만큼 돌아서 몰래 웃는 것
그것은 연약한 여인의 사랑
아— 어여쁜 여인의 사랑인 것.

그것은 그리운 어머니 마음
자식을 기다리는 어머니 마음
무사할까 허구한 날 가슴 조이고
서러워도 기뻐도 한 가닥 눈물
상처난 자식놈 품에 안고
끼륵끼륵 비둘기 울음 우는 것
그것은 그리운 어머니 마음
아— 끝없는 어머니 마음인 것.”

—자비송(慈悲頌)—

돈이 제일이라

5 “상처난 자식놈 품에 안고
　끼륵끼륵 비둘기 울음 우는 것”
　그렇습니다. 자비는 저 형제들을 내 품에 안아 들이고, 내가 그
들 품에 되안겨, 그들과 함께 아파하고, 그들과 더불어 우는 것입
니다.
　그런 까닭에 승만 부인은 수기 받고, 세존 앞에 이렇게 서원하

고 있습니다.[3]

"세존이시여,

저는 오늘부터 보리〔깨침〕에 이르기까지, 받은 바 계(戒)를 범할 마음을 내지 않겠나이다.

세존이시여,

저는 오늘부터 보리에 이르기까지, 모든 어른들에게 교만한 마음을 내지 않겠나이다.

세존이시여,

저는 오늘부터 보리에 이르기까지, 모든 중생들에게 성내지 않겠나이다…….

세존이시여,

저는 오늘부터 보리에 이르기까지, 저 자신을 위하여 사섭법(四攝法)을 행하지 않고, 아끼고 때묻지 않는 마음과 싫증내지 않는 마음과 걸림이 없는 마음으로 일체 중생을 섭수(攝受)하겠나이다."

—승만경 여래진실어공덕장—

6 **"저 자신을 위하여 사섭법을 행하지 않고"**

사섭법(四攝法)이 무엇인가?

이것은 벗들을 섭수(攝受)하려는 네 가지 덕목의 자비행을 말합니다. 섭수한다는 것은 저 벗들을 내 가슴에 안아들이는 포용이며 포용입니다.

길을 가는 데에도 탈 것이 있어야 하듯, 벗들과 동참 동행하는 자비행에도 구체적인 방법이 있어야 하는 것이지요. 육바라밀(六波羅蜜)·사무량심(四無量心)·오계(五戒)·팔정도(八正道)…….
부처님께서는 경우와 능력에 따라 많은 방법들을 증거해 보여 주

---

3) 서원사상은 승만경의 중심 사상의 하나로서, 승만 부인은 '열 가지 서원〔十大願〕' '삼대서원' '일대서원'등을 맹세하였다. (김동화, 앞의 책, pp.234~237, 목정배, 앞의 책, pp.30~44)

셨거니와, 그 가운데에서도, 동행의 방법으로서는 이 사섭법이 가장 훌륭합니다.

세존께서 말씀하십니다.

"보살의 사섭(四攝)도 가히 다하지 못하나니, 어떤 것을 사섭이라 하는가?

보시(布施)·애어(愛語)·이행(利行)·동사(同事)가 곧 그것이니라.

어떤 것을 보시(布施)라 하는가?

보시에 두 가지가 있으니, 재물을 베푸는 재시(財施)와 법을 베푸는 법시(法施)이니라.

어떤 것을 애어(愛語)라 하는가?

재물을 구하는 자와 법을 구하는 자에게 부드럽게 말하는 것이니라.

어떤 것을 이행(利行)이라 하는가?

재물을 구하는 자와 법을 듣는 자에게 그 구하는 바를 따라서 다 만족하게 하는 것이니라.

어떤 것을 동사(同事)라 하는가?

재물과 법을 구하는 자에게 대승(大乘)으로써 이미 이익하게 하고, 또 그들을 편안히 머물게 하는 것이니라."

─대방등대장경 무진의 보살품─

7 "너희 이웃 형제를 위하여,
　물질(物質)과 부처님 법을 힘껏 베풀어라.〔布施〕
　부드럽게 말하라.〔愛語〕
　몸과 말과 뜻으로, 이익되는 행위를 하라.〔利行〕
　같은 입장에서 함께 일하고, 고락(苦樂)을 함께 나누라.〔同事〕

이것이 부처님께서 깨우쳐 보이신 '사섭법(四攝法), 벗들과 함께가는 네 가지 길'이거니와, 사섭법의 하나 하나마다 '재물(財物)'을 먼저 내세우고 있다는 사실에서 우리는 기이한 인상마저 느낍니다.

왜?

"물질은 무상(無常)하다. 재산에 대한 탐욕을 버려라." 매양 이렇게 들어왔기 때문입니다.

그러나 고요히 생각해 보면, 부처님 법이 얼마나 옳습니까? 중생 살이에 물질이 제일 아닙니까? 굶주린 이에게는 밥 한 그릇이 법이고, 병든 이에게는 약 한 봉지가 Dharma이며, 외로운 이에게는 따뜻한 말 한 마디가 실로 부처님 진리입니다.

8 이제 우리 보살들은 열심히 일하고, 절약하고, 재산을 축적할 것입니다. 간소하게 살고, 투기(投機)하지 않고, 꿀벌처럼 저축할 것입니다. 이 재물로 알뜰하게 가계를 꾸미고, 나보다 더 가난하고 곤고한 동포들을 구하는 일에 힘껏 동참할 것입니다. 이런 일을 하는 데에는 재물이 제일입니다. 마음만 가지고는 안 됩니다. 돈이 있어야 합니다. 돈 가는 데 마음 갑니다. 돈이 제일입니다. 이렇게 말하면 펄쩍 뛰면서, "그건 불법 아니다." 하실 어른들 계시겠지만, 불법 아닐지 몰라도, 이건 분명 중생법(衆生法)입니다. 중생이 살아야 부처님도 사는 것 아닙니까?

불교는 결코 물질, 돈을 부정하지 않습니다. 물질을 긍정하고 선용합니다. 불자는 돈을 멀리하지 않습니다. 돈을 가까이 하고 선용합니다. 보살은 돈 잘 벌고 잘 쓰는 사람입니다. 부처님을 바르게 믿으면, 돈 잘 벌게 됩니다. 부처님께서는 물질적 번영과 행복의 길을 가르치고 계십니다.[4]

---

4) •장아함경 – 전륜왕사자후경

그래서 승만 부인은 이렇게 서원하고 있습니다.

"세존이시여,

저는 오늘부터 보리에 이르기까지, 스스로 나를 위하여 재물을 받아 저축하지 않고, 받는 바가 있으면 모두 빈곤한 중생을 성숙케 하겠나이다."

−승만경 여래진실어공덕장−

당신을 기다리는 그리운 님들

9 "나를 위하여 재물을 받아 저축하지 않고."

이 말은 재물을 부정하거나 경시하는 얘기가 결코 아닙니다. 재물을 열심히 벌어서 저축하겠다는 염원입니다. 벌어서 법답게, 빛나게, 잘 쓰겠다는 결심입니다. '재물 재물' 하지만, 물론 물질만 재물이 아닙니다. 때로는 작은 말 한 마디, 조그마한 친절이 얼마나 값나가는 재물이 되는지 모릅니다. "말 한 마디가 천 냥 빚을 갚는다."고 하지 않습니까.

우리 보살들은 이 말의 값, 애어(愛語)의 가치를 인식하고 선용하는 데서부터 마땅히 우리의 보살행을 착수할 것입니다.

10 나는 오래 전 병영(兵營)에서 만났던 한 친구를 생생히 기억하고 있습니다.

우리는 그때 해병 학교의 사관 후보생으로서 보통으로는 상상

• 아함경 − 구라단두경
• 증일아함경
• 월포라 라후라, 「불타의 가르침」, 『現代社會와 佛教』, pp.93~97.
• 이재창, 「불교의 社會經濟觀」, 앞의 책, pp.145~188.

하기 힘든 훈련을 받고 있었습니다.

날마다 복장 검사, 병기 검사, 내무실 검사…… 무엇 하나라도 걸리면, 혼이 나지요. 귀신 잡는 해병의 명성만큼이나 해병대의 훈련은 무서운 것이었습니다.

다음날 아침 일제 검열을 앞둔 어느 날 밤, 나는 열두 시가 넘도록 준비를 다하지 못해서 초조하게 서둘고 있었습니다. 다른 전우들은 벌써 다 끝내고 잠이 들었습니다. 워낙 고된 생활이라 한가하게 남을 도와줄 염두도 못내는 상황이지요. 나는 좀 느린 편이라서 항상 혼이 나고 있었기에, 그날 밤도 땀을 흘리면서 이것 저것 만지고 있었지만, 마음만 급하고 할 일은 아직 많았습니다.

그때 박(朴) 군이 다가왔습니다. 평소에 말이 없는 친구였습니다.

"김 후보생, 천천히 하세. 우리 고향 얘기나 나누면서 말이야. 잠도 안 오는데 잘 됐지 뭔가."

그러면서 박 군은 내 M-1 소총의 총구 수입(소제)을 시작하는 것이었습니다.

이십여 년이 훨씬 지났지만, 나는 아직도 그 친구를 잊지 못하고 있습니다. 결코 잊을 수 없는 것이지요.

11 '자비, 자비심, 자비행, 보살행…….'

우리는 수없이 이 말을 되풀이해 왔지만, 자비가 그렇게 엄청난 게 아니지 않습니까? 내 재산을 온통 버리고, 신명(身命)을 버리는 그렇게 엄청난 게 아니지 않습니까?

목말라 하는 행인에게 물 한 그릇 떠다주고〔布施〕, 초조해 하는 동료에게 따뜻한 말 한 마디 건네주고〔愛語〕, 허둥대는 친구에게 작은 힘 하나 보태주고〔利行〕, 외로워하는 벗에게 한 밤을 함께 세워주고〔同事〕.

　우리 벗들이 내게 바라는 것은 이 조그마한 정성, 조그마한 수고이려니와, 이것 말고 자비행이 또 어디 있습니까?

12 많은 벗들이 지금 나와 당신을 기다리고 있습니다. 가정에서, 이웃에서, 직장에서, 저 거리에서, 나를 기다리는 벗들이 많습니다.

　'벗이 어디 있나? 내게는 친구 없다.'

　벗이여, 행여 이렇게 마음을 닫지 마세요. 당신 한 팔 내밀기만 하면 금세 당신 가슴에 안겨올 많은 벗들이 당신을 바라보고 있습니다. 지금 당신이 마음 속으로 미워하고, 싫어하고, 원망하는 그가 바로 당신을 기다리는 그리운 벗들입니다. 따뜻한 한 마디 말, 정다운 눈짓 한 번, 짐을 함께 들어주는 작은 수고…… 이 작은 수고로 저 벗들은 금세 가슴을 열고 다가올 것입니다.

　왜?

　그들도 지금 나와 당신처럼 고단하고 외롭기 때문입니다. 님의 사랑이 그립고 어머니의 품이 그립기 때문입니다.

13 이 벗들을 버려두고, 대체 우리가 무슨 이상을 논하고, 성불을 꿈꾸고, 보살행을 말하겠습니까?

　벗이여, 이제 우리가 먼저 손길을 내밀지 않으렵니까. 잠시 하심(下心)하고, 저 병영의 박 군처럼, 슬며시 벗의 손을 잡아주지 않으렵니까.

　아름다운 승만 부인을 좇아, 우리는 부처님 앞에 나아가 서원합니다.

　"세존이시여, 저는 오늘부터 보리에 이르기까지, 만일 고독하거나, 구금을 당했거나, 병을 앓는 등 가지가지 액난으로 괴로워하는 중생을 보면, 잠시도 버리지 아니하고, 반드시 편안하게 하

고, 의(義)로써 이익되게 하며, 모든 고통을 벗게 한 후에라야
떠나겠나이다."
-승만경 여래진실어공덕장-

회향발원 (이 친구들 떠나지 않습니다)

자비하신 부처님.

이제 저희 청보리들, 푸르른 부처의 씨앗들.

이 친구들과 함께 있습니다. 지금, 여기, 이 땅의 이 친구들, 손을 내밀면 금세 부딪치는 이 거리의 친구들, 결코 버리고 떠나지 않겠습니다. 힘껏 일하여 벌고 아껴 모든 돈으로, 한 달에 단돈 천원이라도 보태면서, 따뜻한 말 한마디라도 나누면서, 눈 먼 이들의 지팡이라도 잡아주면서, 서로 어울려 함께 의논하면서, 이 친구들과 함께 있습니다. 절대로 나 홀로 떠나지 않습니다. 저 승만 부인같이.

-나무석가모니불-

찬불가 당신을 존경합니다

내용익힘

1. 다음 문장을 완성해 봅니다.
   ① 세존이시여, 저는 오늘부터 (   )에 이르기까지, 만일 고독하거나, (   )을 당하거나, 병을 앓는 등 가지가지 액난으로 괴로워하는 (   )을 보면, 잠시도 (   ) 아니하고, 반드시 편안하게 하고, (   )로써 이익되게 하여, 모든 고통을 벗기 한 후에라야 떠나겠나이다.
   ② 저 승만 부인을 통하여, 보살은 (   )와 (   )이라는 진실을 새삼 확인하게 됩니다. 이 (   )살이에 골몰하고, (   )낳아 기르고, 남편 뒷바라지하고 (   )부양하고…… 끊임없이 (   )살이에 허덕이는 갑남을녀들, (   )와 (   )과 이 평범한 친구들, (   ) 사람들, 바로 이들이 보살임을 깨닫습니다. 이 평범한 시민들이 (   )의 씨앗, (   )의 종자임을 새삼 깊이 느끼고 있습니다.
   ③ 저는 오늘부터 (   )에 이르기까지, 스스로 (   )를 위하여 재물을 받아 저축하지 않고, 받는 바가 있으면 모두 빈곤한 (   )을 성숙케 하겠습니다.

2. 다음 물음에 간결하게 답합니다.
   ④ 보살의 마음은 어떤 것인가?
   ⑤ 사섭법이 무엇인가?
   ⑥ 보살에게 물질·돈은 어떤 의미가 있는 것인가?

교리탐구 승만 부인은 어떤 인물인가?
   1. 실제 인물
   2. 승만 부인의 서원
   3. 『승만경』에 관하여

실천수행　내 가장 가까이 있는 고단한 친구를 찾아서 정성을 다하여 도우며 고통을 함께 나눕니다.

1. 내 가까운 이웃에서 당장 어려운 친구를 찾는다.
2. 그 친구와 대화를 나눈다.
3. 현실적으로 도움되도록 내 수입의 일부를 보시한다.

2과 · 불에 탄 종자들

"오직 익찬티카〔일천제, 惡人〕만은 보리심을 내는 일이 있을 수 없다. 이를테면 불에 탄 씨앗이 단비를 만난다 해도, 끝내 싹을 틔울 수 없는 것과 같으니라."

−열반경 보살품 16−

탐구과제
- 보살은 불교를 훼손하는 사악한 무리들을 어떻게 대처하는가를 고찰합니다.
- 우리 시대의 익찬티카〔惡人〕가 누구인지를 판단합니다.
- 우리 내부의 방해자들을 어떻게 대처할 것인가를 배우고 몸소 실천해 갑니다.

강한 자에게는 더욱 강하게

14 '이 형제들과 함께 다정하게 평화롭게'

이 소박한 염원을 위해서, 우리는 자주 모여 공의(公議)를 논하고, 대중공사를 행하고, 하심하고, 사섭법(四攝法)을 실천하고 …… 온갖 수고를 다하고 있습니다.

그러나 우리 앞에는 반드시 이러한 평화의 행진을 방해하는 난폭하고 어리석은 도전자들이 나타나서, 대중의 화합을 깨뜨리고, 법을 손상합니다. 이 난폭하고 어리석은 도전자들을 우리는 '마군(魔群, Māra), 악마의 무리'라고 부르거니와, 마군은 곧 진리를 거역하는 자, 정법을 방해하고 훼손하는 무리들입니다. 이러한 마군은 우리 교단 안에도 있고, 밖에도 있습니다.

　석가모니 이래, 이 안팎의 마군들 때문에, 선량한 우리 대중들은 실로 한량없는 고통과 불화와 핍박을 받아오고 있습니다.

15 데바닷타(Devadatta, 提婆達多, 調達)는 불교사(佛敎史)에 등장하는 가장 전형적인 마군입니다.[4] 그는 석가모니의 사촌동생으로서 출가한 일곱 왕자의 한 사람인데, 마음이 거칠고 탐욕스러워 부처님에 대하여 항상 불만을 품어 오다가, 마가다(國)의 아자트사투르 태자와 결탁하였습니다. 데바닷타는 그의 융숭한 대접을 받으며, 부처님에게 대항하여 편당을 만들려 하였습니다. 5백명의 비구들이 그의 편으로 가고 말자, 교단은 크게 분열되고, 대중이 동요하였습니다.

　이때 세존께서 흔들리는 대중에게 단호히 말씀하십니다.

　"너희들은 데바닷타에게 부러워하는 마음을 내지 말라. 데바닷타는 탐욕스런 공양을 받음으로 해서 반드시 망할 것이다. 그것은 마치 파초가 열매를 맺으면 죽고, 대나무와 갈대도 열매를 맺으면 죽고, 당나귀가 새끼를 배면 죽는 것과 같으니라."

-증일아함경-

16 '이게 어찌된 일인가?

　대자대비하신 부처님께서 어찌 저 데바닷타를 버리시는가?'

　이 말씀을 들으면서, 우리는 새삼 자비의 본질에 관하여 명상해 봅니다.

　'자비는 무조건 참고 견디는 것인가? 어떤 악행(惡行)도 벌하지 않는 것인가? 어떤 비법(非法)도 질책하지 않는 것인가? 부처님을 해치고, 불법(佛法)을 훼손하고, 대중공사의 엄연한 법도를 무시하고, 우리 대중의 화합과 우리 마을의 평화를 파괴하여

---

4) 와다나베 쇼오꼬/법정,『불타 석가모니』하, pp.181～192.

도, 우리는 자비 문중(慈悲門中)을 핑계삼아, 그저 묵묵히 보고
만 있는 것인가?'

세존의 법문을 경청합니다.

"부처와 보살은 항상 세 가지 방편으로 중생을 제도한다. 셋이
란 무엇인가?

첫째, 끝내 부드럽게 말하는 것이요,

둘째, 끝내 꾸짖는 것이요,

셋째, 혹은 부드럽게 말하고, 혹은 꾸짖는 것이니라.

이러하기 때문에 부처와 보살은 진실한 선지식(善知識)이니
라." 2)

－열반경 고귀덕왕보살품－

17 정녕 이러합니다. 여기에 참된 자비의 방편〔方便〕이 있습니
다. 방편(方便, Upāya)이란 조건에 맞게 실행하는 구체적인 방법
〔方便〕을 일컫습니다. 자비의 방편이란, '자비를 현실적으로 실천
하는 훌륭한 방법', 이런 뜻입니다.

자기가 아무리 행복을 밝히는 광명이라 할지라도, 훌륭한 방편
을 쓸 줄 모르면, 좋은 등(燈)을 갖고서도 용법(用法)을 몰라서
썩히는 것처럼 안타깝고 어리석은 일입니다. 방편은 곧 현실적인
실천 능력을 뜻하거니와 우리 보살은 경계(경우)를 당하여 마땅
히 이 방편을 선용할 것입니다.

세존께서 말씀하십니다.

"보살은 여러 가지 악행을 일삼는 중생을 보고, 어떤 때에는
꾸짖고, 어떤 때에는 온화하게 타이르고, 어떤 때에는 내쫓고, 어
떤 때에는 악인의 마음이 되고, 또 오만한 자에게는 자신도 오만
하게 하여 보인다. 그러면서도 실제로는, 내심(內心)으로는 조금

---

2) 田村芳郎/이원섭, 『涅槃經의 世界』, pp.306~310.

도 오만을 지니지 아니한다. 이것을 보살의 방편 불가사의(놀라운 신비)라고 일컫는다."

-열반경 사자후보살품-

18 우리 마을을 파괴하고, 진리를 짓밟는 악한 마군(魔群)을 보고, 무조건 참고 견디며, 말하지 않고, 방관하는 것을 어찌 자비행이라 할 수 있습니까? 이것은 한갓 맹목적인 자기 감정의 도취이기가 쉽고, 혹은 무책임한 도피와 변명밖에는 안 되는 것입니다.

　'강(強)한 자에게는 더욱 강하게
　약(弱)한 자에게는 더욱 약하게'
　바로 이것이 부처님께서 보여주시는 '선교 방편(善巧方便), 훌륭하고 미묘한 방편'입니다. 대승 보살들은 이 미묘한 방편을 써서, 님의 정법을 실천해 가십니다.
　그래서 승만 부인은 부처님 앞에서 이렇게 맹세하고 있습니다.

　"내가 힘을 얻었을 때, 마땅히 절복(折伏, 꺾음)할 것은 절복하고, 섭수(攝受)할 것은 이를 섭수하리이다. 왜냐하면, 절복과 섭수로써 정법을 오래 머물게 할 수 있기 때문입니다." -승만경-

오로지 정법을 수호하라

19 '절복(折伏)과 섭수(攝受)' [3]
　이 둘은 보살이 정법을 수호하는 방편입니다. 강하고 악한 세력은 꺾어서 정법 앞에 순종케 하고〔절복〕, 약하고 선한 자는 안

---

3) 田村芳郎/이원섭, 앞의 책, pp.306~314.

아들여 보살피고〔섭수〕 이렇게 함으로써 성중(聖衆)의 평화를 보전하고, 정법의 바퀴를 영원히 굴릴 수 있습니다. 마군의 도전을 당하고서도 '자비는 참는 것'이라 하여 침묵하고 앉은 것은, 하나만 알고 열을 모르는 어리석음입니다. 비뚤어지고 잘못된 길로 가려는 자식은 매를 때려서라도 고치는 것이 어버이의 참사랑 아닙니까? 피하고 침묵하는 것이야말로 사랑의 포기 아닙니까?

어느 대 카샤파 존자가 세존께 여쭈었습니다.

"홀로 고요히 산속에 들어앉아 있는 자라야 진정한 수행자라 이를 것이며, 수호자들로 에워싸인 수행자라면, 이는 파계중이 아니겠습니까?"

세존께서 단호히 대답하셨습니다.

"파계중이라고 해서는 안 된다. 비록 경전을 읽고, 좌선에 힘쓰고, 계율을 지킴이 청정하다 해도, 사자후를 하지 못한다면, 악인을 항복받지는 못하리니, 이같은 수행자는 무익한 존재이니라."

-열반경 금강신품-

20 정법을 훼손하는 마군들은 교단 밖에서 더 강성하게 도전하고 있습니다. 순다리 사건 이후, 우리 교단과 성중(聖衆)들은 이들 외도(外道, 이교도) 마군들로부터 끊임없이 도전 받고 고통당해 왔습니다. 이들 난폭하고 잔인한 외도 마군(外道魔群)들은 평화로운 Saṃgha 마을과 보리 동산을 짓밟고, 우리 선량한 사부 대중을 해치고, 탑을 헐고, 절을 부수고, 불상과 경(經)을 태우고…… 실로 갖가지 악행을 저질러 왔습니다.

룸비니 동산은 지금 폐허가 되어 있습니다. 아쇼카 왕(Aśoka 王)이 세운 돌기둥은 이슬람 외도 마군의 칼에 동강난 채, 폐허 속에 딩글고 있습니다. 석가모니가 강생하신 그 성지에 지금 불교는 없습니다. 진정한 의미의 "절도 없고 중(衆)도 없습니다."[4] 절도 없고 중도 없는 곳이 어찌 여기뿐입니까? 성도 성지(成道聖地) 붓다가야에도, 초전 성지(初轉聖地) 바라나시의 사슴 동산에도, 입멸 성지(入滅聖地) 구시나가라에도, 라자그라하〔王舍城〕, 사밧티〔舍衛城〕, 베살리〔毘舍利〕에도, 죽림정사(竹林精舍), 기원정사(祇園精舍)에도…… 지금 절도 없고 중(衆)도 없습니다.

21 절도 없고 중도 없는 곳이 어찌 저때 저 곳들뿐입니까? 바로 지금 이때에도 많은 곳에서 이 비극이 진행되고 있지 않습니까?

중국(中國)은 세계 최대의 불교 국가입니다. 10억 인구의 절대 다수가 불교 신자입니다. 그러나 지금 중국 본토에 진정한 의미의 절도 없고 중도 없습니다. 남방불교(南方佛敎)의 온상지 베트남, 라오스, 캄보디아, 여기에도 또한 사정은 같습니다. 절은 깨어져 가고, 성중(聖衆)들은 죽어가고 있습니다.

벗이여, 잠시 고개 돌려 북녘 땅을 바라보세요. 소리치면 메아리되어 되돌아올 법한 저 그리운 금강산(金剛山), 민족의 신화(神話)가 알알이 스며 있는 일만 이천봉(一萬二千峯) 팔만 구암자(八萬九庵子), 저 곳에 절은 있습니까? 저 곳에 성중(聖衆)은 있습니까?

22 "절도 없고 중도 없다."

이 처참한 증언을 들으면서 무심하다면, 이미 우리는 불자가 아닙니다. 저 난폭하고 사악한 이슬람 외도 마군(外道魔群), 공산주의 외도 마군들을 보고 분노하지 않는다면, 이미 우리는 성

---

4) 혜초 스님, 『往五天竺國傳』(乙酉出版社, 1982), p.42
   "가비라 국이 있는데, 곧 이곳은 부처가 태어난 성이다. 무우수가 있다. 그 성은 이미 황폐되어, 탑은 있으나, 중도 없고 백성도 없다."

중(聖衆)이 아닙니다. 저 침략자들, 익찬티카(icchantika, 흉악죄인)를 어찌 버려둘 수 있습니까.

부처님 법을 지키고, 법사와 성중을 보호하고, 절·불상·불경·탑을 수호하는 것은 불자들의 성역(聖役)일 뿐만 아니라, 모든 생령들의 고귀한 사명입니다. 외도 마군을 징벌하고 악한 익찬티카를 파(破)하는 것은 모든 중생들의 영광된 책무입니다.

왜?

부처님 법이 쇠하면 이 세상 모든 것이 파멸이기 때문입니다. 하늘이 무너져도 솟아날 구멍이 있다지만, 법이 무너지면 선(善)도 악(惡)도 함께 망하기 때문입니다. 신도 사람도 다 망하기 때문입니다.

이제 세존께서 나와 당신에게 분부하십니다.

"비구·비구니·선남·선녀들아,

오로지 정법을 수호하라. 호법(護法)의 과보는 광대무량하니라."

—열반경 금강신품—

23 이제 우리는 외도 마군들을 피하지 않을 것입니다. 이들은 익찬티카들입니다. '익찬티카(icchantika, 一闡提—일천제)'는[5] 정법을 비방하고, 방해하며, 결코 참회할 줄 모르는 악인(惡人)을 말합니다. '익찬티카'란 '단선근(斷善根), 선(善)의 뿌리를 끊어버린 사람', 이런 뜻입니다. 부처님께서는 이들 익찬티카들을 '극악인(極惡人)'이라 단죄하시고, 이들은 진리·깨침을 추구하는 보리심도 없는 자들이라고 단정하십니다.

세존께서 경고하십니다.

---

5) 田村芳郎/이원섭, 앞의 책, pp.315~318.

"오직 익찬티카만은 보리심을 내는 일이 있을 수 없다. 이를테면 불에 탄 씨앗〔焦種〕이 몇만 번 단비를 만난다 해도, 끝내 싹을 틔울 수 없는 것과 같으니라."

−열반경 보살품 16−

24 "불에 탄 종자〔焦種〕와 같아서"

두렵고 두렵습니다. 정법을 부정하고 성중을 핍박하는 죄가 얼마나 두려운 것인가를 문득 깨닫습니다. 무한한 자비의 세존〔慈尊−자존〕이신 부처님께서도 이들 외도 마군·익찬티카들에게는 '공양하지 말라'고 단호히 경책하십니다.

"춘다야, 거치른 말로 정법(正法)을 비방하고, 이 중죄(重罪)를 짓고도 길이 회개함이 없고, 부끄러워함이 없다면, 이같은 사람을 가리켜 익찬티카의 길로 가는 자라고 부른다.

극악·악역의 죄를 짓고, 스스로 이 같은 중죄를 범하는 줄 알면서도 마음에 조금도 두려워하고 꺼려함이 없고, 부끄러워하지도 않고, 참회하지도 않으며, 또 부처의 정법을 호지(護持, 보호하고 지님)하고 건립하려는 마음도 없어서, 그것〔正法〕을 깨고, 욕하고, 가벼이 알고, 천시하여서, 천한 말을 많이 하는 사람도 익찬티카의 길로 가는 자라고 일컫는다.

이같은 익찬티카를 제외하고는, 그 나머지 모든 사람에게 보시하는 일은 찬탄받을 일이다."

−열반경 일체대중소문품−

25 부처님 법을 파괴하고, 성중(聖衆)을 박해하는 데바닷타와 순다리의 후예들, 안팎의 마군(魔群)들, 익찬티카들, 이들은 크나큰 재앙을 받습니다. 믿는 이든 믿지 않는 이든, 이슬람 외도이든 공산당 외도이든…… 불법(佛法)을 해치는 자는 무사하지 못합니다. 반드시 두려운 과보를 받습니다. 불교를 탄압하는 정권은 반드시 망합니다. 부처님을 비난하고 욕하며 훼방하는 무리는 스

스로 파결합니다. 살아서는 고통이고 죽어서는 스스로 판 지옥 구덩이로 떨어집니다.[6] 이것은 엄포의 말이 아닙니다. 명백한 역사의 증언이고, 눈 앞에 벌어지는 엄연한 현실입니다.

무슨 까닭인가?

불교는 곧 진리이기 때문입니다. 부처님은 곧 우리 자신의 진리 생명이기 때문입니다. 진리를 거역하고 어찌 번영합니까? 제 생명을 부정하고 어찌 자멸하지 아니합니까?

이제 사람 잡아먹는 귀신 나찰녀(羅刹女, Rākṣasi)들도 부처님 앞에 나아가 정법 수호를 서원하고, 외도 마군들을 향하여 이렇게 경고하고 있습니다.

> "만일 나의 주문 순종치 않고
> 설법하는 이를 괴롭게 하면
> 아리수(阿梨樹) 나무의 가지처럼
> 머리통을 일곱으로 쪼개버리며
>
> 부모 죽인 원수와 같이
> 기름을 짜듯이 주리를 틀며
> 말이나 저울 눈을 속인 사람과
> 데바닷타가 화합중(和合衆)을 깨트림같이
>
> 그에게 내리는 죄 한량이 없어
> 다시 없는 고통을 받을 것이니
> 누구라도, 이 법사(法師)를 해치는 자는
> 마땅히 이런 재앙 얻으리라."
>
> —법화경 다라니품—

---

6) 데바닷타는 석가모니를 시해하려다가 땅 속의 큰 불길 속으로 떨어졌다. (『증일아함경』)

우리 안의 악한 무리들을 내치라

26 우리는 먼저 우리 교단과 대중 속의 마군들부터 가려내고 조복(調伏, 순종케 함)할 것입니다. 실로 두려운 마군은 밖에 있지 않고, 바로 우리 안에 있습니다.

지금 우리가 경책해야 할 교단 안의 마군(魔群), 익찬티카들은 누구인가?

보리자는 이렇게 생각합니다.

'첫째, 대중 안에서 폭력을 휘두르는 자.

둘째, 대중공사(大衆公事)를 무시하고, 교단과 공동체의 문제를 세속재판에 거는 자.

셋째, 장로(長老)·장자(長者)·법사(法師) 등 지도자를 거역하고 모욕하는 자.

넷째, 사찰 법회 등 대중 재산을 공개하지 않고, 사사로이 쓰거나 훔치는 자.

다섯째, 감투를 노려 대중을 분열시키고 불신임 운동을 벌이거나, 권력에 야합하는 자.'

우리는 이 다섯 가지를 '대중 오역죄(大衆五逆罪)로[7]' 규정하고, 정법 대중(正法大衆)의 힘으로 마땅히 꾸짖어 고치게 하고, 듣지 않으면 내칠 것입니다.

---

7) 대승의 5역죄 : 1. 탑과 절을 파괴하고, 경과 불상을 불사르며, 삼보의 재물을 훔침 2. 부처님 법을 비방하고 경멸함 3. 스님들을 욕하고 부림 4. 소승의 5역죄를 범함(아버지를 해침, 어머니를 해침, 아라한을 해침, 대중의 화합을 파괴함, 부처님 몸에 피를 냄) 5. 인과의 도리를 믿지 않고, 10 불선업을 행함.

27 우리 승단에 분쟁이 계속되고, 서로 해치는 불행한 사건들이 일어나그 있지만, 이것은 소수 마군들의 상습입니다.

우리는 많은 거룩한 스님들이 조용히 수행하고 계시는 줄을 잘 알고 있습니다. 그러나 이 선량하신 스님들이 저 소수의 마중을 당해내지 못합니다. 그들은 두려움이 없고, 막 가는 자들이니까요. 그들은 결코 거룩하신 성중(聖衆)이 아닙니다. 경배와 공양의 대상이 아닙니다.

이런 마군 마중들은 신도 단체에도 있습니다. 모이면 파당 만들고, 불신임 운동 벌이고, 선배 욕하고, 불사(佛事)하겠다고 시줏돈 받아서 공개하지 않고 사사로이 쓰고…… 도대체 이런 단체는 백해무익한 부조리입니다.

28 우리는 더 이상 이들 마군을 결코 방관하지 않을 것입니다. 저 용기 있는 코삼비의 대중들과 시민들처럼, 우리는 단호한 신념으로 이들을 절복할 것입니다. 물론 이러한 경책과 절복은 법답게 이루어져야 하고 남용되어서는 안 되지요. 우리는 마땅히 다음과 같은 '대중 멸쟁법(大衆滅諍法)'을[8] 충실히 지킬 것입니다. '대중 멸쟁법'은 곧 우리 시대의 '평화의 법도'입니다.

첫째, 4바라이(波羅夷, 근본4계를 범한 죄) 대중오역죄(大衆五逆罪) 등을 범한 명백하고 구체적인 증거가 있을 때, 이것을 발견한 불자는 숨기지 않을 것이고, 장로(長老)·장자(長者)·법사(法師) 등 상가의 어른들에게 고(告)하고 처결을 요구할 것이다.

둘째, 상가의 어버이는 이 사실을 대중 회의(大衆會議)에 올려 심사하되, 필요한 때에는 위원회를 구성하여 위임할 것이다.

---

8) 멸쟁법(滅諍法)은 대중의 분쟁을 해소하는 공동체의 법. 본래 승단에는 '7멸쟁법'이 있다. (이희익, 『佛敎의 敎團生活』, 佛光出版部, pp.69~82)

셋째, 대중회의는 대중공사의 원칙에 따라 진행하되, 반드시 혐의자를 출석시켜 해명과 의견을 말하도록 기회를 줄 것이다.

넷째, 판결은 부처님 법의 근본 정신에 따르고, 교단의 계율에 입각해서 할 것이다.

다섯째, 판결을 둘러싸고 대중이 분열과 혼란에 빠졌을 때, 장로·장자·법사 등 상가의 어른들이 결단한다. 이 결단은 최고(最高) 최후(最後)의 것으로서, 우리 대중은 이유없이 복종할 것이다.

여섯째, 상가의 법다운 판결에 복종하지 않거나, 세속 법정으로 달려가는 자는 즉시 '마군·익찬티카'로 단정하고, 대중벌(大衆罰)을 내리고 교단에서 추방할 것이다.

29 '대중벌(大衆罰)'이 무엇인가?

본래 '범단벌(梵壇罰, Brahmadaṇḍa)'이라는 것인데, 말하지 않고 상대하지 않는 것입니다.

구시나가라에서 입멸 직전, 아난다 존자가 세존께 여쭈었습니다.

"찬나 비구는 횡포 방자하오니, 부처님께서 멸도하신 후, 마땅히 어찌 하오리까?"

세존께서 말씀하셨습니다.

"내가 멸도한 후에 만일 찬나가 위의[규율]에 순종하지 않고 교계[가르침]를 받지 않거든, 너희들은 마땅히 함께 범단벌을 행하되, 모든 수행자들은 말하지 말며, 또한 오가면서 교수하기에 종사하지도 말라."

—장아함경 유행경—

30 "말하지도 말라.

오가지도 말라.

가르치지도 말라.”

이것이 세존께서 최후 유교(最後遺敎)에서 분부하신 대중벌입니다. 우리는 마땅히 이 가르침에 따라, ‘마군·익찬티카’로 대중벌을 받은 자는 다시 복적(復籍)시키지 않을 것이고, 이 상가에서 추방된 자를 다른 상가에서도 결코 받아들이지 않을 것입니다. 상가의 판결을 무시하고 세속법을 앞세워 강제 집행한다면, 우리 사부대중은 일치 단결해서, 그 절·법회·단체·교단을 버릴 것입니다. 위없는 부처님 법을 거부하고 대중을 두려워하지 않는 자는 가장 악한 마군·익찬티카입니다.

벗이여, ‘우리 자비 문중(慈悲門中)에서 너무 가혹하다.’ 행여 이렇게 생각하지 마십시요. 제 살 도려내는 고통을 참지 아니하면 우리는 회생(回生)할 수 없습니다. 뿌리 깊은 마중의 세력을 뽑을 수 없습니다. 지금은 우리가 강한 마음 먹고 이 일을 결행할 때입니다.

회향발원 (단호히 내칩니다)

　자비하신 부처님.

　이제 저희 청보리들, 푸르른 부처의 씨앗들.

　이 땅의 보살들, 승만 부인의 서원을 좇아, 마땅히 섭수할 자는 섭수하고, 꺾어 물리칠 자는 단호히 꺾어 물리칩니다. 대중 안에서 폭력을 휘두르며, 대중공사에 복종치 아니하며, 공동체의 어른에게 거역하며, 공동체의 재산을 부정하게 쓰며, 대중을 이간질하고 분열시키는 사악한 방해자들은 먼저 타이르고, 그래도 듣지 아니하면, 대중의 힘을 모아 단연코 내칩니다. 이것이 바로 보살의 자비임을 믿기 때문입니다.

－나무석가모니불－

찬불가 불자행진곡

내용익힘

1. 다음 문장을 완성해 봅니다.
   ① 오로지 (   )만은 보리심을 내는 일이 있을 수 없다. 이를테면 불에 탄 (   )이 단비를 만난다 해도, 끝내 (   )을 틔울 수 없는 것과 같으니라.
   ② 내가 힘을 얻었을 때, 마땅히 (   )할 것은 (   )하고, (   )할 것은 이를 (   )하리이다. 왜냐하면 (   )과 (   )로써 정법을 오래 머물게 할 수 있기 때문입니다.
   ③ 벗이여, '우리 (   )에서 너무 가혹하다' 행여 이렇게 생각하지 마십시오. 제 (   ) 도려내는 고통을 참지 아니하면, 우리는 (   )할 수 없습니다. 뿌리 깊은 (   )의 세력을 뽑을 수 없습니다. 지금은 우리가 강한 (   )을 먹고 이 일을 결행할 때입니다.

2. 다음 물음에 간결하게 답합니다.
   ④ 보살의 세 가지 방편이 무엇인가?
   ⑤ 우리시대의 대중오역죄가 무엇이고, 우리 시대의 익찬티카는 누구인가?
   ⑥ 우리 시대의 '평화의 법도'가 무엇인가?

교리탐구   익찬티카란 무엇인가?
   1. 익찬티카의 의미
   2. 5역죄
   3. 익찬티카의 과보

실천수행   우리 법회 내부에 방해자가 있을 때에는 방관하거나 묵인하지 않고 법도에 따라 단호히 대처해 갑니다.
   1. 잘못된 언행을 하거나 파당을 만드는 자가 있을 때에는 법회의

어른들에게 알려 경책토록 한다.

2. 이 경책을 듣지 않으면, 대중공사에 붙여 진상을 규명하고 경고한다.

3. 이 경고도 듣지 않을 때에는 단호히 대중불로 내친다.

3과 · 지금 이 땅의 신외도(新外道)들

"하지 않은 일을 했다고
남을 비방하고 거짓말 하는 자는 지옥으로 간다.
악행을 저지르고도 나는 하지 않았다고 말하여도
또한 지옥으로 간다.
그들은 모두 악행을 저지른 자들
그 다음 생에도 지옥의 고통을 받는다."

—법구경, 게송 306—

탐구과제

- 오늘날 불교를 훼손시키려는 훼불음모가 어떤 양상으로 전개되고 있는가를 관찰합니다.
- 우리 시대의 신외도들이 어떤 자들인가를 관찰합니다.
- 신외도들을 어떻게 대처할 것인가를 판단하고 몸소 실천해 갑니다.

불상을 부수는 횡포한 무리들

31 경주 박물관 정원에는 목 잘린 불상들이 슬픈 모습으로 찬비를 맞으며 떨고 있습니다. 혹은 팔이 부러지고, 눈이 후벼 파이고, 다리가 잘리고…… 그렇게 뒹굴고 있는 저 불상들. 이 참담한 비극은 조선 왕조의 격렬한 유림 외도(儒林外道)들에 의하여 저질러졌습니다.

경주 박물관 정원의 저 슬픈 비극의 잔상(殘像)들을 바라보면서, 나는 스스로 묻고 있습니다.

"지금 우리 불교는 안전한가? 지금 우리가 경배 드리고 있는 사찰의 저 불상들은 앞으로 무사할 것인가. 석굴암 대불(大佛)이 어느 날 갑자기 '우상'으로 몰려 그 고요한 미소가 눈물로 얼룩지는 그런 날은 정녕 없을 것인가?"

32 서울 종로구 평창동 산 1번지, 일선사(一禪寺)에서 약 10분 떨어진 언덕 위에 3m 가량의 마애미륵불상(磨崖彌勒佛像, 큰 자연석에 조각한 불상)이 서 있다. 인적 드문 산 기슭에 홀로 서서 산을 오르내리는 행인들에게 호젓한 미소를 던지고 서 있다.

그런데 이 불상에 이변(異變)이 생겼다. '81년 어느 날 아침, 일선사의 공양주 원순희 보살이 미륵불 주변을 청소하러 갔다가 깜짝 놀랐다. 불상 여기 저기에 빨간 페인트로 십자(十字)가 그려져 있었다. 처음에는 동리 아이들의 무심한 장난인 줄 알고, 세척제를 사다가 힘들여 씻어냈다.

그러나 이것은 아이들의 장난으로 끝나지 않았다. 몇 일 뒤 붉은 십자는 다시 그려졌다. 이뿐만 아니었다. 밤에는 바위 두들기는 소리가 쿵쿵 울렸다.

원순희 보살은 이렇게 증언하고 있다.

"붉은 십자가 칠은 약과예요. 오물도 갖다 놓고, 도끼로 부수고 하니까요."

주민들의 말에 의하면 범인들은 4, 5명씩 무리를 지어 주로 밤 1~2시 경에 몰려와 그런 짓을 한다는 것이다.

일선사 주지스님은 이렇게 탄식하고 있다.

"한 번 지우는 데도 인건비 약물값 등 10만원이 듭니다. 그렇다고 완벽하게 세척되는 것도 아니고, 얼룩으로 남아 있습니다.

선교도 좋으나 이런 작태는 무식하고 파렴치한 소행이지요."[1]

33 나는 이 기사를 읽다가 30여 년 전 어떤 사건을 문득 회상하게 되었습니다.

해방 얼마 뒤 어느 봄날, 국민학교 2학년인 나는 마을 뒷산에 올라 낫가에서 버들강아지를 따먹고 있었습니다. 그 뒷산 기슭에는 옥천암(玉川庵)이라는 조그마한 암자가 있었지요.

오후 해가 거의 기울 무렵, 이 암자에서 갑자기 사건이 터졌습니다. 일단의 남녀들이 느닷없이 그 암자 법당으로 뛰어들어서, 불상을 부수고, 탱화를 찢고, 향로 촛대 등 기물을 집어던지는 것이었습니다. 홀로 집을 지키던 그 암자의 노(老) 보살님은 그들 군중에 휘말려 옷이 찢기고, 머리가 뜯기고……

얼마 후 급히 달려 온 동리 청년들에 의하여 사태는 진압되고, 그들은 몰려났습니다. 그들은 쫓겨 가면서도 이렇게 외치고 있었습니다.

"우상을 부셔라. 우상을 부셔라."

34 "우상을 부셔라."

이 격한 음성은 40여 년 전 격변기의 한 우발적인 소리로 사라지고 말았는가?

1983년 정월 초하루, 만민이 기뻐하는 설날 아침, 조계사 큰 법당에는 많은 선남자 선여인들이 부처님 앞에 향을 사르고 새해의 발원을 올리고 있었습니다. 그런데 갑자기 일단의 젊은 남녀들이 법당 앞 마당으로 뛰어들었습니다. 전도사로 자처하는 한 젊은이가 큰 소리로 외쳤습니다.

"우상을 믿지 마시오. 부처는 우상입니다. 하나님을 믿어야 복

---

1) 「佛敎會報」 37호 (1983.10.31) 7면.

372

받습니다."

스님들과 대중들이 나와서 이를 말리자 그들은 더 크게 외쳤습니다.

"나를 죽여라. 나는 순교하러 왔다."[2]

무공(無空) 스님은 '68년 통도사(通度寺)에 입산 득도(得度, 스님이 됨)한 이래, 20여 년 오직 한 길로 산에서 수행해 온 구도승(求道僧)이다. '82년 4월 20일 경, 볼 일이 있어 인천(仁川)에 왔다가, 잠시 자유공원(自由公園)에 올라 바람을 쐬고 있었다. 그때 한 신사가 오더니, 자기를 목사라고 소개하면서, "집에 가서 식사나 한 끼 대접하겠다."고 청해서, 스님은 같은 성직자로서의 호의라고 생각하고, 그 집에 가서 국수 한 그릇을 대접받았다. 그 목사가 제의했다.

"이것도 인연이니 기념 촬영이나 합시다."

스님은 그를 따라 사진관에 가서 사진을 몇 장 찍었다. 그 길로 스님은 지리산 토굴로 들어가 수행 정진했다.

35 '83년 4월, 볼 일로 서울에 왔던 무공(無空) 스님은 봉천동 길 옆 전봇대에 붙은 부흥회 포스터를 무심히 바라보다가 그 자리에서 굳어 버리고 말았다. 그 포스터에는 자신의 사진과 함께 이렇게 큰 글씨로 쓰여 있었다.

'왜? 불교 스님(중)이 20년간 산사에서 수도하다 왜 목사가 되었는가?' '과연 불교의 극락은 있는 것인가?' '돌아온 스님들'

'83년 6월 13일, 스님은 그를 명예훼손혐의로 서울 지검(地檢)에 고소했다.

이 사람이 바로 그 유명한 명(明) 목사인데, 스스로, "동국대

---

2)「佛教新聞」

불교학과를 졸업했다.”고 주장해서, 문공부(文公部)에서 대학에 조회한 결과, 동국대(東國大) 졸업생 명부에 그런 이름은 없었다.[3]

36 어느 방송국에서 있었던 일.

이(李) 양은 이사(理事)님 방에서 근무하는 신입 사원입니다. 출근한 첫날 이사님이 이 양을 부르더니 조그마한 포켓트판 기독교 성경을 주면서 읽어 보라고 했습니다. 가정이 모두 불교이고, 고등학교에서도 열심히 신앙 생활을 해 온 이 양이었지만, 상사에 대한 예의로 아무 말 안 하고 성경을 받았습니다. 이튿날 출근하자 곧 이사님은 “읽었느냐?”고 채근해 물었습니다.

이 양은 상냥하게 대답했습니다.

“저는 불교 신자입니다.”

그랬더니 이사님의 표정이 금새 달라지면서 “왜 불교 믿느냐? 이제부터 교회 나가자.”고 길다랗게 설교를 했습니다. 몇 일 지난 토요일, 이사님이 이 양을 불러놓고, “내일 교회 꼭 나가자.”고 요구했습니다. 이 양은 자기 입장을 조용히 설명했습니다. 그러나 이사님의 요구는 그 후 몇 달이 지나도 줄기차게 계속되었습니다. “내가 선교해서 성공 못한 적이 없다고.”하고, “밤마다 이 양을 위해서 하나님께 기도한다.”고도 했습니다.

견디다 못한 이 양은 마침내 방을 바꾸고 말았습니다.

37 어리석은 신외도(新外道)들, 가련한 순다리의 후예들.

나는 눈을 들어 하늘 쳐다보기가 두렵습니다.

왜?

저 푸른 하늘에서 부처님께서 슬퍼하고 계심을 믿기 때문입니

---

3) 「佛教新聞」 123호(불기 2527.7.10) 3면.

다. 하느님과 예수님께서 눈물 흘리고 계심을 믿기 때문입니다.
"개발에 편자(말발굽쇠)"라는 말이 있듯이, 님들의 존귀한 진리
와 사랑의 구슬을 흙탕물 속에서 굴리는 이 인간들의 무지와 탐
욕과 증오를 보고, 어찌 아니 탄식하시겠습니까? 이 시대를 함께
살아가는 동반자로서 그들의 죄와 수치를 함께 느낍니다.

38 이들이 대체 저 이슬람 외도 마군(外道魔群)이나 유물주의
(唯物主義) 외도 마군과 더불어 다른 것이 무엇인가? 종교가 바
뀐다고 사람종자까지 바뀐단 말인가? 그들은 이제 이 나라 백성
들이 아니고 이스라엘 백성이라도 되었다는 말인가? 수천년 은혜
받고 살아 온 제 역사의 혈맥을 잊었다는 말인가?

나는 그들에게 묻습니다.

"벗이여, 불상이 우상이라면, 십자가는 우상 아니고 무엇인가?
핍박받아 온 당신들의 수난(受難)과 고통을 이제 선량한 이웃들
에게 옮기려 하는가?"

종교 다르다고 사람까지 달라져서야

39 우리는 이 시대의 타종교들을, '신외도(新外道), 신외도 마군
(新外道魔群)', 이렇게 부르지 않습니다. 제 종교를 위해서 열심
히 수고하는 분들을 '순다리 후예들'이라고 결코 부르지 않습니
다.

무슨 까닭인가?

우리가 우리 종교를 존중하고 사랑하는 만큼, 그분들이 그들의
종교를 존중하고 사랑할 것은 너무도 당연한 도리이기 때문입니

다. 오히려 이런 점에서는 우리가 그분들에게서 배울 바가 많기 때문입니다.

40 이 세상의 자유 만민(自由萬民)들은, 남을 허치지 않는 한계 안에서, 제 방식대로, 제 신념, 제 양심대로 살아갈 천부의 자존권(自尊權)을 갖고 있습니다. 어떤 주의 어떤 종교, 어떤 필요에 의해서도 이 자존권을 침해할 수 없습니다.

이 대진실(大眞實)을 긍정하고 존중하는 주의는 정의(正義)고, 이 진실을 부정하고 훼손하는 주의는 불의(不義)입니다. 이 대진실을 긍정하고 존중하는 종교는 정도(正道), 진리의 길이고, 이 진실을 부정하고 훼손하는 종교는, 그 이름이 무엇이든, 사도(邪道), 비진리(非眞理)입니다.

'누가 의인(義人)인가? 누가 악인(惡人)인가?'

벗이여, 이렇게 망설이지 마십시오. 이것은 스스로 명백합니다. 이 대진실을 긍정하고 존중하는 이가 곧 의인이고, 이 진실을 부정하고 훼손하는 이는 그가 아무리 명성이 높고 신의 이름을 팔아도, 곧 악인입니다.

무슨 까닭인가?

나와 당신과, 사슴과 진달래와, 신과 인간과…… 천지만물 삼라만상은 그 스스로 거룩한 자존(自尊)의 주인이기 때문입니다. 모든 생명은, 풍뎅이 하나마저도, 스스로 절대적 존재이기 때문입니다. 부처님은 바로 이 진실을 이 역사 위에서 증거하셨습니다.

"하늘과 땅 위에 나 홀로 존귀하네."

우리는 이제서 저 '나'가 곧 우리들 자신임을 깨닫고 있습니다.

41 몇 년 전 '25시(二十五時)'의 작가 게오르규(Gheorghiu) 씨가 방한했을 때의 일입니다. 그는 그리이스 정교(Greece 正敎,

예수교의 한 갈래)의 사제(司祭)입니다. 그는 가장 먼저 경주를 보기 원했고, 경주 불국사(佛國寺)에 들러서는, 사제(司祭)의 복장 그대로 부처님 앞에 엎드려 예배했습니다. 이때 법당에 있던 한 비구니 스님이 게오르규 씨에게 다가가 합장으로 인사를 드렸습니다.

동서(東西)의 두 성직자는 서로 경배하며 천진한 아이들처럼 웃고 있었습니다.

42 청담(靑譚) 스님 당시의 일.

그때 종교계 지도자 몇몇 분의 발의로 '한국종교협의회'라는 대화 단체를 추진하고 있었는데, 기독교 쪽 지도자들이 함께 어울리기를 웬지 좀 꺼려하고 있었습니다.

어느 날 청담 스님께서 몸소 그 쪽 목사들을 찾아가서 손을 잡고 말했습니다.

"왜 안 만나려고 합니까? 내 중옷이 보기 싫어서 그렇습니까? 그렇다면 내 이 중옷 벗어버리고, 양복 입고 올 터이니까, 우리 함께 만납시다. 만나서 얘기합시다."

그 쪽 지도자들이 쾌히 응낙했습니다.

"좋습니다, 청담 스님. 우리 함께 만납시다."

이렇게 해서 종교협의회가 탄생했던 것입니다.

43 직장에 함께 있는 박(朴) 선생은 20년래의 친한 친구입니다. 박 선생 집안은 대한 제국(大韓帝國) 시절 알렌(Allen, 최초의 선교사) 때부터의 기독교 집안입니다. 박 선생 자신도 물론 독실한 기독교 신자입니다. 그런데 우리는 20년 동안 한 번도 종교 문제때문에 갈등하거나 다툰 적이 없습니다. 집안끼리도 오가고, 궂은 일 있을 때에는 앞장서 서로 돕고 있지만, '내가 불자이니

까.' '내가 크리스챤이니까.' 하는 생각은 조금도 없습니다. '우린 인간이니까, 우린 서로 친구니까.' 이 생각뿐입니다.

44 왜 이러는가?

왜 저 게오르규 사제님은 불상 앞에 경배드리고, 비구니 스님은 서양 이교도 앞에 합장하는가? 왜 청담 스님은 중옷마저 벗으려 하고, 박 선생, 김 선생은 서로 도와가는가?

대답은 명백합니다.

무엇인가?

이들은 서로 벗이기 때문입니다. 이들은 서로 이 세상을 함께 살아가는 동반자들이기 때문입니다. 우리는 크나큰 상가 공동체의 동행자들이기 때문입니다. 그가 있어야 나도 있고, 그가 망하면 나도 망하는 연기의 큰 진리〔緣起法―연기법〕를 깨달았기 때문입니다.

한 종교, 한 고정신(固定神)의 이름으로, 이 세상을 지배하려는 그런 종교 정복의 야만 시대는 이미 청산된 지 오래입니다. 서로 존중하고 서로 배우면서 함께 어울려 살아가는 그런 문명 시대에 우리는 살고 있습니다.

45 "서로 오고 가고, 함께 어울려 서로 나누면서."

벗이여, 정말 이렇게 살고 싶지 않습니까? 우리 저마다 자유만민(自由萬民)으로서 평화롭게 함께 살고 싶지 않습니까?

벗이여, 종교가 달라지면 사람도 달라진다는 그런 낡은 관념의 우상을 이제 허물어 버릴 때가 되었습니다. 아니, 남들은 이미 그렇게 살고 있지요.

벗이여, 내 종교로써 이 나라를 통일하겠다는 그런 망상일랑 아예 하지 말 것입니다. 그런 망상 못버리면, 우리나라 정말 망합니다. 월남이 바로 그 때문에 망하지 않았습니까.

벗이여, 우리가 진실로 하나밖에 없는 우리 조국을 사랑하고 번영을 염원한다면, 오랜 자와 새로운 자가 서로 어울릴 것입니다. 서로 공경하고 서로 배우면서, 벗이 되어 오고 갈 것입니다.

세존께서 밧지 족 백성들에게 물으시듯, 이제 우리에게 물으십니다.

"불자들아, 한국 사람들은 성직자들을 존경하고, 이웃 나라에서 기꺼이 성직자들이 찾아오고, 이미 있는 성직자들은 기꺼이 머물고 있느냐?"

이제 그만 고향 어머니 품으로 돌아오셔요.

46 누가 어리석은 신외도 마군(新外道魔群)들인가? 누가 순다리의 후예들인가?

부처님을 비방하면서, 불교를 파괴하는 자들입니다. 불교의 희생 위에 제 성전(聖殿)을 쌓고 위세를 뽐내는 자들입니다. 탑을 부수고, 절을 허물고, 불상을 해치고, 경(經)을 파손하는 자들입니다. 불교 신자인 줄 뻔히 알면서 간사한 말로 유혹하고, 훼방하고, 위협하고, 겉으로는 양(羊)의 얼굴을 하고 속으로는 늑대의 욕심을 품은 자들입니다. 직장에서 종교적 파당을 만들고, 종교가 다르다고 배척하고 불이익을 주는 자들입니다. 스님들에게 와서, '예수 믿으시오'하고 선전하는 자들입니다. 위세 큰 집단의 허물은 감히 보지 못하면서, 점잖은 불교 집안 만만히 보고, 작은 허물 침소봉대하고, 불교 집안 항상 싸움이나 하고 크게 잘못되는 양 의도적으로 광고하는 거짓 언론인들입니다. 드라마나 영화를 통해서 스님들 타락 장면이나 묘사하는 추한 예수인들입니다.

'잿밥……' '중이 고기 맛을……' 이런 말 즐겨 쓰면서 은근히 스님 상(像)을 왜곡시키는 비겁한 자들입니다. 신자 백만의 종교 행사는 몇 달을 두고 온 공영 방송이 열렬히 선전하면서, 2천만 신자의 제일 종교 명절〔초파일〕에는 축하 공연이나 그 흔한 특집 드라마 하나 편성하지 못하는 비(非)한국인들입니다. '기독입국(基督立國)'을 표방하면서 윤리 교과서를 몰래 왜곡하고, 특정 종교의 국교화를 음모하는 광신자들입니다.

47 이들은 정녕 외도 마군입니다. 신외도들입니다. 불에 탄 씨앗들입니다. 익찬티카, 사악한 광신자들입니다. 이들은 두려움이 없고 부끄러움이 없습니다. 그런 까닭에 그들의 신마저도 그들을 용납치 않을 것입니다. 제 동포, 제 이웃을 존중하고 사랑할 줄 모르는 자들 앞에 어찌 천당문인들 열리겠습니까?

이제 붓다 석가모니께서 이 땅의 신외도들을 향하여 질책하십니다. 순다리의 후예들을 향하여 준엄하게 질책하십니다.

> "하지 않은 일을 했다고
> 남을 비방하고 거짓말 하는 자는 지옥으로 간다.
> 악행을 저지르고도 나는 하지 않았다고 말하여도
> 또한 지옥으로 간다.
> 그들은 모두 악행을 저지른 자들
> 그 다음 생에도 지옥의 고통을 받는다."
>
> —법구경 게송 306—

48 신외도 마군들.

이들이 지금 이 나라에서 벌이고 있는 불교 박해의 만행은 문명된 세계 어디에서도 찾아볼 수 없습니다. 선량한 이 땅의 불자들이 저희들에게 무슨 잘못을 했습니까? 왜 불자들의 가슴에 못을 박습니까?

지금 이 나라 2천만 불자들은 한(恨)을 앓고 있습니다. 눈 푸른 비구·비구니·우바새·우바이, 사부대중들이 분노의 울음을 꿀꺽꿀꺽 삼키고 있습니다. 언젠가 터질 날이 올 것입니다.

우리는 월남의 멸망에서 배울 것입니다. 10% 남짓한 특정 종교 집단이 외세와 결탁해서 국가의 요직을 독점하고 80% 이상의 불교 국민을 지배하려 했었지요. 그래놓고 무슨 국민 화합입니까? 말 없고 힘 없는 대중, 이 대중이 실로 무섭다는 역사의 교훈을 우리는 새삼 깊이 명상할 것입니다.

이제 저들을 향하여 보리자는 말합니다.

"벗이여, 이제 그만 하셔요.
불교는 불멸의 진리
부처님은 바로 그대 생명 한복판에
계시나니,
헐뜯고 부술수록 더욱 더
불교는 청청히 솟아나는 법이라오.

벗이여, 이제 그만 하셔요.
불교는 만인의 고향
부처님은 바로 그대 생명을 낳는 어머니시니,
한때의 외도 훌훌 털어버리고
본래 고향 어머니 품으로 돌아오셔요."

─이제 그만 하셔요─

회향발원 (신외도들 단연코 물리칩니다)

자비하신 부처님.

이제 저희 청보리들, 푸르른 부처의 씨앗들.

이 땅의 보살들, 신외도들을 용납치 않습니다. 불상을 부수고 불에 태우는 훼불의 무리들을 방관치 않습니다. 불교를 왜곡시키고 거짓으로 비방하는 순다리의 후예들을 묵인치 않습니다. 차별 정책으로 불교를 소외시키고 정치의 도구로 이용하는 탐욕스런 권력자들을 용서치 않습니다. 눈을 크게 떠서 저들의 악행을 관찰하고, 경고하고, 몸으로 막고, 신명을 바쳐 단연코 물리칩니다. 이것이 정법을 수호하고 인간의 양심과 자유를 지키는 보살의 용기임을 믿습니다.

-나무석가모니불-

찬불가 불교도의 노래

내용익힘

1. 다음 문장을 완성해 봅니다.
   ① 하지 않은 일을 했다고 남을 (   ) 거짓말하는 자는 (   )으로 간다. (   )을 저지르고도 나는 하지 않았다고 말하여도 또한 (   )으로 간다. 그들은 모두 (   )을 저지른 자들, 그 다음의 생에도 (   )의 고통을 받는다.
   ② 이 세상의 자유만민들은, 남을 (   ) 않는 한계 안에서, 제 방식대로, 제 (   ), 제 (   )대로 살아갈 천부의 자존권을 갖고 있습니다. 어떤 주의, 어떤 종교, 어떤 필요에 의해서도 이 자존권을 침해할 수 없습니다. 이 대진실을 긍정하고 존중하는 주의는 (   )고, 이 진실을 부정하고 훼손하는 주의는 (   )입니다. 이 대진실을 긍정하고 존중하는 종교는 (   ), 진리의 길이고, 이 진실을 부정하고 훼손하는 종교는, 그 이름이 무엇이든, (   ), 비진리의 길입니다.
   ③ 이들은 정녕 외도 (   )입니다. (   )입니다. 익찬티카, 사악한 (   )입니다. 이들은 두려움이 없고 부끄러움이 없습니다. 그런 까닭에 그들의 (   )마저도 그들을 용납치 않을 것입니다. 제 동포, 제 (   )을 존중하고 사랑할 줄 모르는 자들 앞에 어찌 (   ) 문인들 열리겠습니까?

2. 다음 물음에 간결하게 답합니다.
   ④ 무엇이 정의의 종교이고, 무엇이 불의의 종교인가?
   ⑤ 동서의 성직자들은 왜 서로 경배하는가?
   ⑥ 붓다 석가모니께서는 순다리의 무리들을 어떻게 규정하셨는가?

교리탐구 누가 신외도인가?
   1. 외도의 의미
   2. 우리 시대의 신외도들

3. 신외도들에 대한 법다운 대처 방안

실천수행 신외도들의 훼불사건이 발생하면 방관하지 않고 단호히 대처해서 돌리칩니다.
   1. 훼불사건에 대한 정보를 모으고 대중과 함께 검토한다.
   2. 부당 사례에 대해서 항의 전화, 투고, 방문 등으로 대처한다.
   3. 교권수호 연합운동에 후원금을 보내고 적극 동참한다.

4과 · 이레만 참고 기다리자

"이 사람은 멀지 않아 도량에 나아가서, 여러 마군들을 깨뜨리고, 아뇩다라-삼먁-삼보리〔위없는 깨침〕를 얻게 될 것이며, 법륜을 굴려 법북〔法鼓-법고〕을 치고 법소라를 불며 법비를 내리고, 마땅히 하늘과 인간 가운데에서 사자의 법자리에 앉게 되리라."

－법화경 보현보살권발품－

탐구과제
- 지금 우리 불자들이 불교와 민족과 나 자신을 위하여 무엇을 결심할 때인가를 깨닫습니다.
- "이레만 참고 기다려라."는 말씀이 무슨 뜻인가를 생각합니다.
- 지금, 여기에서, 우리 불자 성중들이 떨치고 나서서 착수해야 할 긴급한 정법수호가 무엇인가를 판단하고 몸소 실천해 갑니다.

지금은 떨치고 나설 때

49 "이 벗들과 함께 다정하게 평화롭게."

우리는 이렇게 원합니다. 이것은 인간들의 가장 소박한 본원이고, 자유만민의 간절한 이상입니다.

그러나 우리들의 이상은 앉아서 생각만으로 실현되는 것은 아닙니다. 말만으로 성사되는 것은 아닙니다. 여기엔 나와 당신의 땀과 눈물과 고행이 선행되어야 합니다. 니르바나의 아름다운 보리수는 땀과 눈물과 고행 위에서 성장합니다.

지금 우리는 당장 눈 앞에 있는 안팎의 마군(魔群)들과 만나지 않을 수 없습니다. 평화를 희구하는 우리들의 지극한 염원에도 불구하고, 이 만남은 회피할 수 없는 숙명입니다.

50 우리는 어찌할 것인가?

이 안팎의 마군들과 만나기 위해서 지금 우리는 어찌할 것인가?

저 아름다운 여인 승만 부인은 나와 당신의 손을 이끌고 세존 앞에 나아가 이렇게 고백하고 있습니다.

"세존이시여, 저는 오늘부터 보리에 이르기까지, 만일 죽이거나, 잡아 가두거나, 계율을 깨뜨리는 자들을 보면, 끝내 버리지 않고 제가 세력을 얻을 때에는 마땅히 절복(折伏)할 자는 절복하고, 섭수(攝受)할 자는 섭수하겠사오니, 왜냐하면, 절복과 섭수를 쓰면, 정법(正法)으로 하여금 길이 머물게 하기 때문입니다. 정법이 길이 머물면, 하늘 사람〔天人〕이 충만하고, 악도(惡道)가 감소하여, 능히 여래(如來)께서 굴리신 진리의 바퀴〔法輪〕에 따라 같이 구를 수가 있기 때문입니다."

―승만경 여래진실어공덕장―

51 "마땅히 절복할 자는 절복하고, 섭수할 자는 섭수하겠사오니."

우리는 먼저 섭수(攝受)의 방편으로서 사섭법(四攝法)을 배워서, 이미 그렇게 살고 있습니다. 착하고 고단한 형제들을 보시(布施)와 애어(愛語)와 이행(利行)과 동사(同事)로써 위로하고, 함께 살려고 애쓰고 있습니다.

52 이제 우리는 힘차게 절복을 행할 차례입니다. 이 면에 있어서는 우리 불자들이 너무 나약하고 무력한 습성에 젖어 왔습니다.

안팎의 불법 부당한 도전에 대하여 용기 있게 대처하지 못하고, 점잖은 채 말 아니하고, 피하고, 외면하고, 방관하고, 한숨 쉬고, 속으로만 앓고…… 그러면서 우리는 이것이 불자의 자비행인 양 착각해 왔습니다. 좋은 시절만 도래하기 기다리고 있었지요.

그러나 이것이 결코 자비행이 되지 못하는 도리를 이미 우리는 확실히 깨달았습니다. 우리들의 나약한 자세가 저들에게는 비겁과 무기력으로 받아들여져, 도리어 악을 조장하고, 화합을 깨뜨리고, 정법의 광명을 어둡게 하고 있습니다.

우리는 마땅히 안팎의 난폭한 도전자들을 질책하고, 막고, 꺾어서, 진리와 대중 앞에 순종케 할 것입니다.

세존께서 이렇게 부촉하십니다.

"만일 대승 경전을 비방하는 자가 있으면, 마땅히 세력을 써서, 이를 절복하고 나서, 이를 권하여 대중 경전을 읽게 하라."
—열반경 성행품—

53 밖으로부터의 방해자, 신외도 마군에 대하여도, 이제 우리 불자 성중들은 명백한 인식을 가지고, 단호히 대치(對治)할 것입니다. 누가 친구이고 누가 난폭한 방해자인가를 가려서, 친구와는 '자유만민'이라는 공동의 이상을 향하여 함께 손잡고 성실히 협동할 것이지만, 방해자에 대하여는 그들을 '신외도 마군(新外道魔群)'으로 단정하고 정법 대중(正法大衆)의 힘으로 강하게 파사(破邪)할 것입니다. 부처님 자신이 바로 악마를 싸워 이긴 승리자이십니다.[1] '말이 아니면 하지(대항하지) 말고, 길이 아니면 가지 말지.' 우리 불자들은 소박한 한국인의 심성으로 이렇게 참으

---

1) "나는 신성한 자이며, 비길 데 없고, 악마의 군대를 쳐부쉈으며, 모든 적을 항복시켰고, 아무 것에도 두려움 없이 기뻐합니다." (숫타니파아타 대품—세에라)

면서 저들을 피해 왔습니다. 그러나 이런 소박한 관용과 회피가 저들의 광기를 부채질하고, 저들의 인간성마저 변질시키는 불행을 낳고 있습니다. 저들 또한 우리의 이웃이며 동포일진대, 저들을 깨우치고, 진리로 인도하는 것은 상가 대중의 당연한 책무 가운데 하나입니다.

"어떤 때에는 꾸짖고, 어떤 때에는 온화하게 타이르고, 어떤 때에는 내쫓고, 어떤 때에는 악인의 마음이 되고, 또 오만한 자에게는 자신도 오만하게."

-열반경-

54 우리는 이렇게 저 신외도들을 대처할 것입니다.

어느 날 아침 출근 버스, 눈을 감고 명상에 잠겨 있는데, 갑자기 거친 목소리가 버스 안을 울렸습니다. 한 젊은이가 외치고 있었습니다.

"여러분, 불경을 읽지 말고 성경을 읽으시오. 불경 가지고는 안 됩니다."

나는 그를 불러 세웠습니다.

"여보 전도사 양반. 당신은 무슨 불경을 몇 권이나 읽었소?"

그 젊은이는 한 마디도 답을 못하고 다음 정류장에서 황급히 내리더군요.

나는 그를 위해 빌었습니다.

'부처님, 저 젊은이가 어쩌다가 저리 되었습니까. 원컨대, 저 젊은 벗이 제 정신을 차리게 보살피소서.'

55 "불교계에서 이런 분은 신도의 귀감으로 널리 알려야 합니다."

'83년 시월 중순, 서울 개봉동 K교회의 전도사 김(金) 씨가 불교회보사(佛敎會報社)로 전화를 걸어왔다. 전화를 받고 기자가 찾아갔을 때 장본인 류태봉(柳台鳳, 34세) 씨는 집에서 고시 공부를 하고 있는 평범한 사람이었다. 바로 이 사람이 10여 명의 전도사를 불교로 개종시켰다는 것이 전도사 김(金) 씨의 전화 내용이었다.

"저는 아무 한 일이 없는 걸요."

류(柳) 씨는 조금도 드러내려 하지 않았거니와, 그가 특별한 방법을 쓰는 것도 아니었다. 시끄러울 정도로 벨을 누르는 전도사들을 류 씨는 거절하지 않고 방으로 맞이하였다. 류 씨는 전도사의 말을 경청하고 제안하였다.

"좋습니다. 성경과 불교 성전을 우리 바꿔 봅시다."

류 씨는 성경을 받고, 전도사는 불교 성전을 갖고 갔다. 며칠 뒤, "관심 있게 읽고 있다"는 전화가 오고, 다시 만나서 의문점을 서로 토론하고,… 이렇게 해서 그들은 불교를 향해서 다가오고, 적어도 불자와 좋은 친구가 되었다.[2]

56 '82년 여름, 저 문제의 명(明) 목사가 마산(馬山)에 부흥회를 연다고 왔습니다. 이 소식을 들은 마산 지방의 유지들이 여론을 일으켜, 당국에 '국민 분열을 꾀하는 반종교적(反宗敎的) 행위'의 방지를 촉구하고, 설봉 거사(雪峯居士)님을 비롯한 불자 청년들이 저들에게 엄중히 경고하고 그 집회에 가서 청취하였습니다.

그는 다행히 '20년 만에 목사가 된 스님' 얘기는 않고 조용히 떠나갔습니다.

---

2) 「佛敎會報」 36호 (불기 2527.10.10) 6면.

57 우리가 대치(對治)할 방해자는 비단 저들 신외도(新外道)뿐만 아닙니다. 불교계의 의견을 무시하는 관권의 일방적 처사, 편파적 보도를 일삼는 언론의 횡포를 더 이상 방치할 수 없습니다.

수천년 수도장이 관광 개발에 휘말려 하루 아침에 수라장이 되고, 민족의 성역 화엄사 대웅전 위로 명성(明星)의 케이블카가 왕래하도록 허가되고, 성역을 지키려는 스님들과 불자들의 정당한 주장은 묵살되고…….

이제 우리는 분명히 발언하고자 합니다.

"불교는 지금 이 나라 최대 종교입니다. 2천여 년 민족 종교입니다. 3천여 만 명의 국민이 불교 신자입니다.[3] 우리 불교가 여기에 상응하는 예우(禮遇)를 받아야 할 것은 너무도 당연한 요구입니다. 국가의 종교적 사업에는 불교가 최우선 순위가 되어야 하고, 불교계·사찰과 관련되는 일은 사전에 승단(僧團)과 교단(敎團)의 협의와 동의없이는 하지 못할 것입니다."

우리는 이것을 요구할 국민의 권리가 있고, 관계자는 이것을 경청할 의무가 있습니다."

평화공존은 우리가 힘 있을 때라야

58 우리는 조용히 말썽없이 살고 싶습니다. 누가 남과 다투고 맞서기를 좋아하겠습니까? 그것은 나와 당신에게 많은 희생을 요구하는 일입니다. 우리는 우리들의 귀중한 것을 잃을지도 모릅니다. 명예와, 지위와, 직장과, 돈과, 시간과, 가족과, 내 생존마저

---

3) 종교 인구를 놓고 말들이 많지만, 한국인은 원천적으로 불교인이고, 4천만 가운데 타종교 신자 1천만을 뺀 3천만 국민은 알게 모르게 불교신자인 것이다.

잃을지 모릅니다. 그러고서도 우리는 이 대결에서 실패할지 모릅니다.

한 눈 감고, 아니 두 눈 다 감고서라도, 평범하게, 안온하게 살고 싶습니다. 이것은 누구도 나무랄 수 없는 우리들의 솔직한 염원입니다.

'내가 나선다고 될 일도 아닌데' 이것이 우리들 소시민(小市民)이 스스로를 위로하는 편리한 생각입니다.

59 그런데 저 여인은 왜 떨치고 일어섭니까? 저 아름다운 여인 승만 부인(勝鬘夫人)은 세존 앞에 나아가, "제가 세력을 얻을 때에는 마땅히 절복할 자는 절복하고, 섭수할 자는 섭수하겠사오니", 왜 이렇게 맹세하고 있습니까?

저 여인의 고백을 경청해 봅니다.

"왜냐하면, 절복과 섭수를 쓰면, 정법(正法)으로 하여금 길이 머물게 하기 때문입니다."

－승만경－

60 정법이 무엇인가?

곧 진리입니다. 진리 광명입니다.

진리가 무엇인가?

곧 나와 당신의 참 생명이고, 참 자유입니다.

우리가 이 정법 진리(正法眞理)를 잃으면, 우리는 곧 생명을 잃습니다. 나와 당신이 이 정법 진리를 빼앗기면 곧 나와 당신은 주인의 자유를 잃고 종〔奴隷〕이 됩니다.

그런 까닭에, 만일 우리가 정법 진리를 버리고서도 편히 살기를 원한다면, 그것은 송장의 안식을 원하는 것입니다. 정법 진리를 잃고서도 행복을 구가한다면, 그것은 쇠사슬에 묶여 어둔 골방에 갇힌 노예의 자기 위안에 불과할 뿐입니다.

벗이여, 어찌 우리가 이렇게 살 수 있겠습니까? 마군과 맞서기가 두렵다고 해서, 참으로 귀한 생명과 자유를 빼앗기고도, 송장처럼, 노예처럼, 그렇게 살 수는 정녕 없지 않습니까?

61 우리는 죽어도 정법 진리 속에 죽기를 원합니다. 여래(如來)의 품 속에 죽기를 원합니다.

무슨 까닭인가?

진리 속에 죽는 자는 진리 속에 영원히 살기 때문입니다. 여래의 품 속에 죽는 자는 이 세상과 저 세상에서도 영원히 은혜 속의 주인으로 새로 태어나기 때문입니다. 부처님 위하여 이 육신 버리는 것은 위없는 깨침〔아뇩다라—삼먁—삼보리〕을 위한 힘찬 전진이기 때문입니다.

부처님 버리고 사느니, 우리는 차라리 이 몸 버리기 원합니다.

이제 우리는 보살님 따라 맹세합니다.

"차라리 한량없는 세월 악한 세상의 고통을 받을지언정, 여래를 버리고 떠나기를 구하지 아니하며, 차라리 모든 중생을 대신하여 일체의 고통을 받을지언정, 부처님을 버리고 안락하기를 구하지 아니하며, 차라리 모든 악한 세상에서 항상 부처님 명호를 들을지언정, 선한 세상에 가서 잠시라도 부처님 듣지 않기를 원하지 아니하며, 차라리 모든 지옥에 태어나 하나하나 한량없는 세월을 지날지언정, 부처님 떠나 지옥에서 벗어나기를 구하지 않노라."

―화엄경―

62 '80년 10월 27일, 경주시(慶州市) 사정동 흥륜사(興輪寺) 경내에서, 예비역 육군 대령 이만기(李萬基) 불자님이 분신 순교(焚身殉敎)하였습니다. 이 날은 바로 수치스러운 10·27 법난(法難)이 있었던 날이지요.

이만기 불자님은 그의 유서에서 이렇게 호소하고 있습니다.

"사회 각계 각층에서는 자체 정화작업이 본궤도에 오르고 있으나, 불교계에서는 아직도 폭력 등 비리(非理)가 난무, 나의 죽음으로 불교 정화가 하루 빨리 이룩되기를 바란다."[4]

63 이 말씀 들으면서 우리는 부끄러움과 함께 새 희망의 고동을 느낍니다.

무슨 까닭인가?

성자(聖者) 이차돈(異次頓)께서 순교하신 바로 그곳에서 제2(第二)의 성자께서 순교하셨기 때문입니다. 성자 이차돈의 성혈(聖血)이 신라 불교 개척의 씨앗이 되듯, 성자 이만기 님의 성혈을 씨앗삼아, 한국 불교 제2 개척의 찬란한 불길이 솟아오름을 보기 때문입니다.

'한국 불교 제2의 개척 시대(開拓時代)'

정녕 이러합니다. 지금이 바로 그때입니다. 나와 당신이 은혜 속의 주인으로서 지금 당장 착수할 일이 곧 이것입니다. 새 시대의 문을 힘차게 열어제끼는 것입니다. 이 일을 위해서 우리 불자 성중이 하나로 뭉칠 것입니다. 뭉쳐서 힘을 축적할 것입니다.

64 '10월 27일

순교의 날'

그렇습니다. 우리는 매년 이 날을 '순교의 날'로 작정하고, 순교의 거룩한 뜻과 법난(法難, 수난)의 수치를 생각할 것입니다. 힘 없는 자는 멸망한다는 도리를 생각하고, 정법을 구할 자는 우리 자신들의 힘뿐이라는 냉엄한 진실을 생각할 것입니다. 그러면

---

4) 「佛教會報」(佛紀 2527.10.31) 6면.

서 우리는 힘을 길러갈 것입니다.

무엇보다 먼저, 서둘러 법회(法會)에 나아가 함께 모일 것입니다. 가난한 주머니를 털어서라도, 불법(佛法) 전파운동을 벌일 것입니다. 부처님의 진리를 알려야 합니다. 신외도들도 모르기 때문에, 정법에 대해서 무지 몽매하기 때문에, 어린 아이들 같은 논리로 헐뜯는 것입니다. 그들을 미워하기 전에, 정법 한마디라도 깨우치도록 노력할 것입니다. 그들이 한마디라도 알아 듣는다면, 절대로 저 같은 못난 짓을 할 리 없습니다. 류태봉 법우가 이 일을 증거하고 있습니다.

65 또 하나 중요한 것은, 이 나라 사회 모든 분야에서 부처님의 정법이 실현되도록 우리 불자 성중들이 목탁이 되고 새벽 종이 되어야 한다는 진실입니다. 지금 근로자들은 크나큰 악조건 속에서 고생하고 있습니다. 빈부의 양극화는 이 나라의 장래를 위태롭게 할 위험성마저 내포하고 있습니다. 외채(外債)의 무게가 우리 가슴을 답답하게 누르고 있습니다. 언론 문제, 대학가 문제, 교육 문제, 윤리 도덕 문제, 청소년 문제……

왜 스님들이 침묵을 지킵니까? 왜 나와 당신이 방관하고 있습니까? 이 문제들이 곧 우리 불자들의 문제 아닙니까? 이 문제를 버리고, 견성성불이 따로 있습니까? 대체 무엇이 두렵습니까?

이 순간 승만 부인의 절규가 우뢰처럼 들려 옵니다.

"제가 받아들인 정법 속에서 몸과 생명과 재산을 버려, 정법 지키기 서원합니다."

―승만경―

66 벗이여, 저 연약한 한 여인이 저리하는데, 나와 당신은 지금 무엇을 하고 있습니까? 무엇을 망설이고 있습니까?

저 푸른 하늘이 우리 보고 묻습니다.

“이 땅의 평화공존은 가능한가? 너희는 종교가 다르면서 함께 살 수 있는가?”

보리자는 이렇게 대답합니다.

“우리가 힘 있을 때에만 평화공존이 가능합니다. 우리 불자가 스스로 깨끗하고 의(義)로운 세력으로 힘 있을 때, 우리는 저들과 함께 평화롭게 살 수 있습니다. 그러나 우리에게 힘이 없고 정의가 없다면, 우리 불자는 돌아갈 곳을 잃고, 이 땅의 불상들은 또 한번 목이 잘려 나갈 것입니다.”

벗이여, 성공의 날이 가까웠소.

67 “이레만 참고 기다려라.”

지금은 우리가 참고 기다릴 때입니다. 안팎의 돌팔매를 맞아 비틀거릴지라도, 저 사밧티〔城〕의 성중(聖衆)처럼, 의연히 참고 기다릴 것입니다. 깨끗하고 의(義)로운 정법 대중(正法大衆)으로 함께 모여, 결코 한 발자국도 물러서지 않을 것입니다.

우리가 물러서면 어디로 가겠습니까? 우리가 이 땅의 주인(主人)인데, 이 민족사(民族史)의 주인인데, 돌아갈 곳이 달리 어디 있습니까?

“벗이여, 이레만 참고 기다리세.”

이 기다림은 승리를 확신하는 조용한 전진입니다. 무상 보리(無上菩提)를 기약하는 용사의 진일보입니다.

벗이여, 승리의 날이 가까웠습니다. 보리〔깨침〕의 날이 가까웠습니다. 성공의 날이 가까웠습니다. 성불의 날이 가까웠습니다. 정토의 문이 열렸습니다. 니르바나(Nirvana)의 문이 우리 앞에 크게 열렸습니다. 떠났던 친구들이 돌아오고 있습니다. 이 땅의 백성들, 한때의 외도(外道)를 청산하고, 옛 고향 품 속으로 다시 돌아오고 있습니다. 신외도 마군들이 또한 제 정신 차리고 님의 품 속으로 돌아오고 있습니다.

부처님께서 하늘 가득히 보살중(菩薩衆), 신중(神衆)을 거느리시고, 우리 곁에 오셔서 수기(예언)하고 계십니다.

"이 사람은 멀지 않아 도량에 나아가서, 여러 마군(魔群)들을 깨뜨리고, 아뇩다라ー삼먁ー삼보리를 얻게 될 것이며, 법륜을 굴려 법북(法鼓ー법고)을 치고, 법소라를 불며 법비(法雨ー법우)를 내리고, 마땅히 하늘과 인간 가운데에서 사자의 법자리에 앉게 되리라."

ー법화경 보현보살권발품ー

68 "법소라 불고 법비 내리고
  마땅히 하늘과 인간 가운데에서
  사자의 법자리에 앉게 되리라."

이제 청보리들은 법소라에 맞추어 덩실덩실 춤추며 노래합니다.

"벗이여, 선남 선녀여,
  우리 참고 기다리세.
  이레만 참고 기다리세.
  이레가 일곱 해 되고
  다시 즈믄 일곱 해 될지라도
  우리 성중들 함께 모여서
  불법 지키세 불법 지키세.

사자되어 불법 지키세.

벗이여, 선남 선녀여,
여기가 우리들 조국
부처님 미륵 정토인데
떠나면 어디로 갈까?
부처님 버리고 어디로 갈까?
이 몸 던져서 이 몸 바쳐서
불법 지키세 불법 지키세.
사자되어 불법 지키세.

벗이여, 선남 선녀여,
우리 함께 전진하세.
승리의 날이 가까웠네.
정법 깃발 휘날리고
외도 마중들 사라져 가니
북을 울리며 법소라 불며
불법 지키세 불법 지키세.
사자되어 불법 지키세.”

－불법 지키세－

회향발원 (이제 사자처럼 떨치고 나섭니다)

　자비하신 부처님.

　이제 저희 청보리들, 푸르른 부처의 씨앗들.

　이 땅의 보살들, 떨치고 나섭니다. 사자처럼 떨치고 일어나 정법수호의 길로 나섭니다. 법륜을 굴려 붓다의 정법을 전파하며, 법북을 울리며, 법소라 불며 정법 실천의 길로 나섭니다. 이제 때가 되었습니다. 눈물 흘리며 가슴 조이며 그렇게도 목마르게 기다려 왔던 시절인연이 돌아왔습니다. 불교의 시대가 다시 한 번 우렁차게 열리고 있습니다. 승리가 눈앞에 있습니다. 성공이 눈앞에 다가왔습니다. 부처님 저희를 인도하소서.

－나무석가모니불－

찬불가 불법 지키세

내용익힘

1. 다음 문장을 완성해 봅니다.
   ① 이 사람은 머지않아 도량에 나아가서, 여러 (   )을 깨뜨리고, (   )를 얻게 될 것이며, 법륜을 굴려 (   )을 치고 법소라를 불며 (   )를 내리고, 마땅히 하늘과 인간 가운데에서 (   )의 법자리에 앉게 되리라.
   ② 만약 (   )을 비방하는 자가 있으면, 마땅히 (   )을 써서 이를 절복하고 나서, 이를 권하여 (   )을 읽게 하라.
   ③ 우리가 (   ) 있을 때에만 평화공존이 가능합니다. 우리 불자가 스스로 (   )의 의(義)로운 세력으로 힘 있을 때, 우리는 저들과 함께 평화롭게 살 수 있습니다. 그러나 우리에게 (   )이 없고 (   )가 없다면, 우리 불자는 돌아갈 곳을 잃고, 이 땅의 (   )은 또 한번 목이 잘려 나갈 것입니다.

2. 다음 물음에 간결하게 답합니다.
   ④ 불교를 비방하고 부정하는 자는 마땅히 어떻게 대처할 것인가?
   ⑤ 왜 보살은 부처님을 버리고 떠나기를 구하지 아니하는가?
   ⑥ "이레만 참고 기다리자."는 것이 무슨 뜻인가?

교리탐구 '10·27법난'은 어떤 사건인가?
   1. 사건의 배경
   2. 법난의 과정과 그 이후의 영향
   3. 법난이 주는 역사적 교훈

실천수행 '호법정진의 날'을 설정하고 '호법헌공'을 힘껏 실천합니다.
   1. 매월 첫째 법회날을 '호법정진의 날'로 삼고 법회를 연다.
   2. 이날에는 '호법헌공'을 스스로 작정해서 희사한다.
   3. 이날에는 훼불사례를 발표하고 적극적인 교권확장 방안을 논의한다.

단원정리

● **합송** 오로지 힘을 기를 뿐.

법사 선남 선녀들이여, 저 승만 부인은 지금 무엇을 맹세하고 있습니까?

대중 이 땅의 형제들과 함께 살기를 맹세하고 있습니다. 아무리 고단하고 힘들지라도, 고독하고 구속당하고 병을 앓고 있는 우리 형제들을 결코 외면하지 아니하며, 그들을 건져 편안케 한 다음에라야 비로소 떠날 것을 맹세하고 있습니다.

법사 선남 선녀들이여, 저 승만 부인은 또 무엇을 맹세하고 있습니까?

대중 정법을 훼손하는 사악한 마군들, 신외도들을 마땅히 절복할 것을 맹세하고 있습니다. 힘을 기르고 돈을 모으며 세력을 길러서, 안으로 불교를 분열시키며 밖으로부터 정법을 비방하고 차별하며 파괴하려는 사악한 무리들을 꺾어 물리치기를 맹세하고 있습니다.

법사 선남 선녀들이여, 우리들의 이상은 평화공존이 아닙니까?

대중 그러합니다. 저희들은 이 세상의 평화공존을 염원합니다. 무수한 존재들이 무수한 제 색깔, 제 모습으로 살아가며 함께 어울리는 평화공존의 정토를 갈망합니다. 그러나 이러한 염원은 우리 불교가 힘 있을 때에만 가능하다는 역사의 진실을 저희는 명심하고 있습니다.

다함께 벗이여, 선남 선녀들이여, 이제 우리 힘을 모아요. 입 굳게 다물고 오로지 힘을 모아요. 열심히 일하고 벌어서 헌금하여 돈을 모으고, 전법하고 포교하여 사람을 모으고, 불교 단체들이 모여서 정법세력을 모으고, 깨끗하게 살아서 윤리의 힘을 모으고, 힘껏 형제들과 나누면서 자비의 힘을 모으고―이렇게 오로지 힘을 모으고 힘을 길러가요.

● **창작** 팀을 나누어 찬불가 경연을 펼칩니다.

● **법담(法談)의 시간**

1. 주제 : 불교단체들의 교권수호 연합운동 방안에 관하여
2. 주요내용 : ① 불교연합운동을 저해하는 원인들은?
② 현존하는 연합운동의 실상과 문제점은?
③ 지역연합운동을 전개하는 실제적 방안은?
④ 전문 영역별 연합운동을 전개하는 실제적 방안은?
⑤ 우리 법회가 우선적으로 동참해야 할 연합운동은?

부 록

예불문

계향 정향 혜향 해탈향 해탈지견향
戒香 定香 慧香 解脫香 解脫知見香

광명운대 주변법계 공양시방 무량불법승
光明雲臺 周邊法界 供養十方 無量佛法僧

헌향진언
獻香眞言　　　'옴 바아라 도비야 훔'(3번)

지심귀명례 삼계도사 사생자부 시아본사 석가모니불
至心歸命禮 三界導師 四生慈父 是我本師 釋迦牟尼佛

지심귀명례 시방삼세 제망찰해 상주일체 불타야중
至心歸命禮 十方三世 帝網刹海 常住一切 佛陀耶衆

지심귀명례 시방삼세 제망찰해 상주일체 달마야중
至心歸命禮 十方三世 帝網刹海 常住一切 達摩耶衆

지심귀명례 대지문수 사리보살 대행보현보살
至心歸命禮 大智文殊 舍利菩薩 大行普賢菩薩

대비관세음보살 대원본존 지장보살마하살
大悲觀世音菩薩 大願本尊 地藏菩薩摩訶薩

지심귀명례 영산당시 수불부촉 십대제자 십륙성 오백성
至心歸命禮 靈山當時 受佛付囑 十大弟子 十六聖 五百聖

독수성 내지 천이백 제대아라한 무량자비성중
獨修聖 乃至 千二百 諸大阿羅漢 無量慈悲聖衆

지심귀명례 서건동진 급아해동 역대전등 제대조사
至心歸命禮 西乾東震 及我海東 歷代傳燈 諸大祖師

천하종사 일체미진수 제대선지식
天下宗師 一切微塵數 諸大善知識

지심귀명례 시방삼세 제망찰해 상주일체 승가야중
至心歸命禮 十方三世 帝網刹海 常住一切 僧伽耶衆

유원무진삼보 대자대비 수아정례 명훈가피력
唯願無盡三寶 大慈大悲 受我頂禮 冥熏加被力

원공법계 제중생 자타일시 성불도
願共法界 諸衆生 自他一時 成佛道

예불문

계향 정향 혜향 해탈향 해탈지견향

참마음의 깨끗한 향 살아 올리니
맑은 구름 온누리 두루하여서
시방세계 한량없는 삼보님 전에
빠짐없이 모두 공양하여지이다.

헌향진언 '옴 바아라 도비야 훔' (3번)

삼계 모든 중생들의 길잡이시고
사생의 자비로운 아버지이신
우리 스승 석가모니 부처님께
지극한 마음으로 절하옵니다.

온누리 항상 계신 불보님께
지극한 마음으로 절하옵니다.

온누리 항상 계신 법보님께
지극한 마음으로 절하옵니다.

지혜 크신 문수보살
행원 크신 보현보살
사랑 깊은 관세음보살

원력 크신 지장보살 높은 성인께
지극한 마음으로 절하옵니다.

영산회상 부처님의 부촉받으신
여러 거룩한 제자들께
지극한 마음으로 절하옵니다.

부처님의 뒤를 이어 진리 깨치사
이 세상에 마음등불 환히 밝히신
선지식 스님들과 바른 스승께
지극한 마음으로 절하옵니다.
온누리 항상 계신 승보님께
지극한 마음으로 절하옵니다.

바라오니 다함없는 삼보님이여
대자비로 저희 절을 받으시옵고
그윽한 가피력을 내리시어서
온누리 모든 중생들이 모두 함께
부처님의 위없는 도를 이뤄지이다.

반야심경(般若心經)

마하반야바라밀다심경 관자재보살 행심반야바라밀다시 조견
摩訶般若波羅蜜多心經 觀自在菩薩 行深般若波羅蜜多時 照見

오온개공 도일체고액 사리자 색불이공 공불이색 색즉시공
五蘊皆空 度一切苦厄 舍利子 色不異空 空不異色 色卽是空

공즉시색 수상행식 역부여시 사리자 시제법공상 불생불멸
空卽是色 受想行識 亦復如是 舍利子 是諸法空相 不生不滅

불구부정 부증불감 시고 공중무색 무수상행식 무안이비설신의
不垢不淨 不增不減 是故 空中無色 無受想行識 無眼耳鼻舌身意

무색성향미촉법 무안계 내지 무의식계 무무명 역무무명진
無色聲香味觸法 無眼界 乃至 無意識界 無無明 亦無無明盡

내지 무노사 역무노사진 무고집멸도 무지역무득 이무소득고
乃至 無老死 亦無老死盡 無苦集滅道 無智亦無得 以無所得故

보리살타 의반야바라밀다고 심무가애 무가애고 무유공포
菩提薩埵 依般若波羅蜜多故 心無罣碍 無罣碍故 無有恐怖

원리전도몽상 구경열반 삼세제불 의반야바라밀다 고득아뇩다라
遠離顚倒夢想 究竟涅槃 三世諸佛 依般若波羅蜜多 故得阿耨多羅

삼먁삼보리 고지반야바라밀다 시대신주 시대명주 시무상주
三藐三菩提 故知般若波羅蜜多 是大神呪 是大明呪 是無上呪

시무등등주 능제일체고 진실불허 고설 반야바라밀다주 즉설주왈
是無等等呪 能除一切苦 眞實不虛 故說 般若波羅蜜多呪 卽說呪曰

'아제 아제 바라아제 바라승아제 모지사바하'(3번)
 揭諦 揭諦 波羅揭諦 波羅僧揭諦 菩提娑婆訶

지혜의 완성

관자재 보살이 지혜의 완성을 실천할 때
존재의 다섯 가지 구성요소에 실체가 없음을 보고
중생의 모든 괴로움과 재난을 건졌다.
사리자여, 물질적 현상은 공과 다르지 않고
공은 물질적 현상과 다르지 않다. 그러므로 물질이 곧 공이요,
공이 곧 물질이며, 느낌과 생각과 의지작용과 의식도
그와 같이 실체가 없다.
사리자여, 이 모든 존재의 실체가 없음은
나지도 않고 없어지지도 않으며 늘지도 줄지도 않는다.
그러므로 공에는 물질도 없고 느낌과 생각과 의지작용과 의식도 없다.
눈과 귀와 코와 혀와 몸과 의식도 없으며,
형체와 소리와 냄새와 맛과 감촉과 의식의 대상도 없으며,
눈의 영역도 없고 의식의 영역까지도 없다.
무명도 없고 무명이 다함도 없으며, 늙음과 죽음도 없고
늙음과 죽음이 다함까지도 없으며, 괴로움과 괴로움의 원인과
괴로움을 없앰과 괴로움을 없애는 길도 없으며,
지혜도 없고 얻음도 없다.
얻을 것이 없으므로 보살은 지혜의 완성에 의지하여
마음에 걸림이 없다. 걸림이 없으므로 두려움이 없고
뒤바뀐 생각을 버리고 영원한 열반에 들어간 것이다.
과거 현재 미래의 모든 부처님도 이 지혜의 완성에 의지하여 최상의
깨달음을 얻는다. 그러므로 지혜의 완성은 가장 신비한 진언이며
가장 밝고 가장 높고 무엇에도 견줄 수 없는 진언이다.
그것은 온갖 괴로움을 없애고 거짓이 없으므로
진실한 것임을 알아라.
진언은 지혜이 완성에서 다음과 같이 말해진다.
가테 가테 파라가테 파라상가테 보디스바하
(가는 이여, 가는 이여, 피안으로 가는 이여, 피안으로 온전히 가는
이여, 까달아지이다).

나의 기원

항상 함께 하시는 자비하신 부처님,
저희가 지극한 정성으로 부처님께 귀의하옵고
부처님의 정법 배우고 전하기 위하여
온갖 고난 참고 이기오며
굳센 신념으로
맹세코 큰 불사 성취하겠나이다.
저희에게 큰 지혜와 용기를 베푸소서.

나무석가모니불
나무석가모니불
나무시아본사 석가모니불.

불자 하루송·아침기도

나는 거룩하신 부처님의 자식, 맑고 깨끗한 청(靑)보리
오늘 하루의 삶을 기뻐하고 찬탄합니다.
내 속에서 미소하시는 불보살님의 무한한 자비가
나와 가족과 우리 형제들의 앞길을
항상 광명과 행복과 건강으로 인도하심을 믿습니다.

나는 내가 하는 일이
나와 이웃과 사회를 위하여
진실로 보람찬 창조작업임을 믿기 때문에
정성과 능력을 다하여 일하고
또 약속을 지킵니다.

나는 항상 쾌활하게 웃고 콧노래를 부르며
우울한 얼굴을 하거나 불평하지 않습니다.
나는 이웃을 찬양하고 축복하며
결코 비방하거나 부정하지 않습니다.

내 앞에 닥친 고난과 실패는
그것이 어두웠던 내 마음의 그림자인 줄 아는 까닭에,
그것이 나를 일깨우고
더 크게 성취시키려는
불보살님의 숨은 자비인 줄 아는 까닭에
오히려 기쁜 마음으로
더 한층 굳세게 전진합니다.

언제 어디서나
부처님을 생각하고 그 이름을 부릅니다.
아침 햇살처럼 쏟아지는 불보살님의 은혜와
형제들의 사랑 앞에 감사드리며,
나는 오늘 하루도 유쾌하게 노래 부르면서
일하며, 전하며, 또 실증해 갑니다.
나무마하반야바라밀〈바라밀 염송으로 들어간다〉

평화를 위한 발원 · 저녁기도

자비하신 부처님,
오늘 하루
저희에게 베풀어 주신
님의 풍성한 은혜에 감사하옵고
알게 모르게 지은
저희들의 지난 허물들
진심으로 참회하나이다.

자비하신 부처님,
오늘 하루의 삶을 회향하면서
저희들은 스스로 묻고 있습니다.
'오늘 하루, 나는 땀 흘려 일하였는가?
정성껏 부처님께 공양 올렸는가?
힘껏 형제들과 함께 나누었는가?'

자비하신 부처님,
이제 모든 번뇌를 쉬고
님의 품속으로 돌아가
내일 아침
찬란하게 솟아오를
정토의 태양을 예비하나이다.
부처님
저희를 평화로 인도하소서.

나무석가모니불
나무석가모니불
나무시아본사 석가모니불.

찬불가

집회가

성 운문 작사
정 민섭 작곡
밝게 (♩ = 116)

1. 우 리는 성 —전에 모 —두모—었네 —
2. 우 리는 불 —전에 모 —두보—있 네 —

대 자비 대광명이 충 만하—신 곳 —
대 원력 대보살이 웃 음짓—는 곳 —

거 룩 하 신 부 처 님 의 진 —리를 배 워 —
장 하 옵 신 보 살 님 의 원 —력을 따 라 —
부 상 보 리 이 루 어 서 생 사 면 —하 고 —
부 상 불 도 이 루 어 서 고 해 면 —하 고 —
가 없 은 중 —생 을 새 —도 하 —고 저 —
수 많 은 중 —생 을 인 —도 하 —고 서 —
성 스 러 운 불 회 상 에 같 이 모 —였 네 —
존 엄 하 신 불 도 량 에 같 이 모 —였 네 —

삼귀의

최 영철 작곡
서 창업 편곡

엄숙하게 (♩=69)

둥글고 밝은 빛은

조 학유 작사
서 창업 작곡

청법가

이 광수 작사
이 찬우 작곡

부처님 자비손길

김일엽 글
서창업 곡
그윽하게 (♩ = 66)
mp

1. 부 처 님 자 비 손 길 사 바 에 두 루 찼 네
2. 부 처 님 무 량 광 명 고 해 에 가 득 찼 네

잡 아 라 붙 잡 아 라 사 무 치 게 외 치 건 만
보 아 라 눈 을 떠 라 터 지 도 록 외 치 건 만

귀 먹 고 눈 어 둔 중 생 헛 손 질 만 하 더 — 라
길 잃 고 헤 매 는 중 생 어 둠 쪽 만 가 더 — 라

참회

황학연 작사
유익상 작곡

홀로 피는 연꽃

〈2중창·2부합창〉
사무치게 (♩=69)
우 성 규
서 창 업 곡
mp
1. 맑은 바람 스-미는 초여름 연못에
2. 해가 지는 산-기슭 고요한 연못에
mp
모든시름 잊-은듯 초연하게 피-는모 습
임은가도 홀로남아 칭아하게 피-는모 습
mf
홀깃보면 여민듯이 다시보면 웃는듯이
눈을뜨면 선연하게 눈감으면 아련하게
rit.

연 연 히   풍 겨 오 는   그 윽 한 임 의 향   기 라
오 탁 의   연 못 속 에   아 름 도 하 시 어   라
아 - - 아 -   연 꽃 이 지 - 는 구 나
아 - - 아 -   연 꽃 이 피 - 는 구 나
(Last)

참회의 노래

김 어수 글
김 용호 곡

안에서 찾자

대 행글
김 용호 곡

청보리의 발원

김재영 작사
김성근 작곡

무소의 뿔처럼

김재영 글
유 신 곡

서— 한 마 리 —산 비둘기 짝 을 삼 아
서 hm — — 그 리 운— —임 을 찾 아
걸 어 ----갑 니 —다 그 리 운— —임 을 찾 아
걸 어 ----갑 니 —다 — —

삼보님께 의지하오니

반 영규 글
서 창업 곡

거룩하신 삼보

반 영규 작사
김 용호 작곡

보통 빠르기로
mf
1.아 득 한 — 억 겁 동 안 무 량 공 덕 쌓으시 — 고
2.사 바 에 — 나 투 시 어 금 구 로 써 펴신 법 — 문
3.가 을 하 늘 수 정 알 이 그 토 록 — 밝을소 — 나

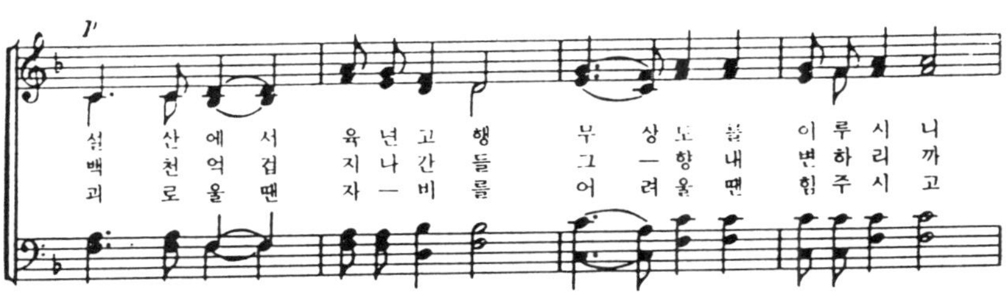

설 산 에 서 육 년 고 행 부 상 도 를 이 루 시 니
백 천 억 겁 지 나 간 들 그 — 향 내 변 하 리 까
괴 로 울 땐 자 — 비 를 어 려 울 땐 힘 주 시 고

f
우 뚝 하 신 금 빛 몸 — 온 누 리 에 가 득 하 네
삭 막 한 — 중 생 계 에 감 로 수 로 고 루 내 려
혜 매 는 — 중 생 들 의 기 쁨 설 움 달 래 시 네

mf
백 옥 호 의 미 묘 한 — 빛 육 도 를 — 두 루 밝 혀
봄 비 에 — 새 싹 돋 — 듯 억 만 중 생 환 회 하 네
금 강 보 다 굳 은 서 — 원 가 — 없 는 무 상 공 덕

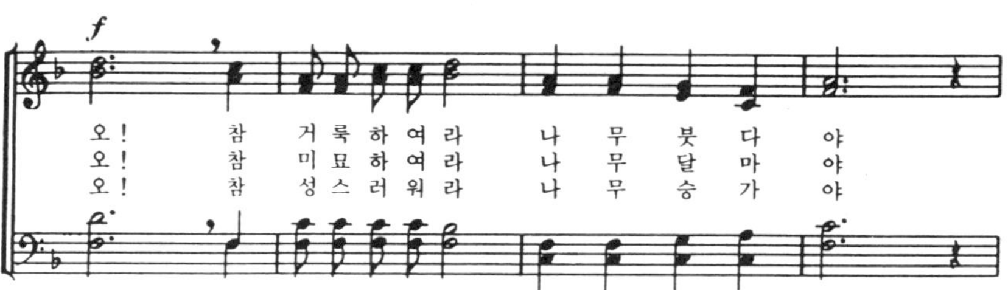
오! 참 거룩하여라 나 무 붓 다 야
오! 참 미묘하여라 나 나 무 달 마 야 야
오! 참 성스러워라 나 무 승 가 야

나 무 붓 다 야 나 무 붓 다 야
나 나 무 달 마 야 야 나 나 무 달 마 야 야
나 무 승 가 야 나 무 승 가 야

함께 가는 형제들

김 재영 작사
김 성근 작곡
1. 형 이여 아―우여오 보리형제여 진리의
2. 형 이여 아―우여오 보리형제여 다정의
성― 전에 우 리 서로만났네 헤어진― 법우들―
언― 덕에 우 리 서로만났네 기쁠때― 우리는―
다 시 돌아오 고 인연깊―은 친구들― 하나 되어 만났―
함 께 기쁨나누 고 슬플때―― 우리는― 함께 눈물 흘려―
네 이기쁨 이은혜 님께 감사드리 고
요 당신을 위하여 님께 기도드릴 때
손 손 마주잡고 깊은깊 은 마음나누― 세 아 우리
푸 른 연꽃송이 곱게곱 게 피어 납니― 다
는 서로서 로 사랑― 해 아 우리 는 함께
가는 형제들 아 우리 는 서로 서 로 사랑―
해 아 우리 는 함께 가는 형제 들

부처님 마음

도 하 글
신 귀 복 곡

1. 따 — 뜻 한 햇 — 빛 이 고 루 비 — 추 듯 —
2. 보 름 달 이 어 둔 밤 길 두 루 밝 — 히 듯 —

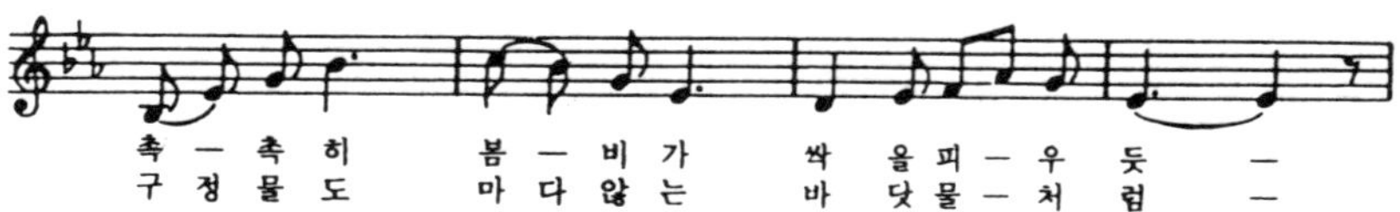

촉 — 촉 히 봄 — 비 가 싹 을 피 — 우 듯 —
구 정 물 도 마 다 않 는 바 닷 물 — 처 럼 —

착 한 이 미 운 이 가 리 지 — 않 고 —
착 한 이 미 운 이 가 리 지 — 않 고 —

골 고 루 복 을 주 는 부 — 처 님 마 음 —
따 뜻 이 감 싸 주 는 부 — 처 님 마 음 —

붓다의 메아리

경쾌하게 손뼉치며 (♩=116)

반 영규 글
서 창업 곡

연꽃피는 날

우러러 바라보듯 (♩=88)
광 덕 글
서 창 업 곡
1. 부 처 님   나 — 라   금 — 빛 눈 부 시 — 고
2. 거 친 땅   진 흙 에   뿌 — 리 내 — 리 — 고

그 윽 한   향 — 기   잔 잔 하 여 — 라
맑 — 은   그 모 습   하 늘 닿 아 — 라

금 모 래   살 풋 이   피 어 난 연   꽃
푸 른 잎   하 얀 꽃   피 어 나 는   날

바 람 에 흔 들 리 — 며 빛 을 뿌 리 — 네
구 름 은 수 를 놓 — 고 바 다 춤 추 — 네
오 — 오 거 룩 하 — 신 보 살 님 들 의
오 — 오 자 비 하 — 신 보 살 님 들 의
맑 으 신 미 — 소 — 가 흘 러 나 오 — 네
기 쁘 신 목 — 소 — 리 들 려 오 — — 네

어버이 은혜

정운문 시
김용호 곡

서로서로

우 성 글
서 창업 곡
경쾌하게 (♩ = 138)
1. 서로서로 마주보고 서로서로 웃으면서
2. 서로서로 힘을모아 서로서로 도와주고
서로서로 손을잡고 서로서로 믿으면서
서로서로 뜻을모아 서로서로 빌어주고
조금 늦추어 (♩ = 100)
우리나라 좋은나라 무궁토록 꽃이피는
부처님이 계신나라 극락세계 여기라네
D.C.

우리 가는 길

황청원 작시
도 신 작곡
꽃 은 죽 어서 무엇이 될 까
불빛 은 죽 어서 무엇이 될 까
우 리 의 기쁨이 될 까 ―
우 리 의 눈빛이 될 까 ―
우 리 의 슬픔이 될 까 ―
우 리 의 가슴이 될 까 ―
여 기 혼 적도 없 ― ― 이 ― 시 ― 든 ―
꽃 ― 저 기 자 리 도 없 ― ― 이 어
두 워 진 불 ― ― 빛 이 핏빛 ― 같
이 젖 은 ― 길 ― 을 사랑 ― 한점 의 깊이
로 ― 떠 나 는 가 ― 우리 ―

당신을 존경합니다

황학현 작사
이종만 작곡

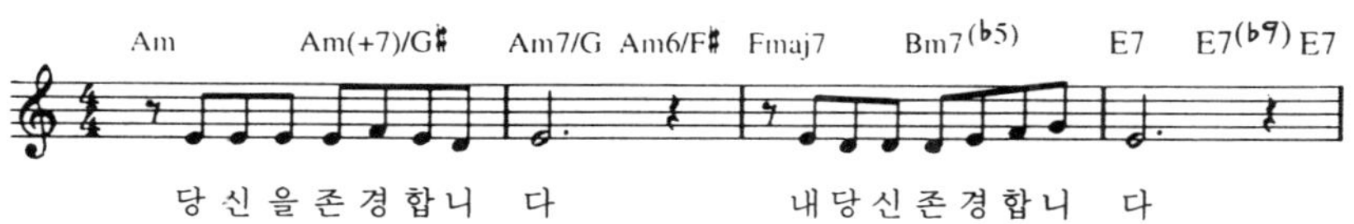

불자행진곡

정 운문 작사
김 화림 작곡
씩씩하게
f
mf
mf
mf
1. 불 자여 모 이세   세존님품 안에   세 상에 서소—중한   우리들불 자는
2. 불 자여 오 너라   부처님빛 아래   세 상에 서울—바른   우리들불 자는
거 룩하 고밝 으신   진—리아 래서   영 원한 행—복을   다같이누리세
인 자롭 고따 뜻한   님—의품 안에   영 겁에 영—화를   다같이누리세

f
다 같이　모—이세　부 처님　성—전에
f
f

mf
마 음 양 식을　골고루주 시리　마 음 양 식을　골고루주시리
mf
mf

불교도의 노래

서 정주 글
김 동진 곡

장중하게 (♩=76)
1.삼 계 의 고 해 에 길 을 밝 히 고 사 생 의 세 계 에
2.인 연 의 쓰 고 도 서 아 리 는 사 슬 윤 회 의 고 달 픈
3.연 꽃 아 피 어 서 부 처 님 아 래 사 자 야 모 여 서

새 빛 을 더 할 용 맹 이 여 오 라 — 뜨 는 해 처 럼
머 나 먼 길 을 풀 — 려 서 진 여 의 꽃 동 산 이 라
불 법 지 켜 라 무 — 량 한 우 리 들 힘 을 다 하 여

겨 레 와 중 생 을 두 루 비 치 라 우 리 는 감 로 로
향 기 여 천 지 에 넘 쳐 나 가 라
영 겁 을 빛 내 고 또 빛 내 리 라

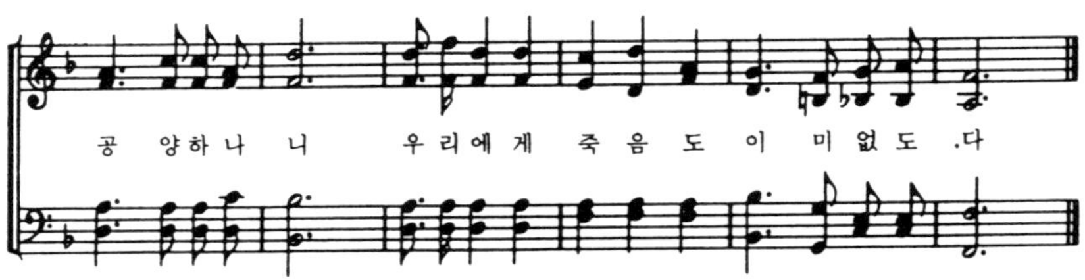

공 양 하 나 니 우 리 에 게 죽 음 도 이 미 없 도 .다

불법 지키세

헤 공 작사
원 조 작곡

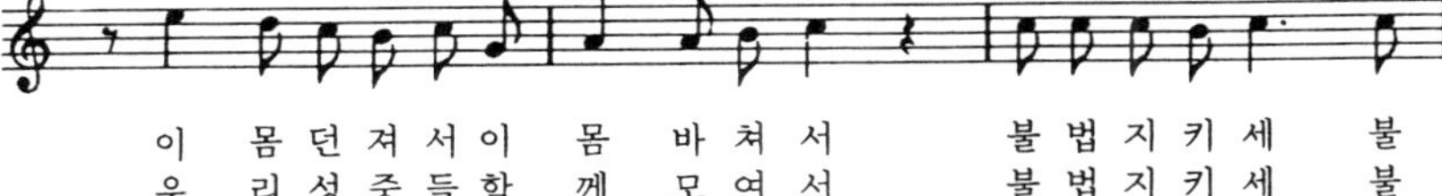

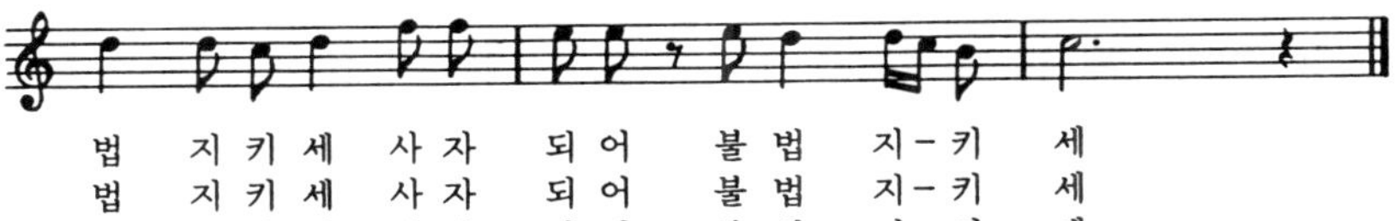

참고문헌

1. 경   전

① 기본경전
『숫타니파아타』법정 역, 정음사, 1982
『金剛經』김종오 역, 정음사, 1976
『묘법연화경』동국역경원, 1967(한글대장경 38)
② 총류 및 제경
『불교성전』동국역경원, 1978
『신편 불교성전』보련각, 1977
『우리말 八萬大藏經』법통사, 1970
『佛敎大典』한용운 편, 신구문화사 1973(韓龍雲全集 3)
『불교성경』한국관음회
『佛敎聖典』대한불교 진흥원, 1982
『한글아함경』고익진 편, 경서원, 1983
『勝鬘經』목정배 역, 동국역경원, 1978(現代佛敎新書 6)
『維摩經』박경훈 역, 동국역경원, 1979(現代佛敎新書 16)
『法句經』김달진 역, 현암사, 1978
『보현행원품』광덕 역, 해인총림, 1983

2. 불교관계문헌

김동화,『佛教學概論』보련각, 1974
　　　　　『原始佛教思想』보련각, 1973
　　　　　『大乘佛教思想』보련각, 1974
　　　　　『禪宗思想史』태극출판사, 1974
이재창 외『現代社會와 佛教』한길사, 1983
이희익,『佛教의 教團生活』불광출판부, 1984
심재열,『元曉思想 II －倫理觀』홍법원, 1983
권상노 외『禪學과 禪理』보련각, 1974
우정상·김영태『韓國佛教史』진수당, 1970
이기영,『元曉思想 I －世界觀』원음각, 1967
원불교사상 연구원『韓國佛教思想史』원광대학교 출판국, 1975
정병조,『智慧의 完成』동국역경원, 1979(現代佛教新書 24)
김지견,『現代人을 위한 佛教』중앙일보
김잉석,『華嚴學概論』법륜사, 1974
한보광,『龍城禪師研究』감로당, 1981
김재영,『은혜 속의 주인일세』불광출판부, 1984
김재영,『룸비니에서 구시나가라까지』동국역경원, 1978
이지관,『信行 365日』동국역경원, 1978(現代佛教新書 15)
한용운,『佛教維新論』(韓龍雲全集 2)
서산대사,『禪家龜鑑』국민서관, 1970
보조국사,『眞心直說』동국역경원, 1978(現代佛教新書 9)
　　　　　『修心訣』
한종만 편『韓國近代 民衆佛教의 理念과 展開』한길사, 1980
增谷文雄/이원섭 역『阿含經 이야기』현암사, 1979
　　　　　　　　『佛教概論』현암사, 1973

田村芳郞/이원섭 역『涅槃經의 世界』현암사, 1976
武者小路實篤/박경훈 역『釋迦의 生涯와 思想』현암사, 1979
石田瑞麿/이원섭 역『般若·維摩經의 智慧』현암사, 1926
石山善應/이원섭 역『미란타 王問經』현암사, 1981
玉城康四郞/이원섭 역『華嚴經의 世界』현암사, 1976
水野弘元/무진장 역『佛敎槪說』홍법원, 1980
渡邊照宏/여익구 역『사랑과 평화의 마이트레야』여래사, 1983
渡邊照宏/장경용 역『佛典 속의 女人들』범조사, 1980
渡邊照宏/법정 역『불타 석가모니』상·하 샘터사, 1981
金岡秀友/김희오 역『佛敎의 國家觀』총화각, 1978
中村元/김지견 역『佛陀의 世界』김영사, 1984
塚本啓祥/목정배 역『佛敎史入門』동국역경원, 1981
雲棲珠宏/광덕 역『禪關策進』불광출판부, 1981
E·프롬/김용정 역『禪과 精神分析』
대원정사 편/『대중불교의 빛 100인』1993
吳亨根,『印度佛敎의 禪思想』한성, 1992

3. 일반문헌

김부식,『三國史記』대양서적, 1972
일연/이병도 역,『三國遺事』대양서적, 1972
혜초/이석호 역,『往五天竺國傳』을유문화사, 1982
한용운, 시집『님의 침묵』민족사, 1980
문순태,『新往五天竺國傳』한국방송사업단, 1983
법정,『無所有』범우사, 1983
박삼중,『참새와 死刑囚』서음출판사, 1980

S·라다크리슈난,『석가와 예수의 대화』종로서적
B·러셀,『나는 왜 크리스챤이 아닌가?』한림출판사, 1974
(世界의 大人物全集 11)
로망 롤랑,『마하트마 간디』한림출판사, 1974
(世界의 大人物全集 8)
안네 프랑크,『안네의 일기』유림당, 1978

4. 신문 잡지류

「佛敎新聞」
「佛敎會報」
월간「佛光」
월간「佛敎」
월간「佛敎思想」

김재영

1938년 경남 마산에서 출생
서울대학교 사범대학 역사과와 동국대 대학원
불교학과를 졸업했다.
한국외국어대학교 강사를 역임했으며,
현재 동덕여고 교사 및 청보리회 상주법사를 맡고 있다.
저서에「은혜속의 주인일세」「365일 부처님과 함께」
「우리도 부처님같이」「민족정토론 Ⅰ」
「내 아픔이 꽃이 되어」「이 기쁜 만남」
「나는 빛이요, 불멸이라」
「룸비니에서 구시나가라까지」등이 있다.

무 소 의 뿔 처 럼 · 하

1995년 4월 20일 초판 인쇄
1995년 4월 25일 초판 발행

지은이／김재영
펴낸이／고병완
펴낸곳／불광출판부

138·190 서울 송파구 석촌동 160−1
대표전화 420·3200
편 집 부 420·3300
팩시밀리 420·3400
등록번호 제1−183호(1979. 10. 10)
ISBN 89−7479−025−4

● 잘못된 책은 바꾸어 드립니다.
값 6,500원